中国注册会计师行业发展报告

2021

注册会计师行业发展报告编写组　编

中国财经出版传媒集团
中国财政经济出版社

图书在版编目（CIP）数据

中国注册会计师行业发展报告.2021／注册会计师行业发展报告编写组编.--北京：中国财政经济出版社，2022.12（2023.2重印）

ISBN 978-7-5223-1798-4

Ⅰ.①中… Ⅱ.①注… Ⅲ.①注册会计师业-行业组织-研究报告-中国-2021 Ⅳ.①F233.2

中国版本图书馆CIP数据核字（2022）第236729号

责任编辑：张若丹等　　责任校对：张　凡
封面设计：孙俪铭　　　责任印制：党　辉

中国注册会计师行业发展报告2021

ZHONGGUO ZHUCE KUAIJISHI HANGYE FAZHAN BAOGAO 2021

中国财政经济出版社 出版

URL：http://www.cfeph.cn

E-mail：cfeph@cfeph.cn

（版权所有　翻印必究）

社址：北京市海淀区阜成路甲28号　邮政编码：100142
营销中心电话：010-88191522
天猫网店：中国财政经济出版社旗舰店
网址：https://zgczjjcbs.tmall.com
北京财经印刷厂印刷　各地新华书店经销
成品尺寸：185mm×260mm　16开　23.25印张　336 000字
2022年12月第1版　2023年2月北京第3次印刷
定价：93.00元
ISBN 978-7-5223-1798-4
（图书出现印装问题，本社负责调换，电话：010-88190548）
本社质量投诉电话：010-88190744
打击盗版举报热线：010-88191661　QQ：2242791300

编委会

主　编：

朱忠明　　财政部副部长

副主编：

李先忠　　财政部会计司司长

杨瑞金　　财政部监督评价局局长

舒惠好　　财政部中国注册会计师协会秘书长

编　委：

王　东　　财政部会计司副司长

刘　峰　　财政部监督评价局二级巡视员

佟庆国　　财政部中国注册会计师行业党委副书记

唐建华　　财政部中国注册会计师协会副秘书长

田志心　　财政部中国注册会计师协会纪委书记

万文翔　　财政部中国注册会计师协会副秘书长

陆正飞　　北京大学光华管理学院教授

薛　爽　　上海财经大学会计系教授

编写协调人：

丛晓华

编写组成员（按姓氏笔画排序）：

于 哲	马 圆	马国芳	王 珺	王浩宇	丛晓华
冯 毅	朱佳信	刘 栩	刘 渝	刘申锋	刘晓莲
齐 飞	江 医	许 宁	许晓芳	孙国红	李 博
杨国俊	吴耀姝	邱 颖	宋祉健	张素青	张馨艺
陈 曦	陈逸豪	周 京	周 艳	赵 彦	赵际喆
赵晓玲	胡邦栋	段 姝	祝继高	姚冬萍	袁小叶
柴百川	倪鹏翔	殷德全	高 缘	高 魁	蒋 肭
程宇冉	鲁 冰	薛 杰	穆 博		

目 录

行业管理与发展

2021年中国注册会计师行业发展报告 ·················· 5
2021年会计师事务所发展报告 ······················· 18
2021年注册会计师发展报告 ························· 23
2021年注册会计师行业人才培养工作报告 ············· 32
2021年注册会计师全国统一考试分析报告 ············· 42
2021年注册会计师行业监管工作报告 ················· 65
2021年注册会计师行业准则建设工作报告 ············· 71
2021年注册会计师行业信息化建设工作报告 ··········· 76
2021年注册会计师行业党建工作报告 ················· 86

行业价值与贡献

注册会计师行业服务国家经济建设（一）············· 113
注册会计师行业服务国家经济建设（二）············· 169
注册会计师行业服务国家政治建设 ··················· 184
注册会计师行业服务国家文化建设 ··················· 196
注册会计师行业服务国家社会建设 ··················· 208

注册会计师行业服务国家生态文明建设……………………………… 224

注册会计师行业履行社会责任…………………………………………… 240

附　录

附录一　2021年发布的注册会计师行业重要法规制度目录………… 255

附录二　2021年上市公司审计情况分析报告………………………… 258

附录三　2021年注册会计师行业业务收支分析报告………………… 302

附录四　2021年度会计师事务所综合评价百家排名信息…………… 336

附录五　2021年注册会计师行业大事记……………………………… 356

行业管理与发展

行业发展概览

- 截至2021年12月31日,全国(不含港澳台地区,下同)共有会计师事务所10 142家。其中,总所8 870家,分所1 272家。全行业从业人员40万人。其中,注册会计师97 563人。中国注册会计师协会会员309 841人。

- 2021年,注册会计师行业实现业务收入1 057.30亿元,较2020年增收99.78亿元,同比增长10.42%。审计类业务收入总量为853.33亿元,同比增长10.00%;非审计类业务收入总量为203.97亿元,同比增长12.23%;审计类业务收入与非审计类业务收入的比例为81∶19。

- 2021年,注册会计师行业业务收入超过1亿元的会计师事务所51家,收入排名前100家的会计师事务所业务收入692.57亿元,占行业总收入的65.50%,较上年增加75.45亿元;行业国际业务收入111.47亿元。

- 2021年,注册会计师行业纳税总额(含个人所得税、增值税、城建税等税种)226.99亿元。

2021年中国注册会计师行业发展报告

2021年,在财政部党组的正确领导下,注册会计师行业(以下简称行业)紧紧围绕习近平总书记关于行业"主题主线"的重要批示精神,以国办发30号文为契机,以《注册会计师行业发展规划(2021—2025年)》(以下简称行业发展"十四五"规划)为引领,加强顶层设计,扎实做好会员服务、人才培养、监督管理、准则建设和行业党建工作,不断提升财务审计质量,推动行业科学健康发展,为国家各领域建设贡献专业力量。

一、以国办发30号文等纲领性文件为契机,不断完善行业顶层设计

2021年,财政部认真贯彻落实党中央、国务院关于严肃财经纪律的决策部署,立足新形势、新任务、新要求,进一步完善行业管理制度,推动行业高质量发展,通过推动印发国办发30号文、制定发布行业发展"十四五"规划、加快推进注册会计师法修订等举措,不断完善行业顶层制度设计。

(一)推动印发国办发30号文,为行业高质量发展提供根本遵循

2021年7月,财政部推动印发国办发30号文,明确提出遏制财务造假、规范财务审计秩序、切实加强会计师事务所监管、促进注册会计师行业健康发展的总体要求、工作原则和具体措施。这是改革开放以来经国务院同意、由国务院办公厅直接印发的指导我国行业发展的第一个文件,充分体现了党

中央、国务院对新时代行业健康发展的关心和重视，为"十四五"和今后一段时期行业发展指明了方向，影响深远，意义重大。

（二）制定行业发展"十四五"规划，为行业高质量发展引领方向

紧紧围绕国家"十四五"规划纲要对包括会计在内的现代服务业发展提出的新的战略部署和要求，制定行业发展"十四五"规划，提出全面提升行业专业化、标准化、数字化、品牌化、国际化发展的"五化"发展目标以及2035年远景目标，提出了诚信建设、法律制度建设、人才建设、机构建设、市场建设、国际化发展、行业监管、信息化建设、行业治理、行业党建等十大领域35项任务措施。行业发展"十四五"规划的出台，为行业未来五年乃至更长一段时间的发展明确了方向和目标。

（三）推进行业相关法律和制度建设，为行业高质量发展提供制度保障

2021年，历经多轮内部磋商和征求意见研讨，注册会计师法修订草案征求意见稿向社会公开征求意见。本次修订紧紧围绕贯彻落实习近平总书记重要指示批示精神和党中央、国务院重大决策部署，按照"从严监管、从严执法、归位尽责、协同发力"的原则，坚持规范与发展并重、治标与治本结合，注重将实践证明行之有效的经验做法上升为法律，推动建立促进行业健康发展的长效机制。

持续加强注册会计师考试、注册、继续教育、会计师事务所管理及规范执业等领域制度建设，2021年共出台行业相关制度29项，不断夯实行业制度的"四梁八柱"。

二、以行业党的建设为政治保障，组织行业开展党史学习教育，完善行业党建制度机制

作为新社会组织党建工作的一面旗帜，行业党建工作始终立足高起点、

坚持高标准。2021年，行业紧紧围绕党史学习教育，进一步深入探索符合行业特点、具有时代特色、紧扣主旋律的行业党建工作新路径、新经验，取得积极成效。

（一）组织开展行业党史学习教育

财政部党组印发《关于在注册会计师资产评估行业开展党史学习教育的通知》，成立由两位部领导担任组长、有关司局为成员单位的行业党史学习教育领导小组，并派出 6 个巡回指导组巡回指导各省（区、市）行业党史学习教育开展情况。相继印发深化行业党史学习教育、深入学习习近平总书记"七一"重要讲话、召开专题组织生活会、学习党的十九届六中全会精神等 9 份文件，指导行业深入开展党史学习教育。举办"一竿子到底"执业机构党组织书记党史学习教育培训班，共 4 000 余人参加培训。召开注册会计师资产评估行业评选表彰暨党史学习教育推进会，评选表彰了 10 家"全国先进注册会计师行业党组织"、100 家"全国先进会计师事务所党组织"。各地表彰优秀共产党员、优秀党务工作者、支持党建工作（党外）合伙人 1 000 余人。

2021 年 9 月 29 日，中央党史学习教育第十九指导组到中国注册会计师协会（以下简称中注协）开展调研，对行业和协会党史学习教育工作给予了充分肯定，中央党史学习教育简报专门介绍了行业做法。

（二）开展"我为群众办实事"专项行动

实施考生考试便利化行动。 夯实"全流程、零接触"的考试服务模式，方便考生足不出户地完成考试报名、资格审核。增设 3 个涉外考场，方便境外人士就近参考。2021 年首次将报名与交费分开，设置报名冷静期，引导考生理性报名，累计为考生减负 8 000 余万元。经科学研判，如期举办注册会计师考试，并出台部分地方延期考试、退费及成绩有效期延长等政策，受到考生普遍欢迎。

助力大学生就业行动。 组织注册会计师专业方向院校和会计师事务所与大学生就业签约，助力大学生就业。共创建会计师事务所大学生实习见习基地 4 268 个。共推荐 888 家会计师事务所 1 292 名高端人才为大学生提供学习和就业指导。

帮扶会计师事务所提升审计质量行动。编写《会计师事务所从事证券服务业务辅导手册（2021 年）》，帮扶会计师事务所提升执业质量。2021 年，各级注协开展常态化诚信教育 66 次，监管约谈 216 家次，整改帮扶 211 家次，提供专业技术支持 202 次。

为会员减负担行动。2021 年，中注协和省级注协减免会费合计 2 亿元。其中，中注协减半收取本级会费 7 160.06 万元，获得民政部公开表扬。会费减负惠及全国 8 870 家会计师事务所，会计师事务所会费平均负担由 2015 年的 0.81%下降至 2021 年的 0.33%，降幅达 59.26%。

（三）完善行业党建工作制度机制

开展"品牌建设年"主题活动，促进党建与业务融合发展，通过举办专业讲座与论坛、评选行业工匠、发布研究报告等形式，引导会计师事务所构建品牌管理的长效机制。

落实和完善行业党建工作制度机制，推进行业党内监督工作，12 家省级行业党委成立了行业纪委、18 家行业党委设立了纪检委员，1 623 家会计师事务所党组织设立了纪检机构。强化基层党组织建设和党员教育管理，成立全国注册会计师资产评估行业党校，制定实施行业党校章程和工作要点，推动成立省级行业党校 25 家，各地培训党员超过 2 万人次。

围绕发挥会计师事务所党组织政治功能，财政部领导到党建工作联系点开展专题调研。持续整顿软弱涣散会计师事务所党组织，向会计师事务所发放《会计师事务所支部工作手册》。制发会计师事务所"党建入章"指导文件，推进会计师事务所党建工作标准化规范化建设，会计师事务所党组织中有 2 691 家完成"党建入章"。

截至 2021 年 12 月 31 日，全国行业共有会计师事务所党组织 3 794 个，党员 46 688 名。

（四）推进行业统战群团工作

印发行业贯彻落实《中国共产党统一战线工作条例》精神的有关通知和工作方案。设立中注协行业统战工作协调小组，建立行业统战工作支撑协调机制。起草《关于加强注册会计师行业和资产评估行业统战工作的意见（征求意见稿）》。组织开展"弘扬红船精神 走在时代前列"行业代表人士服务团暨青年专家服务团活动。行业 1 人获"2020 年度全国政协委员优秀履职奖"，1 人获中央统战部 2020 年度"新的社会阶层人士服务团优秀团员"称号。

督促省级行业团组织配齐配强班子成员、会计师事务所团的基层组织和工作全覆盖。选派 18 位会计师事务所和注协青年参加团中央培训班。创新开展"青年文明号"创建活动，6 家行业青年集体获评"全国青年文明号"，3 位青年获"全国优秀共青团员（团干部）"称号，1 家青年集体获"全国五四红旗团支部"称号。

截至 2021 年 12 月 31 日，全国行业共有会计师事务所团组织 1 577 个，35 岁以下青年总人数 109 992 人，团员总人数 49 149 人。

三、以专业标准建设为基础，不断完善准则体系

2021 年，立足服务行业健康发展、服务经济高质量发展，按照"中国实践国际化、国际准则中国化、准则解释实时化、准则操作具体化"的工作思路推进专业标准建设工作。

（一）进一步完善准则体系

修订（拟订）发布业务质量管理、项目质量复核、对财务报表审计实施的质量管理等 3 项质量管理准则应用指南，修订发布审计特殊目的财务报表的特殊考虑、审计单一财务报表和财务报表特定要素的特殊考虑、对简要财务

报表出具报告的业务等 3 项审计准则及应用指南，修订发布识别和评估重大错报风险、审计会计估计和相关披露等 2 项审计准则及应用指南的征求意见稿，对鉴证业务基本准则等 11 项准则及 15 项应用指南进行一致性修订。

（二）加强准则实施指导

落实准则建设闭环管理的要求，制定发布《中国注册会计师审计准则问题解答第 16 号——审计报告中的非无保留意见》，开展技术指导、援助与咨询服务，强化准则宣传、培训和实施指导，确保准则落地实施。

（三）持续推进准则国际趋同

完成 34 项中国注册会计师审计准则英文版翻译，通过国际审计与鉴证准则理事会（IAASB）、国际会计师职业道德准则理事会（IESBA）、国家准则制定机构（NSS）会议等，积极参与国际准则的研究和制定工作。

四、以行业人才建设为支撑，不断完善行业人才机制制度建设

人才工作是行业发展的关键所在。2021 年，围绕全生命周期开展行业人才工作顶层设计研究，完善行业人才机制制度建设；面对疫情压力，顺利组织实施 2021 年注册会计师全国统一考试和行业继续教育。

（一）开展行业人才全生命周期工作研究

全面贯彻习近平总书记关于做好新时代人才工作的重要论述和党中央关于新时代人才工作的重大决策部署，开展行业人才全生命周期工作研究。成立了由高等院校、大型会计师事务所和注协组成的"全生命周期"课题研究工作专班，开展了"行业人才供需研究"和"完善行业工作体系和制度体系"两个层次、11 个子课题的研究。完成《关于构建全生命周期注册会计师行业人才制度体系和工作体系的研究报告》，提出涵盖人才"选、育、管、用、留"的

制度体系、组织体系和框架体系，为加强新时代行业人才工作提供改革思路和方向。

（二）持续完善行业人才机制制度建设

印发全国行业 2021 年继续教育工作要点，构建层次清晰、权责明确、运转有序的继续教育体系，建立上下联动的行业继续教育工作机制。对照国际教育准则 1—8 号，推进《中国注册会计师胜任能力指南》的修订。制定《注册会计师行业高端人才使用管理暂行办法》、《中国注册会计师协会会员培养（高端班）项目学员考核管理暂行办法》，修订《中国注册会计师继续教育制度》、《中国注册会计师协会非执业会员继续教育制度》，不断完善行业人才继续教育和高端人才管理制度。

（三）顺利组织实施 2021 年注册会计师全国统一考试

加强资格考试体系、命题理念等考试制度改革顶层设计研究，优化考试命题专家队伍，加强考试题库建设。改进机考服务招标模式，由各地注协分别与机考公司签合同、定细则，提高地方考办的工作主动性，促进工作协同。针对考试组织重点期间，建立舆情通报机制。全年接听解答考生咨询电话 5 万余次，回复电子邮件 9 000 余封，处理信访 100 余件。面对疫情压力，坚持"能考尽考、厘清责任、以人为本、精准施策"原则，安全、顺利地组织完成全国统一考试工作。

2021 年注册会计师全国统一考试专业阶段完成报名且交费的人数为 137.34 万人、报名科次合计 375.64 万科次，综合阶段完成报名且交费的人数为 4.6 万人；专业阶段出考 73.83 万人、152.22 万科次，综合阶段出考 3.92 万人；28 532 人取得全科合格证书。

（四）圆满完成年度继续教育培训任务

按照"政治型、职业型、专业型、复合型、国际型"行业高端人才队伍要求,选拔高端班二期学员 35 名,高端人才联合培训 230 人。2021 年,中注协和地方注协共举办各类培训班 1 501 个,培训 270 134 人次。其中,注册会计师 155 547 人次,非执业会员 114 587 人次。

五、以严格行业监管为抓手,切实规范行业秩序

认真贯彻落实国务院领导同志关于"整顿审计秩序,坚决依法查处财务造假"的重要指示精神,召开贯彻落实国办发 30 号文工作视频会议,落实各项重点工作任务,持续提升审计质量,推进行业切实履行好财会监督职责,整治行业发展堵点、弱点,重拳整顿行业秩序,取得阶段性成效。

(一)完善行业监管制度,建立健全制度化、常态化的长效机制

完善行业行政监管制度。研究起草《会计师事务所监督检查办法(征求意见稿)》,进一步优化分级分类监管机制,提高检查频次,明确检查重点。起草《会计师事务所和注册会计师执业投诉举报处理办法》,坚持问题导向,明确职责分工,健全办理机制。起草《注册会计师行业严重失信主体名单管理暂行办法》,强化信用监管,惩戒严重违法失信行为。启动《财政违法行为处罚处分条例》修订工作,持续推进财会监督法制建设。

完善注协自律监管制度。修订《中国注册会计师协会会员执业违规行为惩戒办法》,新增重大问题线索移交的规定,完善惩戒、申诉的程序和决定机制,提高惩戒、申诉会议的客观性及公正性。修订《中国注册会计师协会惩戒委员会工作规则》、《中国注册会计师协会申诉委员会工作规则》,完善惩戒委员会和申诉委员会议事制度,提高会议表决效率和公正性。修订《中国注册会计师协会执业质量检查人员管理办法》,强化对检查人员的培训要求,完善对检查人员的考核和日常管理要求。修订《上市公司年报审计监管工作规程》,丰富监管约谈方式,加大追责力度。

（二）加强事前事中监管，引导会计师事务所切实履行资本市场监督职责

切实强化风险警示。 组织开展会计监督检查典型案例征集评选，有效发挥典型案例的警示教育作用。持续做好上市公司年报审计期间监管。制发工作通知，提示 2020 年年报审计的高风险行业和重大风险领域。针对共性问题开展 8 批次监管约谈。跟踪关注上市公司变更审计机构、出具非标准意见等情况，编发 10 期年报审计情况快报，并开展年报审计情况分析。

（三）扎实做好执业质量检查，强化审计质量监管

严格行政检查和处理处罚。 组织各地财政厅（局）对 1 705 家会计师事务所开展 2021 年度行政检查，对 85 家会计师事务所、119 名注册会计师作出行政处罚。

持续做好行业自律检查和惩戒。 落实联合监管工作机制和行业监管全国"一盘棋"的要求，组织各省级注协在配合行政机关检查的基础上，对 1 002 家会计师事务所开展行业自律检查，对存在违规问题的 245 家会计师事务所和 546 名注册会计师实施了行业惩戒。

（四）加强监管协调，提升监管能力

建立行业监管合作机制。 会同司法部等 15 个部门共同建立行业年度工作会议和日常联席会议机制，整合力量、凝聚共识，切实形成监管合力。与证监会等部门完善违法违规线索移交、监管合作等工作机制。贯彻落实《加强注册会计师行业联合监管若干措施》，推动行政监管与行业自律有机融合、协同推进。

深化跨境监管合作。 稳慎开展中美跨境审计监管合作谈判工作。持续推进中国与俄罗斯、中国与瑞士审计准则和审计监管等效互评工作，持续加强内地与港澳监管机构交流合作。深化跨部门、跨区域、跨国境的协调配合，共同打击资本市场财务造假。

六、以行业信息化建设规划为引领，推进行业数字化转型

行业按照国家"十四五"规划纲要的战略安排，对接国家信息化发展、网络强国和数字中国战略，印发《注册会计师行业信息化建设规划（2021—2025）》（以下简称行业信息化建设"十四五"规划），并以此为引领，推进行业数字化转型，适应中国数字经济发展的需要。

（一）印发《注册会计师行业信息化建设规划（2021—2025年）》

规划综合考虑未来一个时期行业信息化发展趋势和发展条件，紧紧抓住行业信息化建设中的主要矛盾，对"十四五"时期行业信息化发展作出系统谋划，提出了"十四五"时期行业信息化建设的指导思想、基本原则、2035年远景目标，以及未来五年"标准化、数字化、网络化、智能化"的目标，明确了4个方面的18项任务，并就保障规划的实施提出要求。

（二）启动行业统一监管平台建设

坚持便民、高效、协同理念，遵循共建、共治、共享原则，启动建设行业统一监管平台，实现"一网通办、统一部署、互联互通"，全面涵盖行业监管与服务事项。加强对注册会计师执业行为的监测，完善诚信档案，持续更新惩戒处罚信息。

（三）制定《中国注册会计师协会团体标准管理暂行办法》

为依法合规开展中注协团体标准建设工作，制定发布《中国注册会计师协会团体标准管理暂行办法》，在全国团体标准信息平台完成注册和公示程序，取得团体标准建设资质。编制形成公共基础等4项审计数据采集规范和非执业会员证等2项电子证照数据规范征求意见稿。

（四）加大对会计师事务所信息化建设的投入和支持力度

2021年行业信息化建设投入11.32亿元，同比增长25.12%。推动大型会计师事务所审计软件升级，改进审计作业手段，建设审计作业云平台，为行业可持续发展提供技术保障。

（五）推动电子函证平台等行业管理服务平台系统建设

中注协与中国银行业协会、中国互联网金融协会协作，组织会计师事务所参与第三方函证数字化平台试点，与2个平台实现身份认证。完成中注协协同办公系统版本升级和29家地方注协系统建设。在行业统一监管平台框架下，做好行业管理信息系统升级改造与运行维护工作，启动行业管理信息系统3.0建设，开发和部署行业举报受理平台系统。完善行业管理系统注册服务功能，上线电子执业会员证书。

七、以持续优化行业发展环境为着力点，提升行业管理与服务水平

坚持深化"放管服"改革，强化注册管理与服务，优化行业执业环境，支持会计师事务所"走出去"，不断扩大行业宣传，打造市场化、法治化、规范化、诚信化的行业良好执业生态圈。

（一）创新行政服务方式

2021年，升级优化财政会计行业管理系统，不断创新行政方式，会计师事务所设立审批、年度报备、会计师事务所从事证券服务业务备案等事项全程网上办理，实现"让数据多跑路，让群众少跑腿"，便利群众办理行政业务，提升行业管理效率。

（二）强化注册管理服务

扎实做好注册会计师注册、年检、会员入会等工作。组织开展资深会员评定，经申报、审核、公示等程序，490人成为中注协第四批资深会员。修订《会计师事务所综合评价排名办法》，发布《2020年度会计师事务所综合评价百家排名信息》，借鉴世界银行经验与做法，首次对外发布《会计师事务所综合评价分析报告》，受到广泛关注。

（三）推动会计市场高质量对外开放

2021年发布试点政策，支持会计师事务所在北京自由贸易试验区设立分所，鼓励会计师事务所一手抓内部治理和质量管理，一手抓人才储备和业务开拓，积极拓展高端型、综合型、外向型、国际化业务，提升行业"走出去"竞争力和影响力，促进行业以专业实力、高质量服务、国际化优势为自贸区发展提供技术和智力支持，为国家经济建设作出积极贡献。

（四）持续优化行业执业环境

坚决贯彻国家深化"放管服"改革要求，持续完善行业法律法规，规范市场准入、执业许可、人才引进、监督管理等行为，打造公平公正、良性竞争的行业营商环境。通过严格落实"证照分离"改革要求、整治行业不良行为、提升执业质量等方式，优化行业执业环境，维护会计服务市场秩序。

发挥各地会计服务示范基地培育新业务项目、推介高端会计服务、对接服务与需求、展示成功经验和服务能力的平台作用，助推当地改善投资软环境，有效促进当地产业转型和经济发展。

密切与全国人大法工委、最高人民法院、银保监会、证监会等部门的协调合作，积极推动完善"过责相当"的民事责任分担机制和职业责任保险制度等。

（五）加强行业宣传力度

兴起行业学习宣传国办发30号文高潮。制发行业学习宣传国办发30号文工作方案，组织开展"学研践提"四个方面十大专项行动。召开行业贯彻落实国办发 30 号文宣传工作座谈会，编发宣讲材料供会计师事务所宣讲学习使用。举办国办发 30 号文宣讲动员暨"一竿子到底"培训班，各级注协干部职工和会计师事务所合伙人 18 000 余人参加。将学习宣传国办发 30 号文纳入行业继续教育和党校教育内容，举办相关培训班 9 期。组织开展历时 1 个月的"规范财务审计秩序 促进行业健康发展"知识竞赛，42 万余人次网上参赛。

通过《中国证券报》、《中国会计报》、《证券日报》、《经济日报》、《财务与会计》等传统新闻媒体和新兴传播媒介正面宣传行业贡献与价值 55 篇次，在中注协门户网站编发消息 513 篇、微信公众号编发消息 310 篇，出版发行《中国注册会计师》杂志 12 期，扩大行业正面宣传，增强行业自信，彰显行业砥砺、实干、担当、有为形象。

做好英文宣传工作，编译行业发展"十四五"规划和行业信息化建设规划英文版，向国际会计师联合会（IFAC）、亚太会计师联合会（CAPA）和国际同行组织推介。开展常态化疫情防控下云外事工作，加强与各境外会计职业组织的交流与合作，不断提升中国注册会计师行业国际形象和影响力。

2021年会计师事务所发展报告

2021年,全国(不含港澳台地区,下同)会计师事务所数量稳中有升,发展总体平稳。有限责任制会计师事务所占比持续减少,普通合伙制会计师事务所占比持续增长。

一、会计师事务所数量变化情况

2021年,全国新批会计师事务所514家(含分所109家),撤销会计师事务所197家(含分所55家),会计师事务所比2020年末净增加317家。截至2021年12月31日,全国共有会计师事务所10 142家。其中,总所8 870家,分所1 272家。

2015—2021年,全国会计师事务所(含分所)数量呈稳步增长态势(见图1)。2015—2016年,会计师事务所数量增长率在1%左右。自2017年10月1日《会计师事务所执业许可和监督管理办法》(财政部令第89号)施行以来,新批会计师事务所数量明显增加,2018—2020年会计师事务所数量增长率均在4%以上。从具体数量看,最近四年新批数量增至每年500家以上,其余年份则为200余家。2021年,行业认真开展贯彻落实国办发30号文专项行动,撤销不符合办所条件的会计师事务所,撤销数量较2020年有所增加,达到197家,为最近几年撤销数量最高值(见图2)。会计师事务所数量增长率下降至3.23%。

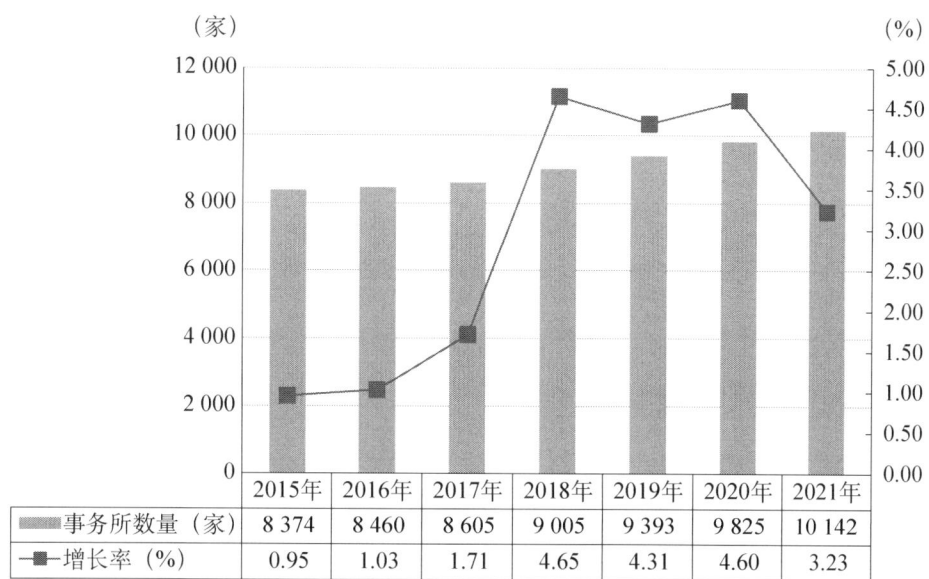

图 1 2015—2021 年全国会计师事务所数量变化

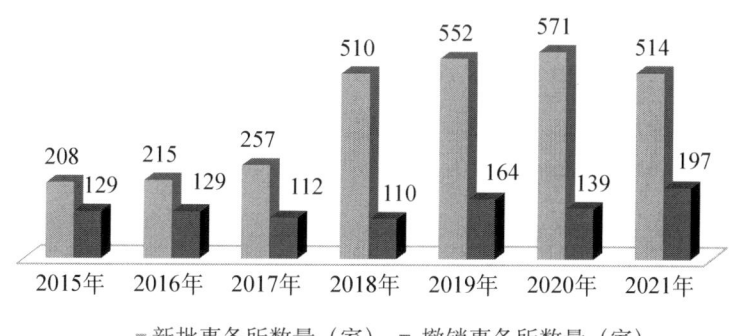

图 2 2015—2021 年全国会计师事务所批所、撤所情况

从会计师事务所平均拥有注册会计师的数量来看，2015—2021 年总体呈现逐步下降的趋势，2017 年达到峰值 12.27 人/家，2021 年降至 9.62 人/家（见图 3）。

二、会计师事务所地区分布情况

截至 2021 年 12 月 31 日，共有北京、河北、辽宁、江苏、浙江、山东、河南、湖北、广东和四川等10个省（自治区、直辖市）的会计师事务所数量超过400家。其中，广东省会计师事务所最多，达到1 070家（其中，深圳349家），占全国总数的10.55%；其次是北京和山东，分别为779家和678家（会计师事务所地区分布情况见图4）。

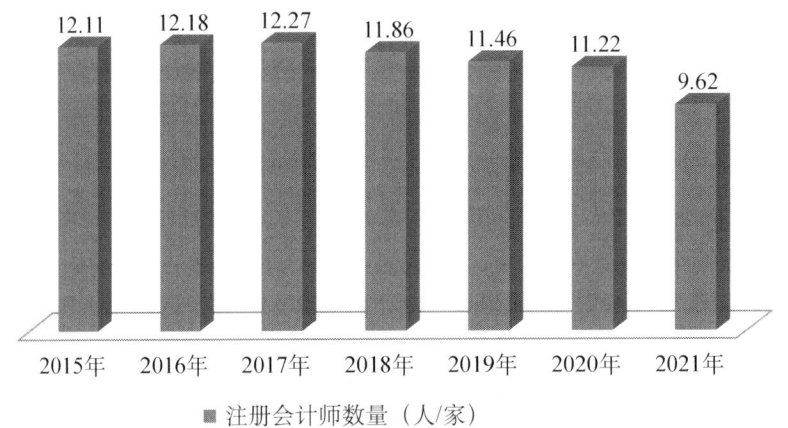

图3　2015—2021年会计师事务所平均拥有注册会计师情况

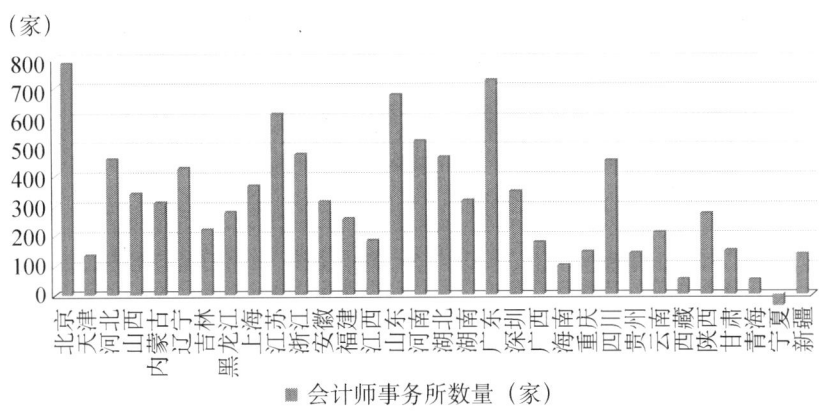

图4　会计师事务所地区分布情况（截至2021年12月31日）

2015—2021年，会计师事务所数量排在全国前三名的地区一直是广东、北京和山东。最近五年来，广东的会计师事务所数量稳步增加，占比稳步上升，北京和山东的数量也一直稳步增加，但占比变化不大（见表1）。

表1　　　　2015—2021年广东、北京和山东会计师事务所数量
占全国会计师事务所数量比例情况

年份	广东（家）	广东占全国比例（%）	北京（家）	北京占全国比例（%）	山东（家）	山东占全国比例（%）	全国（家）
2015	816	9.74	636	7.59	599	7.15	8 374
2016	818	9.67	656	7.75	588	6.95	8 460
2017	839	9.75	678	7.88	575	6.68	8 605
2018	902	10.02	698	7.75	599	6.65	9 005
2019	962	10.24	726	7.73	624	6.64	9 393
2020	1 014	10.32	760	7.74	660	6.72	9 825
2021	1 070	10.55	779	7.68	678	6.69	10 142

从会计师事务所的地区分布情况可以看出，会计师事务所的数量与经济发展水平紧密相关。将各地区国内生产总值（GDP）占全国GDP的比例与各地区会计师事务所数量占全国会计师事务所数量的比例进行线性对比发现，大部分情况下，两条趋势线都是重合的，这说明会计师事务所发展与国民经济发展密不可分。同时也观察到，各地区会计师事务所数量也与各地区人力资源、教育资源等因素直接相关。比如，北京的会计师事务所数量占比为7.68%，而GDP占比仅为3.54%，说明会计师事务所在北京的集中度很高，这与北京作为首都，是中央政府和很多中央企业总部所在地有关（见图5）。

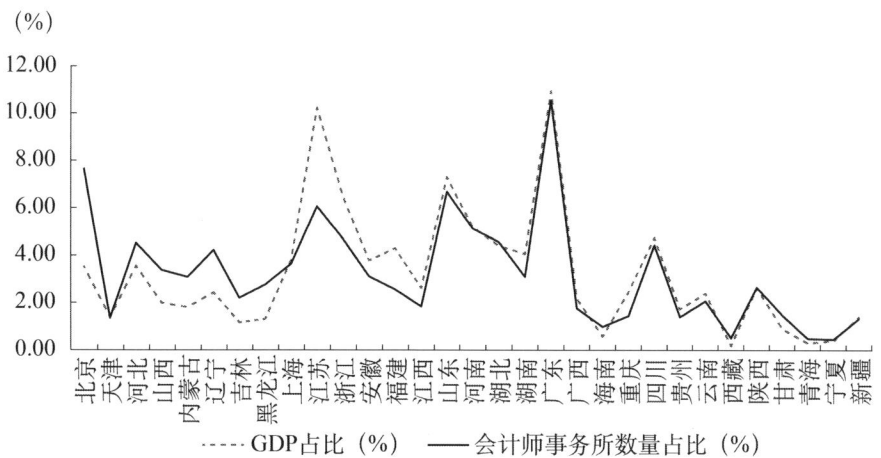

图5　2021年各地区会计师事务所数量占全国比例与当地GDP占全国比重

三、会计师事务所组织形式变化情况

截至 2021 年 12 月 31 日,全国共有总所 8 870 家。其中,有限责任会计师事务所 3 960 家,占全国总数的 44.64%;普通合伙会计师事务所 4 792 家,占 54.03%;特殊普通合伙会计师事务所 104 家,占 1.17%;个人会计师事务所 14 家,占 0.16%。为便于比较,在对比历年组织形式时,将个人会计师事务所作为普通合伙会计师事务所的特殊形式进行统计。最近三年,有限责任会计师事务所占所有会计师事务所的比例逐年下降,普通合伙会计师事务所的比例逐年上升,特殊普通合伙会计师事务所基本稳定,变化不大(见图 6)。

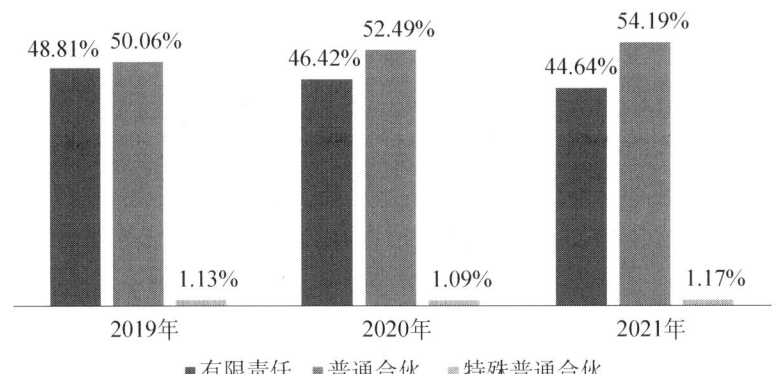

图 6　2019—2021 年会计师事务所组织形式变化情况

2021年注册会计师发展报告

2021年,行业深入贯彻落实国办发30号文,注册会计师注册服务管理工作取得良好成效。注册会计师所在地区分布较为集中,高学历注册会计师占比有所增加,非执业会员数量增长迅速。

一、注册会计师数量变化情况

2015—2020年,注册会计师数量逐年增加(见图1)。2020年底,注册会计师数量达到11万人,创下历史新高。特别是2019年3月,为落实国务院"放管服"精神,财政部对《注册会计师注册办法》进行修改,减少了注册

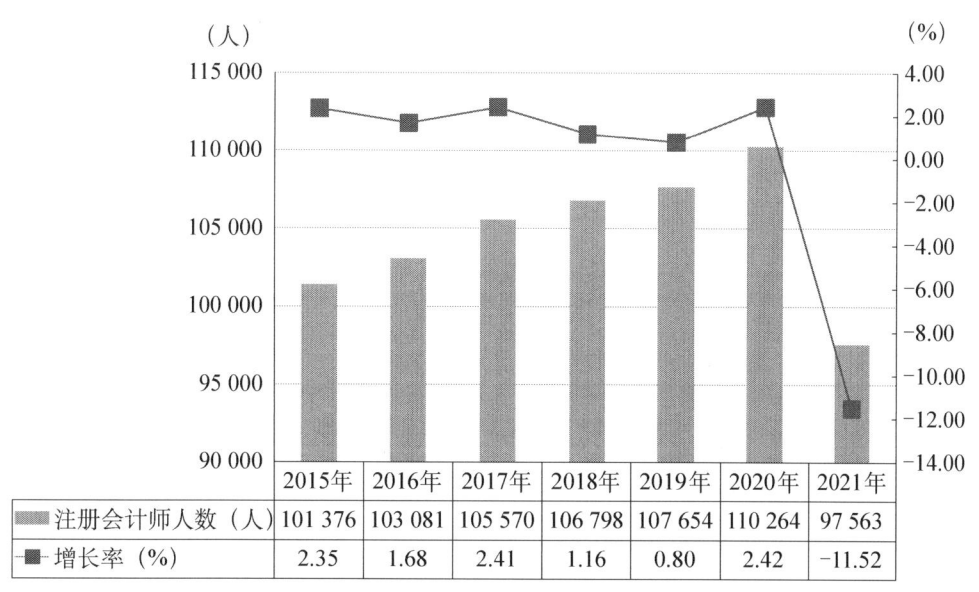

图1 2015—2021年注册会计师数量变化及增长率

材料，简化了注册程序，通过以注册会计师及其所在会计师事务所的承诺代替相关证明文件，一定程度上降低了注册难度。2019 年全国（不含港澳台地区，下同）注册会计师注册人数为 7 834 人，2020 年为 8 807 人，增长较为明显。

2021 年，通过开展注册会计师任职资格检查等注册会计师注册服务管理工作，全年共撤销（注销）注册会计师 20 923 人，新批注册会计师 8 222 人。截至 2021 年 12 月 31 日，全国共有注册会计师 97 563 人，比 2020 年减少 12 701 人（见图 2）。

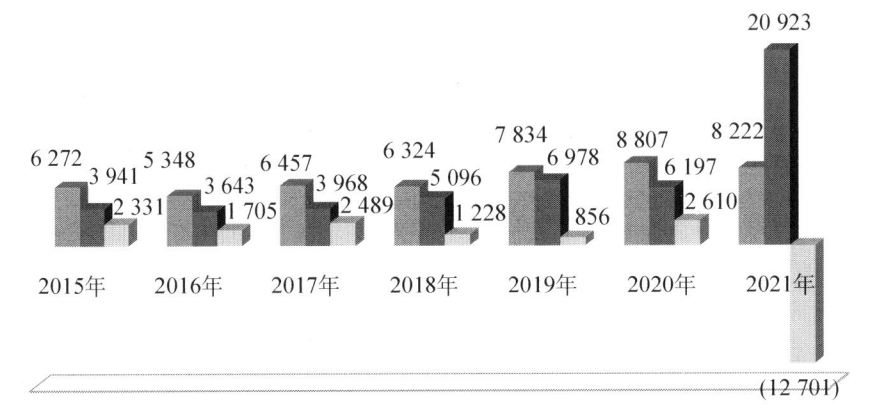

图 2　2015—2021 年注册会计师的注册、撤销情况对比

二、注册会计师结构变化情况

（一）注册会计师地区分布

截至 2021 年 12 月 31 日，共有北京、上海、江苏、浙江、山东、广东等 6 个省（自治区、直辖市）注册会计师数量超过 6 000 人。其中，北京市注册会计师数量最多，达到 11 032 人，占全国总数的 11.31%；其次是广东省（10 449 人）和上海市（7 477 人）（注册会计师地区分布情况见图 3，具体人数见表 2）。注册会计师地区分布呈现较为明显的集中分布趋势。

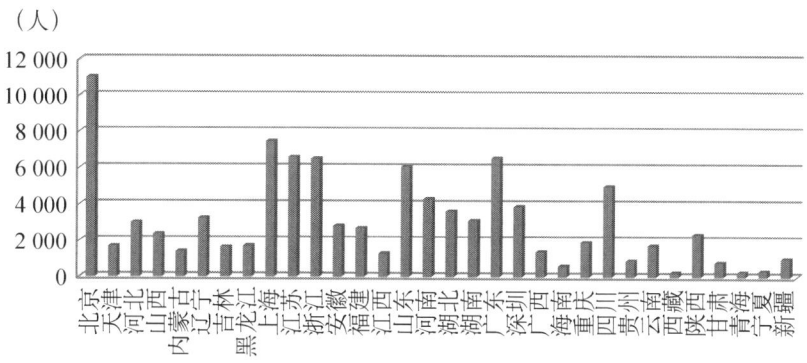

图3 注册会计师地区分布情况（截至2021年12月31日）

（二）注册会计师年龄分布

截至2021年12月31日，注册会计师中，30岁及以下的有5 611人，占注册会计师总数的5.75%；31—40岁的21 839人，占22.39%；41—50岁的26 694人，占27.36%；51—60岁的24 218人，占24.82%；61—70岁的10 420人，占10.68%；70岁以上的8 781人，占9.00%。

截至2021年12月31日，60岁以上的注册会计师占比为19.68%，而在2015年12月31日，60岁以上的注册会计师占比为24.10%。这说明我国注册会计师行业老龄化比较严重，但从最近几年发展情况看，60岁以上注册会计师占比基本处于下降态势，说明行业老龄化程度逐步缓解。2015—2021年，注册会计师各个年龄段占当年注册会计师人数比例见图4。

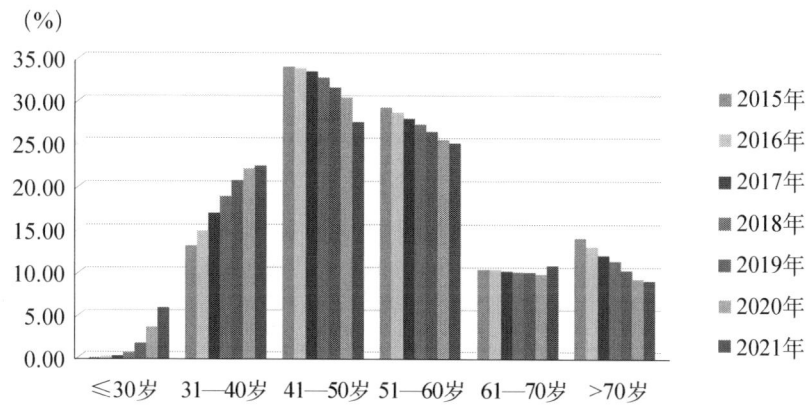

图4 2015—2021年注册会计师各年龄段占比情况

（三）注册会计师学历分布

截至 2021 年 12 月 31 日，注册会计师中，大专及以下学历的共有 40 563 人，占 41.58%；本科及以上学历的共有 57 000 人，占 58.42%。其中，本科学历的 49 139 人，占 50.37%；硕士研究生学历的 7 539 人，占 7.73%；博士研究生学历的 322 人，占 0.33%[①]。各地区注册会计师学历分布情况见表 1。

表1　　　　　各地区注册会计师的学历分布情况　　　　单位：人

地区	大专及以下	本科	硕士研究生	博士研究生
北京	3 509	5 804	1 674	45
天津	692	845	156	6
河北	1 881	1 083	51	4
山西	1 308	1 016	56	3
内蒙古	878	485	38	5
辽宁	1 513	1 393	329	9
吉林	800	787	53	6
黑龙江	896	764	57	3
上海	2 207	4 227	1 034	9
江苏	2 709	3 396	485	11
浙江	1 571	4 396	532	7
安徽	1 426	1 260	139	0
福建	1 047	1 456	194	9
江西	800	450	42	2
山东	2 467	3 217	362	11
河南	2 263	1 822	186	37
湖北	1 869	1 530	202	25
湖南	1 305	1 589	200	27
广东	2 657	3 425	459	13
深圳	1 117	2 333	418	27
广西	741	600	40	1
海南	182	368	51	2

① 本书中某些数据会由于四舍五入造成汇总值的误差，特此说明，后不赘述。

续表

地区	大专及以下	本科	硕士研究生	博士研究生
重庆	706	1 059	139	6
四川	2 495	2 187	270	34
贵州	366	480	36	2
云南	704	919	91	6
西藏	103	118	16	3
陕西	1 116	1 077	144	3
甘肃	406	352	35	3
青海	133	108	12	0
宁夏	109	195	15	0
新疆	587	398	23	3
合计	**40 563**	**49 139**	**7 539**	**322**

总体来看，2015—2021 年，注册会计师学历层次有所提高，高学历的占比逐年上升。其中，本科和硕士研究生学历的占比上升趋势明显，博士研究生学历的占比变化不大（见图 5）。

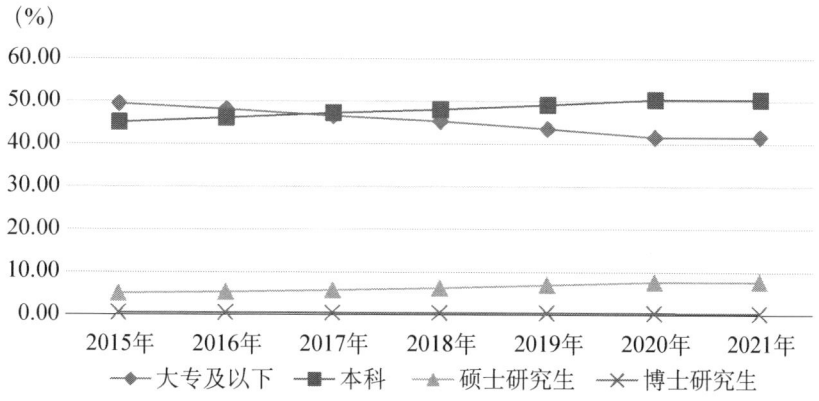

图 5 2015—2021 年注册会计师学历变化情况

三、非执业会员发展情况

非执业会员是注册会计师行业人才队伍的后备军和蓄水池。分析非执业会员发展情况，可从侧面反映和预测行业人才的未来发展趋势。

（一）非执业会员数量变化情况

2021年，中注协新批非执业会员21 358人，注册会计师转为非执业会员16 554人，非执业会员转为注册会计师1 796人，取消资格1 509人，非执业会员比上一年度净增加34 607人。截至2021年12月31日，中注协拥有非执业会员212 278人。其中，外国及港澳台地区非执业会员658人。

从地区分布来看，非执业会员人数超过1万人的省（自治区、直辖市）有北京、上海、广东、江苏、浙江和山东。其中，上海市非执业会员数量最多，共有30 927人，占全国总数的14.61%；其次是北京市，共有30 427人，占全国总数的14.38%（非执业会员地区分布情况见图6，具体人数见表2）。

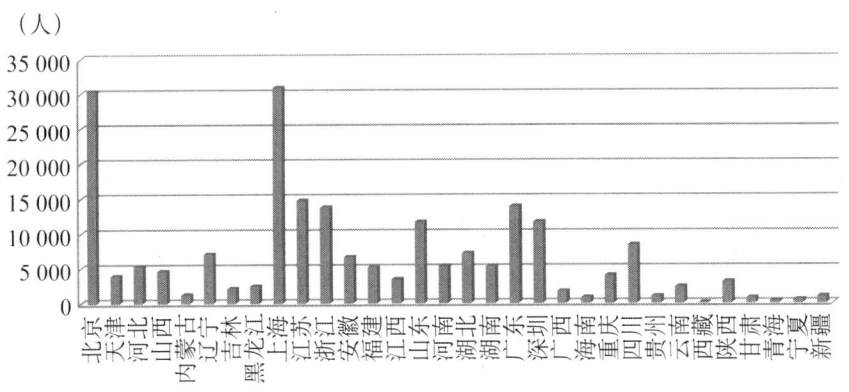

图6　非执业会员地区分布情况（截至2021年12月31日）

2015—2021年，非执业会员数量一直稳步上升，年增长率均在7%以上（见图7）。其中，2021年的非执业会员人数增长率为19.48%，非执业会员服务工作的重要性日益凸显。

（二）非执业会员年龄分布情况

在211 620名非执业会员（不含外国及港澳台地区）中，30岁及以下的17 067人，占比8.06%；31—40岁的83 703人，占比39.55%；41—50岁的

61 557 人，占比 29.09%；51—70 岁的 41 165 人，占比 19.45%；70 岁以上的 8 128 人，占比 3.84%。

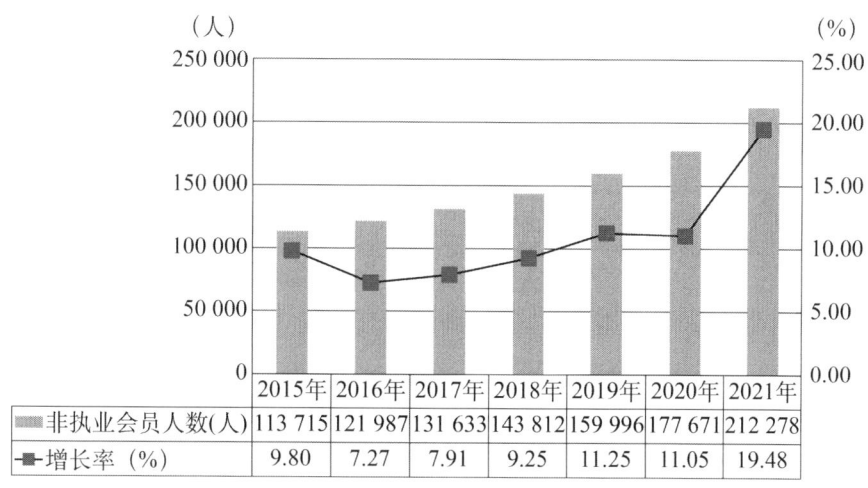

图7　2015—2021年中注协非执业会员数量变化情况

注：2015—2021 年数据包括外国及港澳台地区非执业会员，分别为 537 人、560 人、587 人、601 人、629 人、645 人和 658 人。

通过对比非执业会员年龄结构和注册会计师的年龄结构可以看出，非执业会员 40 岁以下的占比远高于注册会计师同年龄段占比，非执业会员 50 岁以上的占比则低于注册会计师同年龄段占比（见图8）。有必要深入研究注册会计师行业人才吸引机制和会计师事务所内部人才晋升机制相关问题，以增强注册会计师行业对年轻人的职业吸引力，推动行业人才建设不断迈向新台阶。

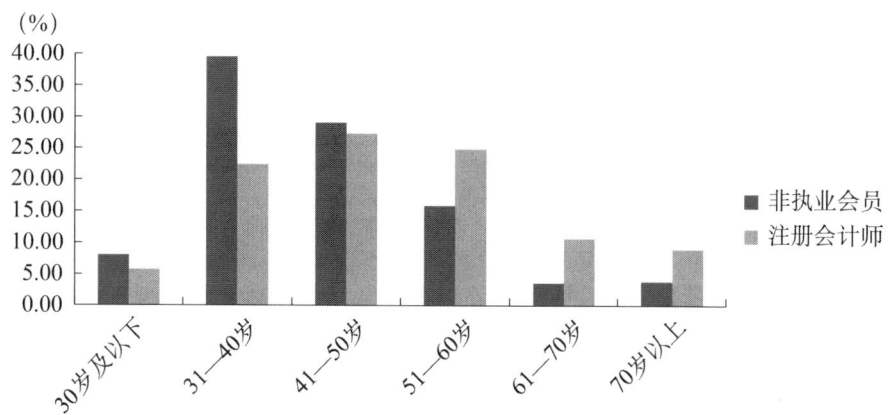

图8　2021年非执业会员年龄与注册会计师年龄占比情况对比

表2　　　　　注册会计师和非执业会员地区分布情况

（截至2021年12月31日）　　　　　　单位：人

大区	省（市、区）	注册会计师人数	非执业会员人数	中注协个人会员人数
华北	北京	11 032	30 431	41 463
	天津	1 699	3 952	5 651
	河北	3 019	5 331	8 350
	山西	2 383	4 604	6 987
	内蒙古	1 406	1 267	2 673
	合计	19 539	45 585	65 124
东北	辽宁	3 244	7 128	10 372
	吉林	1 646	2 145	3 791
	黑龙江	1 720	2 476	4 196
	合计	6 610	11 749	18 359
华东	上海	7 477	30 927	38 404
	江苏	6 601	14 747	21 348
	浙江	6 506	13 815	20 321
	安徽	2 825	6 685	9 510
	福建	2 706	5 198	7 904
	江西	1 294	3 473	4 767
	山东	6 057	11 692	17 749
	合计	33 466	86 537	120 003
中南	河南	4 308	5 407	9 715
	湖北	3 626	7 212	10 838
	湖南	3 121	5 327	8 448
	广东	6 554	13 951	20 505
	深圳	3 895	11 701	15 596
	广西	1 382	1 724	3 106
	海南	603	845	1 448
	合计	23 489	46 167	69 656
西南	重庆	1 910	3 998	5 908
	四川	4 986	8 429	13 415
	贵州	884	1 028	1 912

续表

大区	省（市、区）	注册会计师人数	非执业会员人数	中注协个人会员人数
西南	云南	1 720	2 361	4 081
	西藏	240	77	317
	合计	9 740	15 893	25 633
西北	陕西	2 340	3 141	5 481
	甘肃	796	767	1 563
	青海	253	291	544
	宁夏	319	505	824
	新疆	1 011	985	1 996
	合计	4 719	5 689	10 408
境外			658	658
总计		97 563	212 278	309 841

2021年注册会计师行业人才培养工作报告

2021年，全国各级注协按照上下"一盘棋"的工作思路，以习近平新时代中国特色社会主义思想为指引，深入贯彻落实党的十九大及十九届历次全会精神，按照中央人才工作会议精神，对照《注册会计师行业发展规划（2021—2025年）》关于人才职业化建设的目标任务，充分利用信息技术手段，推进行业人才培养的数字化转型，围绕党史学习教育、行业"品牌建设年"主题活动，着力在提升行业人才思想水平、职业道德、专业知识和胜任能力上下功夫，深入推进行业人才队伍建设，较好完成了年度继续教育工作任务。

一、不断推进行业继续教育工作

2021年，行业继续教育工作围绕中央经济工作会议和全国财政工作会议精神，围绕金融和资本市场改革对行业发展的新要求，以提升注册会计师服务能力为目标，发挥自身优势，突出制度体制机制建设和创新，全行业共举办培训班1 501个，培训270 134人次。其中，注册会计师155 547人次，非执业会员114 587人次。由中注协举办的培训班42期，培训25 350人次。2021年度培训任务基本完成。

（一）深化行业人才培养规律研究

全面贯彻落实习近平总书记关于做好新时代人才工作的重要论述和党中

央关于新时代人才工作的重大决策部署，组织开展关于构建全生命周期注册会计师行业人才制度体系和工作体系的专题研究。根据"全生命周期"理论，全面梳理总结人才工作全链条，包括"选、育、管、用、留"等环节的工作经验；研究境外相关会计职业组织管理和服务的方式方法，分析在我国行业人才工作的适用性；针对当前行业人才工作的薄弱环节，如非执业会员服务、行业用人平台的搭建、中小会计师事务所人才建设、行业宣传等，分析存在的不足，在充分听取行业各方意见建议、虚心学习相关行业协会做法的基础上，提出切实可行的改进建议。以此为基础，形成《关于构建全生命周期注册会计师行业人才制度体系和工作体系的研究报告》，为下一步完善形成系统、协调、完备的全生命周期行业人才制度体系和工作体系，提高行业人才工作的效率、效能奠定基础。

（二）改进行业继续教育工作思路

在前期充分调研的基础上，2021年行业继续教育工作思路的转变主要体现在以下几方面：一是压实地方责任，建立上下联动的工作机制，统一编制中注协和地方注协的全年继续教育工作要点，体现全国"一盘棋"及中注协对地方注协的工作指导。二是构建层次清晰、权责明确、运转有序的继续教育体系，重新明确了中注协、地方注协和会计师事务所在培训工作中的定位和职责分工。三是明确了中注协继续教育工作即将改革探索的工作思路，包括加强非执业会员管理服务，充分发挥国家会计学院作用和加强后备人才培养等方面。

（三）健全完善制度体系

总结近30年行业继续教育实践，结合行业继续教育未来发展，2021年修订完成《中国注册会计师继续教育制度》、《中国注册会计师协会非执业会员继续教育制度》，开展《中国注册会计师胜任能力指南》的研究修订工作。研究制定《注册会计师行业高端人才使用管理暂行办法》、《中国注册会计师协会会员培养（高端班）项目学员考核管理暂行办法》，不断加强高端人才的使用管理和考核管理。

（四）抓实行业继续教育重点工作

一是贯彻落实国办发 30 号文精神。 为深入贯彻落实国办发 30 号文，使文件精神入脑入心，通过继续教育在线平台、"一竿子到底"宣讲培训班、8 期系列培训班、行业高端人才专题学习讨论等方式组织学员深入学习国办发 30 号文。

二是启动开发行业"继续教育在线"平台。 为落实国办发 30 号文中关于"充分利用信息技术手段，上线继续教育相关应用，切实提高培训效果，持续保持和强化注册会计师专业胜任能力和职业道德操守，提升审计质量"的要求，根据相关工作方案，由中注协牵头启动行业"继续教育在线"平台的研究开发工作。平台以提高行业从业人员执业胜任能力为目标，兼顾注册会计师和非执业会员的需求差异，逐步整合形成中注协牵头、地方注协属地管理、会计师事务所支持配合、广大会员广泛参与的行业继续教育工作新格局。平台定位为继续教育综合管理平台，提供线上培训、在线考核、实时管理等功能，打通继续教育与注册管理数据通道，实现对会员继续教育的闭环管理。

（五）扩大行业继续教育普惠度

2021 年，在完成继续教育行业全覆盖的同时，对特定地域、特定规模会计师事务所采取政策倾斜。针对不同地域，向 7 个西部省份等行业继续教育"洼地"直接送教，共送教培训 2 500 余人。向中东部省份输送新专题课程包 10 余个、优秀师资 30 余人。推动行业发达省份与欠发达省份互帮互助，实现行业继续教育工作的"填平补齐"。

（六）提升行业继续教育针对性

根据注册会计师发展的规律特征，推动继续教育更加适应行业发展要求，更加契合全体从业人员职业生涯不同阶段、不同业务领域胜任能力的要求。

提高培训对象针对性。 除按照一般注册会计师、经理（包括项目经理、高级经理）、质量控制负责人、一般合伙人、会计师事务所党组织书记等分级别分类培训外，针对品牌（市场）负责人、国际业务负责人、人力资源负责人等进行专项培训，针对综合评价前百的会计师事务所首席合伙人、新备案从事证券业务会计师事务所合伙人及中小会计师事务所合伙人等进行聚焦培训。

提高班型设置针对性。 针对不同培训内容和培训要求，设置不同类型的培训。针对行业普及型课程内容设置远程培训班；针对品牌建设、文化建设、会计师事务所"走出去"等行业发展高端前沿课题，设置研修班，通过对热点问题的研究讨论，深化认识，促进达成共识；针对特殊领域、高端需求、高技术含量、高附加值业务，设置研讨班，对需要达成共识的行业问题深入研究探讨；针对非执业会员，设置网络课程，适应非执业会员对培训的特殊需求。

提高培训内容针对性。 围绕注册会计师的专业胜任能力，开设财务会计和报告、管理会计、税收、审计与鉴证、商业法律法规、信息技术、商业和组织环境、经济学、商业策略与管理、乡村振兴以及治理、风险管理和内部控制等专题和课程，强化注册会计师专业胜任能力培训。围绕注册会计师的职业技能，开设智力技能、人际关系及沟通、个人表现、组织等专题和课程，强化注册会计师职业技能培训。围绕注册会计师的职业价值观、职业道德与职业态度，开设职业怀疑及职业判断、职业道德准则、独立性等专题和课程，强化注册会计师道德操守培训。

提高培训形式针对性。 综合运用研讨、经验交流、现场教学等方式改进面授培训模式，重点强化实务操作和案例教学，每个专题至少设置一个实务操作或案例教学课程。为整合培训资源、调动地方注协积极性，2021年中注协首次与北京注协合作举办远程培训班，全年共举办4期，培训学员18 834人。根据培训班、研讨班、研修班的不同培训需求，强化授课教师与学员、学员与学员之间的教学互动，让学员带着问题来研讨，带着成果和解决方案回一线。

（七）充实行业继续教育师资力量

优秀师资是培训效果的重要保障。充分利用行业高端人才优势，不断充实师资力量。在制度安排上，《注册会计师行业高端人才使用管理暂行办法》明确鼓励和引导行业高端人才参与行业继续教育授课；《中国注册会计师协会会员培养（高端班）项目学员考核管理暂行办法》在"反哺行业"要求中，明确行业高端人才要参与授课，并计入毕业考核内容。在实践中，充分发挥高端人才在行业高精尖领域的研究作用和会计审计实务操作的指导作用，邀请行业高端人才就行业数字化建设、ESG 的发展及对行业的影响、金融行业审计、大数据经济审计等新领域授课，或者邀请高端人才结合多年的审计工作实际，深度解读会计准则、审计准则和职业道德等。2021 年，有 86 人次高端人才参与近 200 门次课程的授课。其中，2021 年远程培训班新师资占全部师资的比重为 75%。

（八）继续开展非执业会员培训

提高非执业会员的专业素质是行业人才培养的重要工作。各级注协依托国家会计学院网络教学资源，与专业培训机构合作，共同搭建非执业会员继续教育平台。2021 年各级注协共培训非执业会员 114 587 人次，培训完成率为 54%。中注协继续与上海国家会计学院合作为海外会员开设网络课程。

二、深入实施行业高端人才培养工程

高端人才是引领行业人才队伍建设和行业科学健康发展的"领头羊"。中注协以高端人才"联系、服务、使用、反哺"工作机制为保障，完善高端人才培养理念，优化高端人才选拔机制。2021 年开展第二期中国注册会计师协会会员培养（高端班）项目，目前该项目已纳入财政部高层次财会人才素质提升工程（中青年人才培养—注册会计师班）序列；组织新入选学员开展首期集中培训、英语培训；组织在训行业高端人才和毕业学员代表参加联合培训等各类培训班 5 期；组织信息化方向一期中期考核和管理会计一期学员毕业考核。

（一）优化选拔机制

一是选拔对象有所侧重。根据行业党委为贯彻落实《中国共产党统一战线条例》制定的相关工作方案中提出的"在行业高端人才（后备）选拔中，同等条件下向行业代表人士倾斜"要求，以及部分行业代表人士建议，增加"同等条件下优先考虑行业代表人士"选拔条件。**二是选拔条件更加完备。**要求会计师事务所和客户提供推荐意见，对报名人员的执业情况、诚信记录等进行审核。同时，对报名人员的综合素质申报材料，特别是培养基础、工作经验与服务客户、科研能力、社会任职及活动、行业或所在领域影响、个人小传、推荐信、奖励因素等情况进行综合评价。此外，还对面试候选人的能力、个性和动力等三个维度的综合素质进行考察。**三是选拔测试内容更加全面。**从宏观素养、专业水平、英语水平和综合表现等要素全面考察考生。**四是组织工作更加细化。**邀请来自政府部门、企业界、实务界、学术界的知名专家命题阅卷、担任面试考官，全视角考察选拔人才。命题、试卷印制和阅卷严格保密，与参与专家签订保密协议书，保密印制试卷，专人专岗负责人才选拔测试工作。

（二）精心设计培训

突出"政治型、职业型、专业型、复合型、国际型"的"五型"高端人才培养定位，培训课程包括党史学习教育、全球化思维、人力资源与领导力、信息技术与数字化转型、行业发展、职业道德、财务与会计、商业与运营等 8 个模块。**深化党史学习教育，打造政治型人才，**内容包括中共一大纪念馆和中共一大会议旧址现场教学、深入学习习近平新时代中国特色社会主义思想等。**强化职业精神和职业素养教育，打造职业型人才，**内容包括职业伦理与职业道德等。**融会贯通实现裂变提升，打造专业型人才，**内容包括大数据应用与财务转型、智能新基建对商业社会的影响、资本市场注册制改革与会计监管、互联网商业模式创新等。**着力培养领导能力、战略能力和沟通能力，打造复合型人才，内容包括行业人才能力框架与培养、新时代卓越领导力、新生代员工管理、心理学专题（如何认识人的天性与行为）等。**培养国际视野，打造国际型人才**，内容包括国际政治与外交等。2021年，各类培训形成的小组论文、培训简报、班级总结、个人论文等学习成果累计超过40万字。

（三）搭建交流平台

通过竞选班委会、团队拓展训练、学员主题论坛、跨界论坛、圆桌对话/小组选题研究、班级重大活动展示和结业汇报会等活动，充分发挥学员的主观能动性，使学员在高端人才平台上的学习交流中完成思想、知识、技能、观念的洗礼。邀请国务院国资委、证监会、银保监会、科技部等相关政府部门骨干随班培训，组织学员到大型国企考察，实现学员的跨界交流，强化了行业高端人才的理解力、沟通力、领导力和团队协作力，增进了部委相关业务部门和企业界对行业的了解和理解以及重大专业判断上的共识。

（四）开展中期考核和毕业考核

根据《全国会计领军（后备）人才培养工程考核管理办法》、《全国会计领军（后备）人才注册会计师类培养项目考核管理细则（试行）》、《全国会计领军（后备）人才培养工程毕业考核办法（试行）》要求，对完成三年和六年培养任务的行业高端人才分别开展中期考核和毕业考核。2021年，对信息化方向一期开展中期考核，48人通过中期考核；对管理会计咨询方向一期开展毕业考核，35人通过毕业考核，1人被淘汰。

（五）畅通成才通道

注重发挥注册会计师的业务实践型特点，坚持"以用促学"、"用中成才"，鼓励行业高端人才参与包括注册会计师考试命题阅卷、继续教育授课、准则标准制定、行业执业质量检查、专家咨询、信息化建设等行业工作，以及推荐行业高端人才参与政府部门政策咨询、代表行业参政议政、进入国际职业组织工作等，促使他们在实践中提升能力。

截至2021年底，555名行业高端人才中，有21人当选为各级人大代表和政协委员、全国性人民团体代表，有14人获得中央统战部、团中央表彰，有311人成为各级政府部门、行业协会和高校咨询顾问与专家，为国家大政方针献计献策，为政府部门决策提供咨询，为经济社会发展提供专业服务，为行业发展发挥表率作用，高端人才反哺作用日益凸显。2021年，48人报名参加注册会计师全国统一考试命题阅卷，86人参与继续教育授课，23人参与国际事务相关工作，17人参与执业质量检查，28人参与准则翻译，5人参与助力脱贫攻坚，3人参与青年专家服务团活动。

同时，地方注协也结合本地区经济发展状况和市场需求，积极开展本地区高端人才培养工程，逐步建立起梯次化行业高端人才培养体系。全国有23个省（自治区、直辖市）开展了本地区注册会计师高端人才选拔和培养工作，累计选拔培养3 600余名地方高端人才。2021年中注协开展的行业高端人才培训情况见表1。

表1　　　　　　　　2021年行业高端人才培训情况

培训班名称	主要内容	参加人员	培训时间	人次
中注协会员培养（高端班）项目第二期学员首期集中培训	习近平新时代中国特色社会主义思想模块、职业价值观道德与态度模块、全球化思维模块、领导力与人力资源管理模块、商业与运营模块、信息技术与数字化转型模块、财务与会计模块	中注协会员培养（高端班）项目第二期学员	7月17—31日	35
注册会计师行业高端人才第六次联合培训	党史与国史、数字贸易试验区建设与创新发展、技术创新和企业发展转型升级、国企改革与未来发展方向等	在训高端人才及部分毕业高端人才代表	9月26—30日	240
中注协第二期会员培养（高端班）项目英语集训	英文语言课程、国际化综合课程和财经英语专业等课程	中注协会员培养（高端班）项目第二期学员	11月9—14日	35
中注协会员培养（高端班）项目首期学员第三次培训	政治素养模块、公司金融模块、宏观经济与战略管理模块、商业与运营模块、信息技术与数字化转型模块、人力资源与领导力模块、沟通与人际模块	中注协会员培养（高端班）项目首期学员	11月27日—12月12日	35

续表

培训班名称	主要内容	参加人员	培训时间	人次
中注协第二期会员培养（高端班）项目第二次英语集训	学习国办发30号文精神、英文语言课程、国际化综合课程和财经英语专业课程等	中注协会员培养（高端班）项目第二期学员	11月28日—12月7日	35
合计				380

三、持续开展后备人才培养项目

后备人才是注册会计师行业的未来。作为注册会计师行业后备人才的培养基地，注册会计师专业方向院校承载了行业未来的希望。经过二十年建设，在中注协与专业方向院校的共同努力下，在初期财政专项资金的支持下，"学生境外实习、师资培训、教学质量评估、共建实习基地"四位一体的后备人才培养机制已经建立，并取得良好效果。目前，全国共有19所注册会计师专业方向院校、5所联系院校，培养注册会计师专业方向毕业生共4万余名。其中，2021年注册会计师专业方向毕业生7 860名，向行业输送了一批优秀专业人才。

（一）探索后备人才培养工作新机制

在对注册会计师专业方向院校不再进行财政专项资助后，探索建立"项目管理、专项资助、各方参与、互利互助"的项目资助办法，推动引导院校、学生、会计师事务所、各级注协参与到行业后备人才培养工作中来。同时，研究制定注册会计师行业与高校合作的指导性文件，探索后备人才培养工作新机制。2021年，召开助力大学生就业活动座谈会，组织助力大学生就业战略合作签约仪式。

（二）开展专业方向核心课程教师培训

截至2021年底，中注协与特许公认会计师公会、英格兰及威尔士特许会计师协会等境外会计职业组织合作举办 16 期师资培训班，累计培训教师 639 人次。

（三）选送优秀学生到境外实习

学生境外实习项目是行业后备人才培养工作的"金字招牌"，是莘莘学子选择注册会计师专业方向学习、进入注册会计师行业工作的重要因素。自 2005 年开设该项目以来，境外实习项目已经举办了 15 期，共有 1 146 名学生到境外实习工作。

（四）推动开展务实合作项目

近年来，一些地方注协、会计师事务所与高校定向共建学生实习基地，实现高校与会计师事务所人才对接，为行业高素质后备人才队伍建设提供畅通渠道。

2021年注册会计师全国统一考试分析报告

2021年，在财政部党组的坚强领导下，在财政部注册会计师考试委员会（以下简称财政部考委会）的指导下，财政部注册会计师考试委员会办公室（以下简称财政部考办）深入贯彻习近平新时代中国特色社会主义思想、党的十九大和十九届历次全会精神，围绕行业"品牌建设年"主题活动，以确保疫情防控和考试保密"双安全"，提升考试质量、优化考生服务为重点，精心组织、积极谋划，在扎实做好新冠肺炎疫情防控的同时，安全、平稳、顺利地完成注册会计师全国统一考试（以下简称注会考试）工作。

1991—2021年，注会考试已成功举办30次，先后有779.64万人报名参考。截至2021年底，累计有33.04万人通过考试并取得全科合格证书。其中，16.97万人通过计算机化考试方式取得全科合格。

一、实施情况

2021年，在新冠肺炎疫情防控常态化的背景下，注会考试既要克服机位落实的压力，又要兼顾疫情防控。为确保不因考试传播疫情，财政部考办研究制定了"能考尽考、厘清责任、以人为本、精准施策"的应对原则。一方面，通过调整考试时间安排（由往年的国庆节后提前至8月底），减少考生与考点人员（主要是各高校的在校师生）交叉接触的可能，降低疫情对考试实施的影响。另一方面，会同各地考办积极协调有关方面，认真落实考点考场所在地疫情防控要求。同时，对突发疫情无法组织考试或者受疫情影响延期安排考试的相关考区，给予考生因疫情管控无法参考申请退费、成绩有效期延长一年的优惠政策。最终，8月27—29日，全国大部分地区（含香港、澳门）注会考试如期举行；9月19—21日，为北京、江苏、河南、湖北、陕西及湖南（张家界和湘西）等受疫情影响延期考试的地区另行组织了一次统一考试。先后两个批次的考试共设立827个考点、9 549个考场。其中，北京、上海、广东等192个考区还实施了会计、经济法、税法和财务成本管理四个科目的两场考试。

（一）考试报名

2021年，财政部考办首次设置报名"冷静期"，采取报名和交费分开的方式，引导考试报名人员根据自身的职业规划和实际情况合理报名、审慎交费，并按期参考。

在此安排下，2021年注会考试专业阶段完成报名且交费的人数达到137.34万人，报名科次合计375.64万科次。综合阶段完成报名且交费的人数为4.6万人（见表1）。考试总体规模回归至2018年水平。

表1　2020—2021年两个阶段考试报名（人数、科次）情况对比

项目	2020年		2021年			
	专业阶段	综合阶段	专业阶段	变化	综合阶段	变化
报名人数	156.8万人	3.93万人	137.34万人	−12.41%	4.6万人	17.05%
报名科次	440.59万科次	—	375.64万科次	−14.74%	—	—

1. 专业阶段考试6个科目报名情况。2021年，会计科目报名人数最多，有97.05万人完成审核交费，报考率①达到70.66%。紧随其后的是经济法和税法2个科目，分别为70.25万人和69.84万人，报考率分别为51.15%和50.85%。报名人数最少的是审计科目，为38.91万人，报考率仅为28.33%。2021年与2020年对比情况见表2。

---

① 报考率：报考某科目人数占报考专业阶段考试总人数的比例。

表2　　2020—2021年专业阶段考试6个科目报名人数情况对比

科目	2020年（万人）	2021年（完成审核交费）（万人）	报考率（%）
会计	119.91	**97.05**	70.66
审计	44.64	**38.91**	28.33
财务成本管理	62.33	**53.89**	39.24
经济法	83.14	**70.25**	51.15
税法	83.16	**69.84**	50.85
公司战略与风险管理	47.42	**45.69**	33.27

2. 专业阶段考试6个科目报考情况。 2021年会计科目的报考率最高，有近七成的老考生和近八成的新考生[①]都选择了该科目，表明会计是专业阶段考试的基础科目，是新考生报考的首选科目。经济法和税法2个科目，新、老考生的报考率大致持平。财务成本管理和公司战略与风险管理2个科目，新、老考生的报考率则存在一定差距。而审计科目由于具有较强的实务性，新考生报考时较为谨慎，报考率仅为17.27%（见表3）。

表3　　2021年专业阶段考试6个科目新、老考生报考情况对比

科目	新考生（35.96）（万人）	占比（%）	老考生（101.38）（万人）	占比（%）
会计	28.48	79.20	68.58	67.65
审计	6.21	17.27	32.71	32.26
财务成本管理	8.55	23.78	45.34	44.72
经济法	19.69	54.76	50.56	49.87
税法	18.31	50.92	51.53	50.83
公司战略与风险管理	8.95	24.89	36.75	36.25

（二）出考情况

2021年组织实施了两个批次的考试，加上给予延考地区考生因疫情管控无法参考可以申请退费、有效成绩延长一年的优惠政策，最终的考试规模为：

[①] 新考生：指首次报考注册会计师考试的人员。

专业阶段考试 124.42 万人、341.45 万科次；综合阶段考试 4.51 万人。下文均以此口径与历年数据进行比较分析。

1. 专业阶段考试。 从出考情况看，2021 年报名"冷静期"的设置，有效引导了考生理性报名，按期完成交费的更多是备考相对充分、出考意愿相对较高的考生。最终，出考率较往年有了显著提升，表现为：在整体报名人数减少的情况下，2021 年专业阶段考试 6 个科目的平均出考率达到 44.58%，较 2020 年增长了 8.63%（见表 4）。

表4　　2020—2021年专业阶段考试报名和出考情况对比

年度	报名人数（万人）	变化（%）	出考人数（万人）	变化（%）	报考科次（万科次）	变化（%）	出考科次（万科次）	变化（%）	平均出考率（%）	变化（%）
2020	156.80	—	73.43	—	440.59	—	158.40	—	35.95	—
2021	124.42	−20.65	73.83	0.54	341.45	−22.50	152.22	−3.90	44.58	8.63

6 个科目中，会计科目报名人数最多，但出考率最低；审计科目报名人数最少，但出考率最高。此外，从新、老考生的出考情况看，新考生的平均出考率明显高于老考生（52.73%>42.05%）（见表 5 和图 1）。

表5　　2021年专业阶段考试6个科目新、老考生报名和出考情况对比

科目	新考生			老考生			总体		
	报名科次（万科次）	出考科次（万科次）	出考率（%）	报名科次（万科次）	出考科次（万科次）	出考率（%）	报名科次（万科次）	出考科次（万科次）	出考率（%）
会计	25.46	12.67	49.75	62.06	21.18	34.13	87.52	33.85	38.67
审计	5.61	3.26	58.09	30.16	15.95	52.88	35.77	19.21	53.70
财务成本管理	7.72	4.45	57.56	41.57	18.24	43.89	49.29	22.69	46.03
经济法	17.69	9.26	52.35	45.99	18.43	40.08	63.68	27.69	43.48
税法	16.45	8.63	52.49	46.98	20.27	43.14	63.43	28.9	45.56
公司战略与风险管理	8.05	4.44	55.15	33.71	15.45	45.84	41.76	19.89	47.63
合计/平均	80.98	42.7	52.73	260.47	109.52	42.05	341.45	152.22	44.58

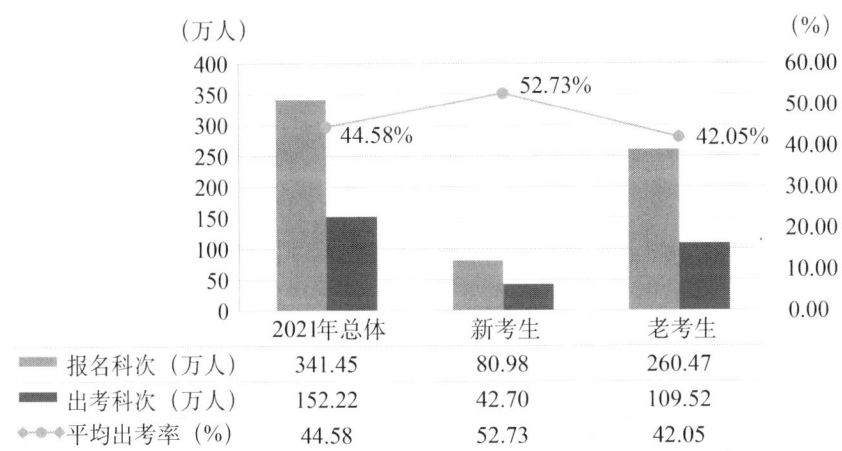

图 1　2021 年专业阶段考试新、老考生报名和出考趋势

2. 综合阶段考试。2021 年综合阶段考试有 3.92 万人出考（较 2020 年增长 19.15%），出考率远高于专业阶段水平（86.93%>44.58%），体现出参加综合阶段考试的考生对考试的投入程度及备考充分性上均高于参加专业阶段考试的考生（见图 2）。

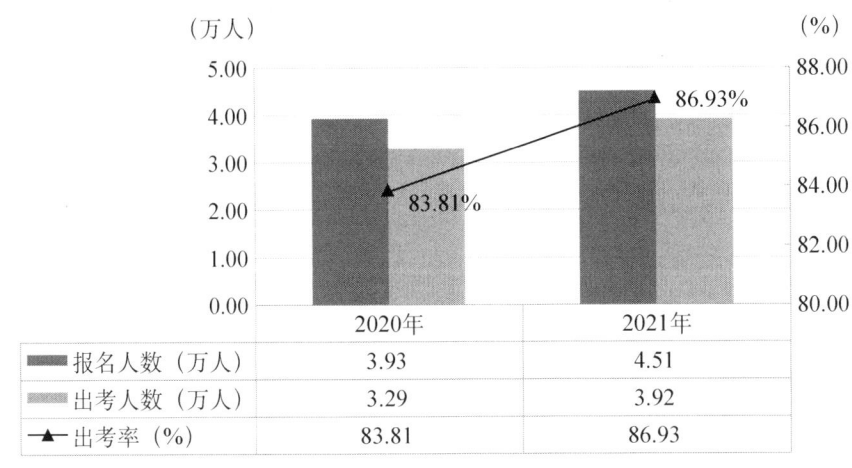

图 2　2020—2021 年综合阶段考试报名和出考趋势

（三）考生结构

一直以来，报考意愿与考生的专业背景、学历以及从事的工作密切相关，并受所在地区经济发展水平和就业机会多寡的影响。同时，大多数考生把参加注会考试作为完成学历教育后、职业发展过程中，进一步提升专业水平的重要途径。

1. 按单位性质分析。相较于就职于其他性质单位的考生，来自企业的考生报考人数明显更多，报名参加两个阶段考试的人数占比均在40%以上，而来自行政事业单位的考生，报名参加两个阶段考试的人数占比则不到10%。相对而言，来自会计师事务所的考生参加两个阶段考试的报名人数占比虽然不高，但出考率却远高于其他性质单位的考生（见图3）。

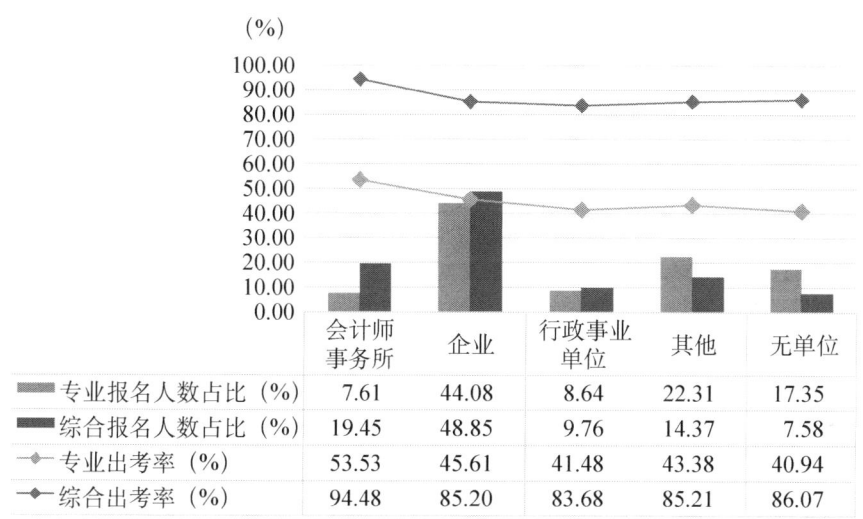

图3 不同单位性质的考生两个阶段考试报名人数占比、出考率情况

2. 按学历分析。参加两个阶段考试的考生中，具有本科学历的考生报名人数占比达到60%以上，是考试的绝对主体，其次是具有硕士研究生学历的考生。而具有博士研究生学历的考生报名人数最少、出考率最低（见图4）。

3. 按专业背景分析。注册会计师资质对具有会计审计专业背景的考生的职业影响较大，该类考生的报名和出考意愿远高于其他专业考生（见图5）。

4. 按职业性质分析。从事会计工作的考生报考人数最多，从事审计工作的考生出考率最高，说明考试内容与职业导向相契合（见图6）。

5. 按性别分析。女性考生报名人数远高于男性考生。出考率方面，男性考生与女性考生差异不大（见图7）。

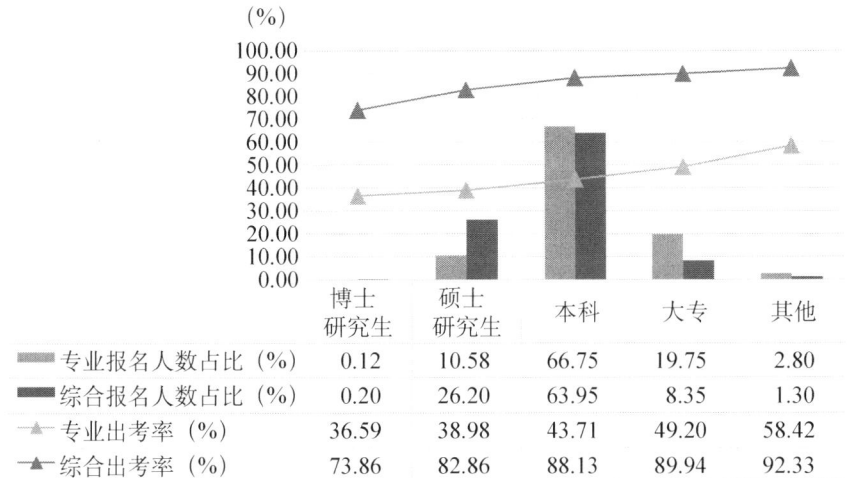

图4 不同学历考生两个阶段考试报名人数占比、出考率情况

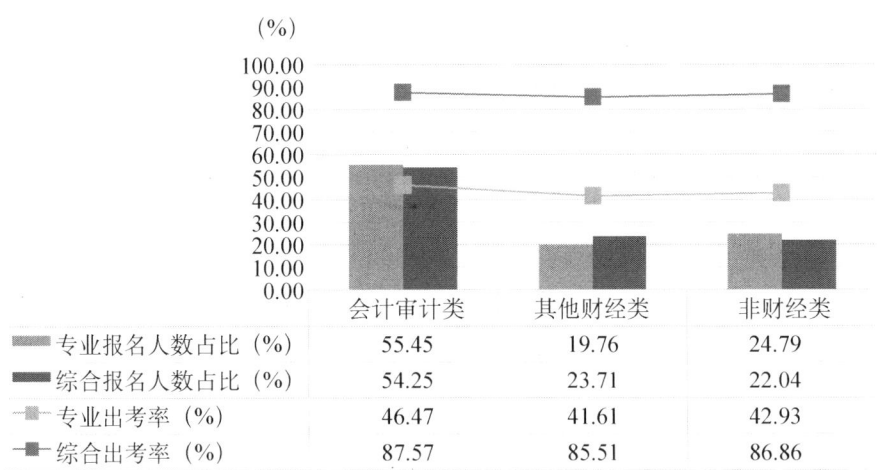

图5 不同专业考生两个阶段考试报名人数占比、出考率情况

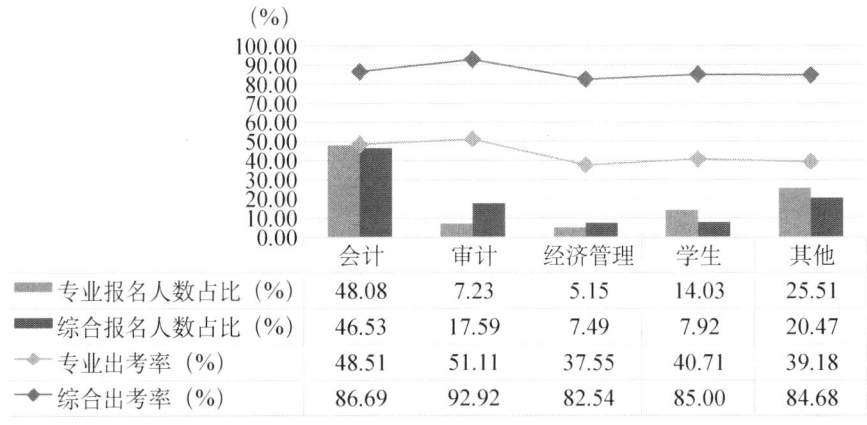

图6 不同职业性质考生两个阶段考试报名人数占比、出考率情况

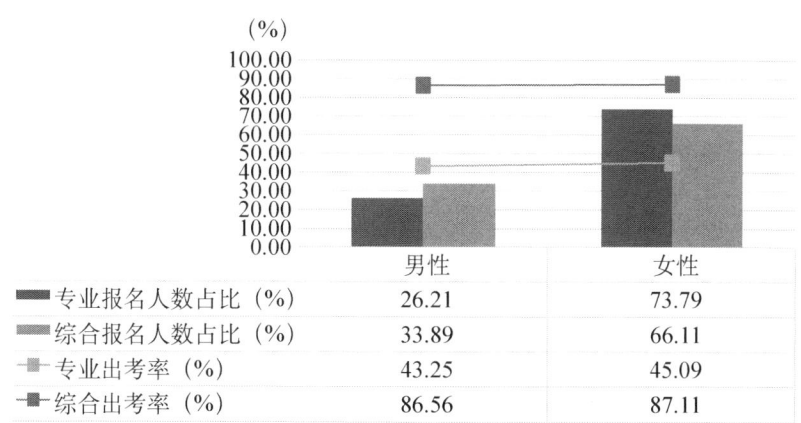

图 7　不同性别考生两个阶段考试报名人数占比、出考率情况

6. 按年龄分析。专业阶段考试中 35 岁以下的考生占比达到 83.64%，综合阶段考试则达到 81.81%。出考方面，专业阶段考试中 36 岁以上的考生出考率相对较高，综合阶段考试中 25 岁以下考生的出考率最高（见图 8）。

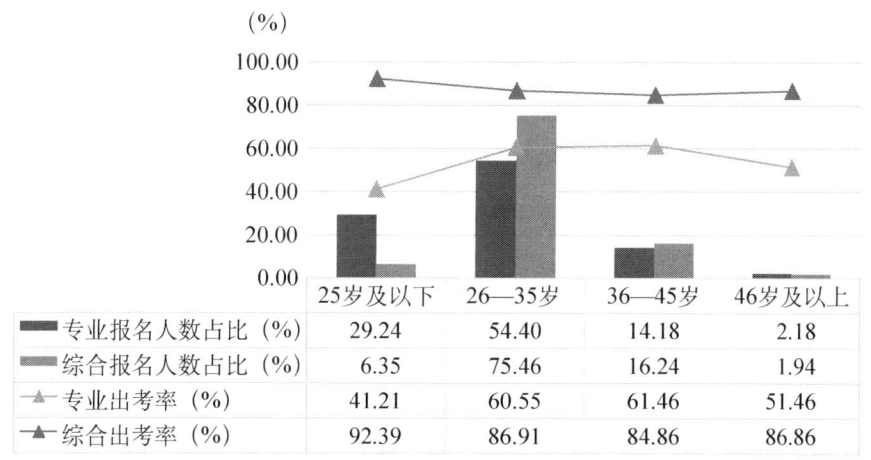

图 8　不同年龄考生两个阶段考试报名人数占比、出考率情况

7. 按地域分析。从报名情况看，专业阶段考试各地报名人数和报考科次，排在前 5 位的地区依次为广东、上海、北京、山东和浙江，其总和分别占到全国总量的 41.67% 和 42.28%，这些地区，由于报考规模越来越大、机位需求越来越高，组考压力相应增加。而排在后 5 位的地区则依次为港澳台、西藏、青海、宁夏和海南，其报名人数和报考科次总和均占全国总量的 2% 左右。

从出考情况看，所有省份的出考率均有显著提高。其中，江苏由 2020 年的 35.45% 上升至 2021 年的 57.04%,陕西由 2020 年的 35.51% 上升至 2021 年的 55.93%,增幅都超过 20%,河北、山西、吉林、黑龙江、河南、湖北和贵州等七个地区出考率的增幅均超过 10%。究其原因,主要是报名"冷静期"的设置和允许受疫情影响延期考试地区考生申请退费等优惠政策,减少了大量出考意愿不高的考生,也给了部分考生量力而行的机会(见表6)。

表6　　　　2020—2021 年各地专业阶段考试报名和出考情况

考区	2020 年			2021 年			出考率变化(%)
	报名人数(万人)	报考科次(万科次)	出考率(%)	报名人数(万人)	报考科次(万科次)	出考率(%)	
北京		—		9.49	28.64	46.37	—
天津	3.45	9.99	34.93	2.74	7.63	38.78	3.85
河北	4.96	13.27	36.24	3.77	9.83	49.17	12.93
山西	4.33	11.68	40.93	3.64	9.50	52.17	11.24
内蒙古	2.68	7.28	38.64	2.10	5.53	45.96	7.32
辽宁	4.64	13.05	36.26	3.35	9.11	42.88	6.62
吉林	2.03	5.78	36.09	1.50	4.15	46.13	10.04
黑龙江	2.25	6.41	30.47	1.70	4.72	41.18	10.71
上海	12.79	38.86	33.05	10.15	29.26	36.43	3.38
江苏	12.83	35.34	35.54	5.89	16.07	57.04	21.50
浙江	9.54	26.60	36.08	7.47	20.11	45.29	9.21
安徽	5.27	14.39	34.28	4.20	11.17	40.21	5.93
福建	4.12	11.72	35.90	2.02	5.42	41.84	5.94
江西	3.21	9.00	34.19	2.65	7.18	39.72	5.53
山东	10.24	28.08	35.67	8.34	22.07	42.96	7.29
河南	8.44	22.77	38.41	4.92	13.00	53.02	14.61
湖北	6.53	18.19	38.44	3.84	10.28	49.78	11.34
湖南	5.82	16.14	35.48	4.58	12.28	43.16	7.68
广东	21.13	59.46	37.17	16.40	44.30	43.33	6.16
广西	2.53	7.12	37.49	1.99	5.40	46.38	8.89
海南	1.13	3.17	37.39	0.95	2.57	45.76	8.37
四川	9.09	26.23	35.44	7.28	20.07	41.78	6.34
重庆	4.00	11.59	34.98	3.22	8.91	40.46	5.48

续表

考区	2020年			2021年			出考率变化（%）
	报名人数（万人）	报考科次（万科次）	出考率（%）	报名人数（万人）	报考科次（万科次）	出考率（%）	
贵州	2.60	7.60	32.72	2.05	5.79	43.86	11.14
云南	3.57	10.29	37.23	2.84	7.85	44.35	7.12
西藏	0.22	0.63	34.40	0.16	0.44	43.61	9.21
陕西	5.88	16.35	35.51	2.87	8.02	55.93	20.42
甘肃	2.03	5.69	35.99	1.54	4.17	43.44	7.45
宁夏	0.91	2.53	35.94	0.70	1.89	41.34	5.40
青海	0.48	1.40	31.86	0.38	1.08	38.66	6.80
新疆	—	—	—	1.57	4.72	39.29	—
港澳台	—	—	—	0.10	0.27	42.30	—
合计	156.7	440.59	35.95	124.42	341.45	44.58	8.89

二、考试结果

（一）合格情况

2021年专业阶段考试6个科目的平均合格率为22.91%，比上年增长了1.58%，共有90人一次性通过专业阶段考试。综合阶段考试有28 532人通过并取得全科合格证书，合格率为72.77%。

1. 专业阶段考试。2021年有25.05万人取得至少1个科目的合格成绩，总的合格科次为34.87万科次；有3.69万人通过专业阶段考试，具备了报考综合阶段考试的资格（见表7、图9和表8、表9）。

表7　2020—2021年专业阶段考试合格（人数、科次）情况

年度	单科合格人数（万人）	变化（%）	专业阶段合格人数（万人）	变化（%）	出考科次（万科次）	合格科次（万科次）	平均合格率（%）
2020	24.10	—	2.88	—	158.40	33.79	21.33
2021	25.05↑	3.94	3.69↑	28.16	152.22↓	34.87↑	22.91↑

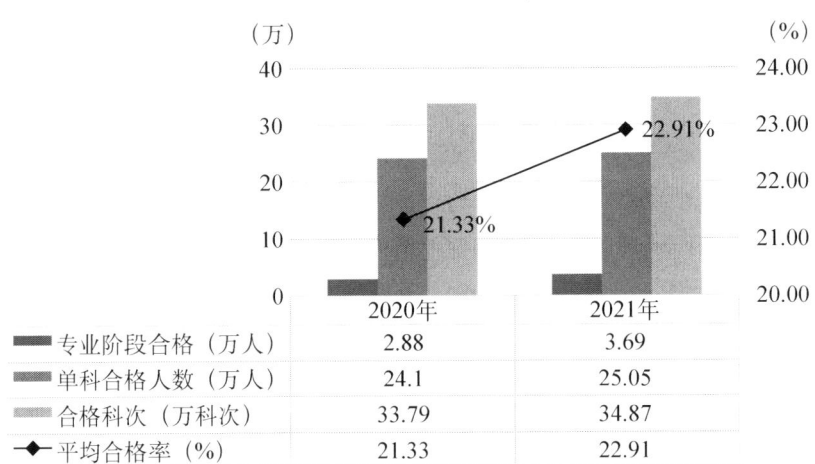

图 9　2020—2021 年专业阶段考试合格情况

表 8　2020—2021 年专业阶段考试各科目合格率、合格人数对比

	项目	会计	审计	财务成本管理	经济法	税法	公司战略与风险管理
2020年	合格率（%）	15.36	20.55	13.59	26.89	24.34	29.57
	合格人数（万人）	5.81	3.85	3.03	8.04	7.53	5.52
2021年	合格率（%）	15.92↑	21.28↑	21.23↑	27.92↑	24.62↑	28.82↓
	合格人数（万人）	5.39	4.09	4.82	7.73	7.12	5.73

表 9　2021 年各地单科合格情况　　单位：人

序号	考区	会计	审计	财务成本管理	经济法	税法	公司战略与风险管理	六科合计
1	黑龙江	672	472	510	911	814	615	3 994
2	吉林	616	431	525	892	779	622	3 865
3	辽宁	1 364	1 060	1 318	2 023	1 846	1 493	9 104
4	河北	1 725	1 309	1 502	2 475	2 312	1 736	11 059
5	山西	1 592	1 119	1 265	2 415	2 161	1 561	10 113
6	内蒙古	730	535	608	1 139	971	753	4 736
7	北京	4 993	3 539	4 462	6 907	6 188	5 828	31 917
8	天津	1 241	1 006	1 176	1 727	1 530	1 212	7 892
9	陕西	1 223	1 062	1 203	1 996	1 759	1 470	8 713
10	宁夏	225	149	154	308	333	225	1 394
11	甘肃	470	309	368	728	631	430	2 936

续表

序号	考区	会计	审计	财务成本管理	经济法	税法	公司战略与风险管理	六科合计
12	青海	92	79	73	179	141	114	678
13	新疆	492	285	309	827	777	432	3 122
14	山东	3 533	2 496	3 070	4 864	4 906	3 479	22 348
15	江苏	3 253	2 767	3 321	4 551	4 411	3 828	22 131
16	安徽	1 734	1 271	1 468	2 586	2 173	1 773	11 005
17	浙江	3 610	2 858	3 299	4 836	4 449	4 012	23 064
18	江西	1 041	717	900	1 486	1 346	1 002	6 492
19	福建	891	657	838	1 242	1 257	914	5 799
20	上海	4 373	3 720	4 379	5 995	5 210	5 209	28 886
21	四川	3 292	2 346	2 802	4 815	4 448	3 368	21 071
22	贵州	676	418	462	1 130	870	585	4 141
23	云南	891	678	688	1 549	1 301	934	6 041
24	西藏	55	42	41	106	82	62	388
25	河南	2 069	1 680	1 972	3 306	3 014	2 238	14 279
26	湖北	1 870	1 603	1 768	2 561	2 633	2 106	12 541
27	湖南	2 000	1 438	1 716	2 828	2 569	2 038	12 589
28	广东	6 828	5 037	5 923	9 424	8 967	6 739	42 918
29	广西	620	407	495	962	852	650	3 986
30	海南	339	255	281	533	527	357	2 292
31	重庆	1 317	1 099	1 261	1 935	1 857	1 507	8 976
32	港澳台	41	25	20	64	49	40	239
	合计	53 868	40 869	48 177	77 300	71 163	57 332	348 709

2. 综合阶段考试。自 2013 年以来，综合阶段考试的合格率一直保持较高水平（见表 10 和图 10）。这主要是由于两个阶段考试的测试目标和测试重点不同[①]，而且报考综合阶段考试的考生，在考前的准备相对更充分，对考试所需知识的掌握程度更高、运用能力更强。未来，将通过持续深化考试改革，不

[①] 专业阶段考试主要测试考生是否具备注册会计师执业所需的专业知识，是否掌握基本技能和职业道德要求；综合阶段考试主要测试考生是否具备在注册会计师职业环境中运用专业知识，保持职业价值观、职业态度与职业道德，有效解决实务问题的能力。

断强化对考生综合运用各项知识技能解决实际问题能力的考量,以便更好地满足行业高质量发展的需要。

表10　　　　　　　2020—2021年综合阶段考试合格情况

年度	报名人数（人）	出考人数（人）	合格人数（人）	合格率（%）
2020	39 287	32 925	24 353	73.97
2021	45 102	39 206	28 532	72.77

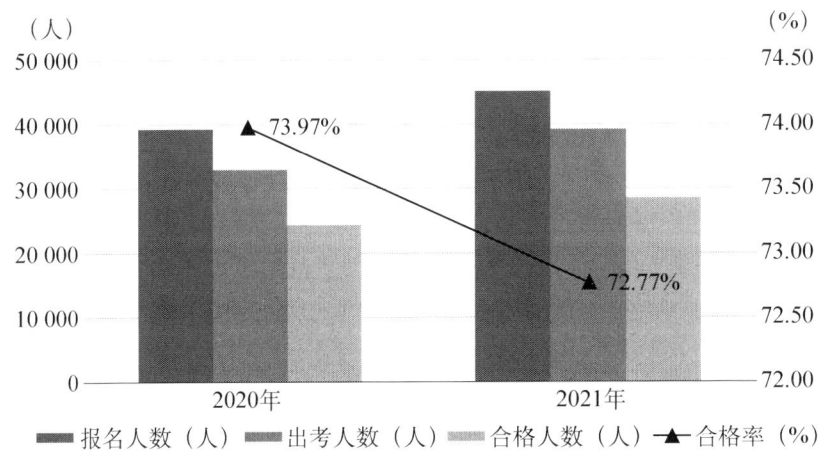

图10　2020—2021年综合阶段考试情况比较

通过对2021年取得综合阶段考试合格考生的学历、单位性质、性别等几个方面进行分析,发现其合格结果与考试的职业导向相关性很高。具体表现为:来自会计师事务所的考生,出考率与合格率都最高;来自企业的考生由于报考基数大,其合格人数占比最多;具有本科学历的合格人数占比明显高于其他学历类别的考生;25岁以下考生的合格率最高,26—35岁考生的合格人数明显高于其他年龄段的考生;会计审计类专业的合格人数占总合格人数的50%以上;从事审计工作的考生,其合格率明显高于其他职业性质的考生(见表11)。

表11　　　2021年综合阶段考试出考率、合格率和合格人数占比统计

分类		出考率（%）	合格人数（人）	合格率（%）	合格人数占比（%）
单位性质	会计师事务所	94.48	6 420	77.46	22.50
	企业	85.20	13 463	71.71	47.19

续表

分类		出考率（%）	合格人数（人）	合格率（%）	合格人数占比（%）
单位性质	行政事业单位	83.68	2 682	72.84	9.40
	其他	85.21	3 862	69.95	13.54
	无	86.07	2 105	71.57	7.38
学历	博士研究生	73.86	47	72.31	0.16
	硕士研究生	82.86	6 913	70.61	24.23
	本科	88.13	18 755	73.78	65.73
	大专	89.94	2 402	70.88	8.42
	其他（职称）	92.33	415	76.57	1.45
专业背景	会计审计类	87.57	15 597	72.79	54.66
	财经类	85.51	6 630	72.51	23.24
	非财经类	86.86	6 305	73.01	22.10
职业性质	会计	86.69	13 089	71.95	45.87
	审计	92.92	5 600	75.96	19.63
	经济管理	82.54	2 003	71.82	7.02
	学生	85.00	2 208	72.70	7.74
	其他	84.68	5 632	72.05	19.74
年龄	25岁以下	92.39	2 221	83.87	7.78
	26—35岁	86.91	21 398	72.34	75.00
	36—45岁	84.90	4 390	70.58	15.39
	46岁以上	86.86	523	68.82	1.83

（二）考生类别

从考试结果看，考试合格率与考生的专业背景、专业基础、职业发展需求，以及报考规模均有关联，尤其是与注册会计师职业胜任能力对多元化知识结构的要求紧密相关（见表12）。

1. 来自会计师事务所的考生，其在两个阶段考试的合格率均明显高于其他类别考生。

2. 从事审计职业的考生，其在两个阶段考试的合格率均明显高于其他类别考生。

3. 35 岁以下的考生,其在两个阶段考试的合格率均明显高于其他年龄段考生。

表12　　2021年不同类别考生两个阶段考试合格率

考生分类		合格率（%）	
		专业阶段	综合阶段
单位性质	会计师事务所	25.59	77.46
	公司企业	23.87	71.71
	行政事业单位	25.62	72.84
	其他	20.91	69.95
	无	19.92	71.57
学历	博士研究生	26.43	72.31
	硕士研究生	29.89	70.61
	本科	23.93	73.78
	大专	16.49	70.88
	其他（职称）	22.07	76.57
专业背景	会计审计类	22.21	72.79
	财经类	24.91	72.51
	非财经类	22.96	73.01
职业性质	会计	22.62	71.95
	审计	25.38	75.96
	经济管理	24.85	71.82
	学生	25.05	72.70
	其他	20.98	72.05
年龄	25 岁及以下	20.25	83.87
	26—30 岁	24.49	73.14
	30—35 岁	25.33	71.14
	36—40 岁	22.73	71.28
	41—45 岁	18.95	68.71
	46 岁及以上	15.03	68.82

（三）地区类别

从报考地区来看，合格考生的群体主要集中在广东、上海、北京、山东和浙江等经济发达地区，中、东部地区的合格人数明显高于西部地区（见表13）。

表13　　　2020—2021年各地两个阶段考试合格情况

考区	2020年		2021年				
	专业阶段	综合阶段	专业阶段			综合阶段	
	一次性合格人数（人）	合格人数（人）	合格人数（人）	一次性合格人数（人）	合格人数（人）	合格率（%）	合格人数（人）	合格率（%）
黑龙江	5	271	243	1	367	20.54	221	73.18
吉林	2	282	219	2	327	20.21	215	69.35
辽宁	3	837	704	1	923	23.30	658	73.93
河北	3	809	480	3	1 080	22.87	535	71.33
山西	1	626	517	3	904	20.41	544	71.58
内蒙古	3	317	224	0	442	18.64	254	72.78
北京	—			17	3 637	24.03	3 478	71.96
天津	8	689	623	4	859	26.65	744	76.00
陕西	2	721	606	2	894	19.43	636	70.04
宁夏	1	107	76	1	125	17.84	90	70.87
甘肃	1	178	124	0	245	16.22	146	73.37
青海	0	31	26	0	61	16.22	23	62.16
新疆	—			2	193	16.85	111	71.61
山东	7	1 775	1 521	6	2 212	23.57	1 583	72.71
江苏	8	2 587	1 963	11	2 627	24.14	2 004	73.98
安徽	3	930	743	4	1 069	24.49	733	71.37
浙江	11	2 379	2 201	4	2 726	25.32	2 169	74.84
江西	0	464	368	2	586	22.75	399	70.25
福建	2	832	773	1	579	25.58	652	74.26
上海	16	3 615	3 637	8	3 632	27.10	3 339	72.71
四川	12	1 732	1 401	7	2 099	25.12	1 513	75.95
贵州	5	262	224	1	347	16.32	239	73.09
云南	1	468	351	0	527	17.36	441	78.33

续表

考区	2020年 专业阶段 一次性合格人数（人）	2020年 专业阶段 合格人数（人）	2020年 综合阶段 合格人数（人）	2021年 专业阶段 一次性合格人数（人）	2021年 专业阶段 合格人数（人）	2021年 专业阶段 合格率（%）	2021年 综合阶段 合格人数（人）	2021年 综合阶段 合格率（%）
西藏	0	22	14	0	33	20.30	15	53.57
河南	6	1 197	929	1	1 463	20.72	1 118	75.29
湖北	8	1 279	1 058	2	1 371	24.50	1 040	71.92
湖南	2	971	783	0	1 221	23.75	840	68.52
广东	13	4 226	3 501	6	4 741	22.36	3 709	71.37
广西	4	301	236	1	358	15.92	264	67.69
海南	0	150	129	0	230	19.47	140	77.35
港澳台	0	0	0	0	25	20.60	22	57.89
重庆	3	765	679	1	979	24.89	657	74.24
合计	130	28 823	24 353	91	36 882	22.91	28 532	72.77

三、试卷试题质量分析

2021年，针对以往年度考试考生比较聚焦的问题，在坚持"职业导向、原理导向、考生友好导向"的基础上，对试题命制更加着重考察考生独立思考，运用所学知识分析问题、解决问题的能力，考察考生真懂真会且学而能用。

（一）分数、题量分布

注会考试各科目的题型有单选题、多选题、简答题、计算题、综合题和案例分析题（见表14和表15）。

表14　　2021年两个阶段考试各科目题型、分值情况　　单位：分

科目	单选题	多选题	计算（案例）分析题/简答题/计算问答题	综合题
会计	26	24	18	32
审计	20	30	31	19

续表

科目	单选题	多选题	计算（案例）分析题/简答题/计算问答题	综合题
财务成本管理	26	24	36	14
经济法	26	24	50	—
税法	26	24	20	30
公司战略与风险管理	26	24	26	24
职业能力综合测试一	—	—	—	50
职业能力综合测试二	—	—	—	50

表15　2021年专业阶段考试6个科目试题题量分布情况　　单位：道

科目	客观题			主观题
	单选题	多选题	合计	
会计	13	12	25	4
审计	20	15	35	7
财务成本管理	13	12	25	5
经济法	26	16	42	4
税法	26	16	42	6
公司战略与风险管理	26	16	42	5

（二）难度系数、区分度、信度

难度系数①代表试题难度，是衡量考试质量的一个重要指标，取值在0—1之间，越接近于1，试题难度越低。就职业资格考试来说，整体试卷难度以中等为宜，试题难度系数在0.3—0.7之间为好，低于0.3则题目偏难，高于0.7则题目偏易。区分度②代表试题对不同考生的知识、能力水平的鉴别程度，是衡量考试质量的一个重要指标。取值在-1到1之间，越接近于1，试题的区分度越好，能够对不同能力的考生进行有效区分。信度是衡量考试能否真实

---

① 难度系数计算公式：$P_i = \dfrac{\overline{X}_i}{X_{max}}$，其中，$\overline{X}_i$是所有考生在第$i$题上的平均分数，$X_{max}$是该题的满分。

② 区分度计算公式：$D = P_H - P_L$，其中，P_H是高分组考生在第i题上的难度系数，P_L是低分组考生在第i题上的难度系数。

反映考生水平的指标,本报告选用内部一致性信度检验考试的信度。内部一致性信度值从 0 到 1,越接近于 1 说明信度越高,越接近于 0,说明信度越低,一般以高于 0.7 为佳。

1. 难度方面。 2021 年专业阶段考试 6 个科目整体的难度系数为 0.4644,难度适中。各科目试题的平均难度系数在 0.39—0.50 之间,科目间的难度差异不大。同时,每一科都有不同难度的题型分布。综合阶段考试的难度系数整体略低于专业阶段考试的难度(0.6362 > 0.6340 > 0.4644)。总之,2021 年两个阶段考试的试题难度设计较为合理,整体难度较 2020 年有小幅度下降。

2. 区分度方面。 2021 年专业阶段考试 6 个科目整体的区分度为 0.38,各科目试题的平均区分度介于 0.25—0.46 之间。综合阶段考试区分度低于专业阶段,但在可接受范围内:职业能力综合测试一的区分度值为 0.2429,职业能力综合测试二的区分度值为 0.2184。两个阶段考试试卷的区分度较好,考试能够对不同能力水平的考生进行有效区分,整体区分度要好于 2020 年。

3. 信度方面。 2021 年专业阶段考试 6 个科目各试卷信度值介于 0.76—0.83 之间。6 个科目信度值都大于 0.7,表明各科目试卷的信度较高,可靠性较好。其中,财务成本管理科目的试卷信度值最高,为 0.8241;公司战略与风险管理科目的试卷信度值最低,为 0.7624。综合阶段考试中,职业能力综合测试二的信度为 0.6794,信度较好。职业能力综合测试一的信度为 0.5386(见表 16 和图 11)。

表 16　　　　2020—2021 年两个阶段各科目试题质量对比

	科目	2020 年			2021 年		
		平均难度值	平均区分度	信度	平均难度值	平均区分度	信度
专业阶段	会计	0.4014	0.4182	0.7468	0.3920	0.4524	0.7744
	审计	0.4967	0.2694	0.7989	0.4985	0.2695	0.7732
	财务成本管理	0.4003	0.4167	0.8347	0.4318	0.4526	0.8241
	经济法	0.4996	0.3254	0.7770	0.4964	0.3594	0.7971
	税法	0.4484	0.4300	0.8486	0.4754	0.3769	0.8200
	公司战略与风险管理	0.4771	0.4163	0.7582	0.4923	0.3693	0.7624
	各科目平均水平	**0.4539**	**0.3793**	—	**0.4644**	**0.3800**	—

续表

科目		2020年			2021年		
		平均难度值	平均区分度	信度	平均难度值	平均区分度	信度
综合阶段	职业能力综合测试一	0.6458	0.2138	0.6102	0.6340	0.2429	0.5386
	职业能力综合测试二	0.6315	0.2709	0.7446	0.6362	0.2184	0.6794

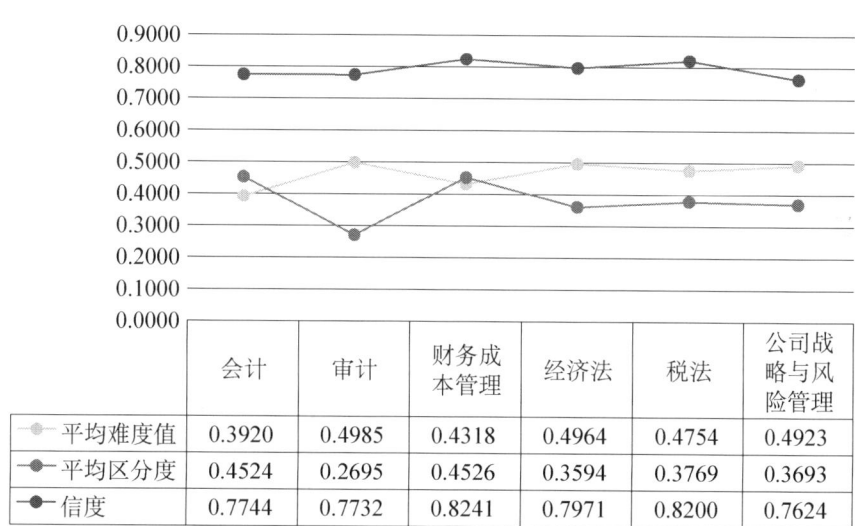

	会计	审计	财务成本管理	经济法	税法	公司战略与风险管理
平均难度值	0.3920	0.4985	0.4318	0.4964	0.4754	0.4923
平均区分度	0.4524	0.2695	0.4526	0.3594	0.3769	0.3693
信度	0.7744	0.7732	0.8241	0.7971	0.8200	0.7624

图11　2021年专业阶段6个科目试题质量明细图

（三）正态性检验

考生成绩的正态分布规律是检验考试成绩是否符合选拔性考试选拔目的的重要指标。对于所有实际出考的考生，峰度反映考生总体分数分布的陡峭程度，偏度反映分数分布偏离中心的程度，二者数值越接近0，考生分数分布越接近于正态分布。

2021年专业阶段考试，审计、财务成本管理、税法以及公司战略与风险管理科目的偏度值均小于0，呈负偏态，说明高于平均分的考生人数比低于平均分的考生人数多。会计和经济法科目的偏度值大于0，呈正偏态，说明低于平均分的考生比高于平均分的考生人数多。专业阶段6个科目的峰度值均小于0，说明各科目考试总体数据分布与正态分布相比较为平坦。考生成绩呈现比较合理的正态分布（见表17、图12和图13）。

表17　　　2021年两个阶段考试各科目成绩正态分布情况

	科目	偏度值	峰度值
专业阶段	会计	0.0364	−0.9975
	审计	−0.3348	−0.2649
	财务成本管理	−0.1151	−0.8098
	经济法	0.0058	−0.6740
	税法	−0.3243	−0.6703
	公司战略与风险管理	−0.1926	−0.7100
综合阶段	职业能力综合测试	2.77	−1.1200

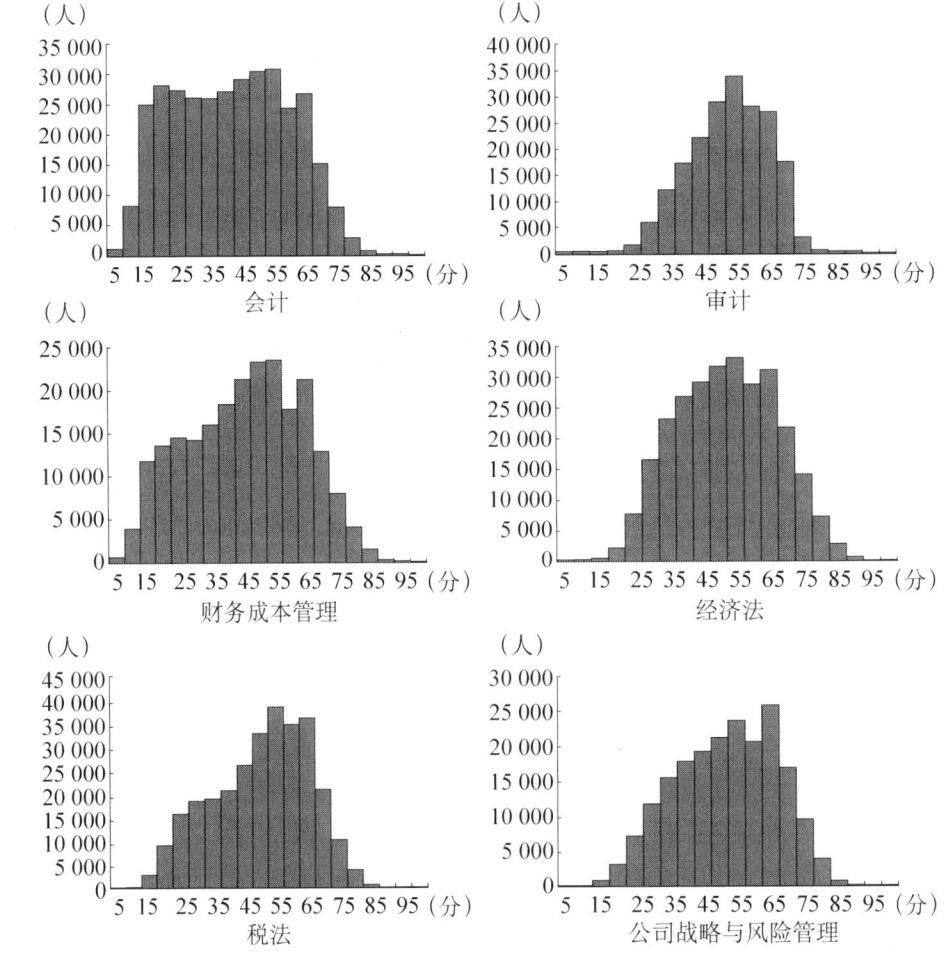

图12　2021年专业阶段考试各科目成绩分布情况

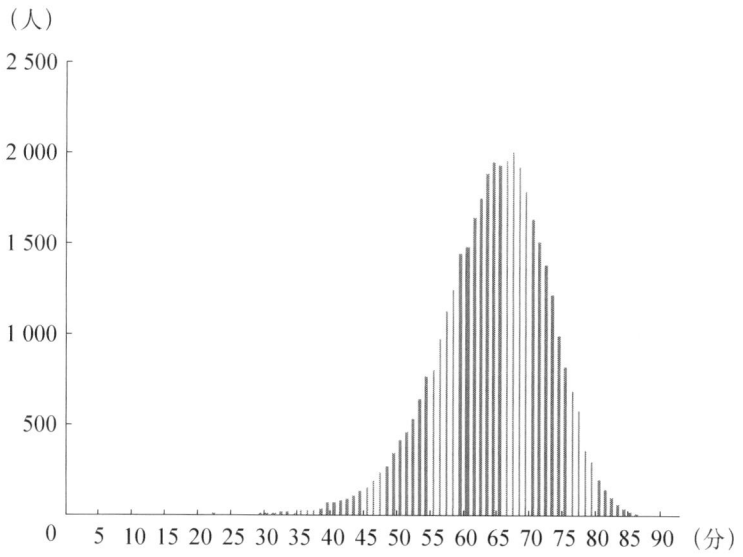

图 13　2021 年综合阶段考试成绩分布情况

（四）集中与离散程度

2021 年专业阶段考试 6 个科目的平均分介于 39—50 分之间。其中，会计科目的平均分最低，为 39.30 分，审计科目的平均分最高，为 49.86 分（见表 18）。

表 18　　　　专业阶段考试各科目成绩集中与离散情况　　　　单位：分

科目	平均分	标准差	最低分	最高分
会计	39.30	18.07	0	92.50
审计	49.86	11.05	0	85.75
财务成本与管理	43.27	18.04	0	94.50
经济法	49.64	14.60	0	95.50
税法	47.54	15.21	0	93.00
公司战略与风险管理	49.23	14.82	0	91.00

（五）效度

效度是指测验的有效程度，反映的是考试的有效性[①]。2021 年，两个阶段

---

① 本报告仅从试题覆盖度方面对考试的效度进行考查，即考试试题应全面覆盖考试大纲的目标范畴，同时体现出测试的重点。

考试各科目的试卷均未超出考试大纲规定的范围，考核重点较为突出，试卷效度较好。

四、结语

2021 年，在新冠肺炎疫情防控常态化的特殊背景下，注会考试经受了新的压力和考验，克服了巨大困难，平稳有序，顺利实施。2022 年，注会考试将继续以服务国家建设需要和诚信建设需求为导向，持续深化考试制度改革，对标新时期注册会计师职业胜任能力框架，继续更新和完善考试大纲、改进和优化考试辅导教材内容、完善和加强试题命制工作，不断提升考试质量，以满足注册会计师行业选人、用人需要，促进提升行业服务国家建设能力。

2021年注册会计师行业监管工作报告

2021年，各级财政部门和注册会计师协会扎实学习宣传和贯彻落实国办发30号文，落实财政部党组工作部署，强化行业业务监管与服务，突出抓好会计师事务所审计质量提升，圆满完成年度工作任务。

一、贯彻落实国办发30号文，完善行业监管制度

2021年，财政部持续健全相关基础制度规范，建立健全制度化、常态化的长效机制。

（一）加快修订完善行业行政监管制度

一是研究起草《会计师事务所监督检查办法（征求意见稿）》，建立分级分类监管机制，明确对为100家以上上市公司（不含新三板）、中央金融机构、中央企业集团等单位提供审计服务或对市场有重大影响的会计师事务所，每年检查一次，加大监管力度、提高检查频次。

二是研究起草《会计师事务所和注册会计师执业投诉举报处理办法》，明确投诉举报相关程序性规定，坚持问题导向，明确职责分工，健全办理机制，强化权利保障，确保依法依规开展工作。

三是研究起草《注册会计师行业严重失信主体名单管理暂行办法》，明确实施联合惩戒认定条件和程序，强化信用监管，惩戒严重违法失信行为，扩大社会监督。

四是启动修订《财政违法行为处罚处分条例》，持续推进财会监督法制建设。

（二）修订行业自律监管制度

一是修订《中国注册会计师协会会员执业违规行为惩戒办法》，新增重大问题线索移交的规定，对于检查发现的涉嫌违反国家相关法律法规的线索，移交有关部门调查处理。落实新修订的质量管理相关准则要求，完善惩戒、申诉的程序和决定机制，提高惩戒、申诉会议的客观性、公正性。

二是修订《中国注册会计师协会惩戒委员会工作规则》、《中国注册会计师协会申诉委员会工作规则》，完善惩戒委员会和申诉委员会议事制度，提高会议召开效率；改进作出决定方式，提高会议表决效率；优化人员组成，提高独立性；明晰会议组织流程，提高会议客观性、公正性。

三是修订《中国注册会计师协会执业质量检查人员管理办法》，完善检查人员的来源要求，提高检查人员的专业性，加强对检查人员的培训要求，持续提高检查人员的胜任能力，完善对检查人员的考核和日常管理要求。

四是修订《上市公司年报审计监管工作规程》，增加监管手段，丰富监管约谈方式，加大追责力度，拓展监管功能，提升监管工作透明度。

二、加强事前事中监管，提示审计风险

2021年，财政部持续加强事前事中监管，严密监控上市公司年报审计质量，编发违法违规行为典型案例，对全行业形成警示，引导会计师事务所切实履行监督职责。

（一）切实强化风险警示

一是组织开展会计监督检查典型案例征集评选，对100篇优秀案例结集出版，有效发挥典型案例的警示教育作用，以案释法，强化震慑。

二是编写《会计师事务所从事证券服务业务辅导手册（2021年）》，梳理汇总证券法、注册会计师法等法律和相关法规、部门规章制度的相关要求，提示从事证券服务业务的会计师事务所内部管理和在证券类业务的承接、执行、出具报告中应注意的特殊规定。

（二）持续做好上市公司年报审计期间监管

一是实时跟踪资本市场舆情，收集高风险上市公司信息，发出关于做好上市公司2020年年报审计工作的通知，提示高风险行业和重大风险领域。

二是针对资本市场热点和公众关切，持续关注会计师事务所恶意"接下家"和不正当低价竞争等执业异常行为，针对共性问题开展监管约谈，对同一类型业务的审计风险向全行业作出预警，发挥以点带面的风险提示作用。2021年，共完成8批次上市公司年报审计监管约谈（见表1），编发新闻稿8篇。此外，就新备案会计师事务所承接高风险上市公司审计业务，约谈5家会计师事务所。

表1　　　　对上市公司2020年年报审计监管约谈主题

约谈批次	约谈主题
第1次	频繁变更会计师事务所的上市公司年报审计风险防范
第2次	可能存在与持续经营相关的重大不确定性的上市公司年报审计风险防范
第3次	业绩异常波动的上市公司年报审计风险防范
第4次	零售行业上市公司年报审计风险防范
第5次	交通运输行业上市公司年报审计风险防范
第6次	文化教育行业上市公司年报审计风险防范
第7次	境外业务占比较高的上市公司年报审计风险防范
第8次	面临退市风险的上市公司年报审计风险防范

三是跟踪上市公司年报披露情况，关注上市公司变更审计机构情况、会计师事务所审计意见类型及非标准意见等年报审计情况，发布10期年报审计情况快报。年报审计结束后，开展上市公司2020年年报审计情况分析，形成1.5万字分析报告。

三、坚持以查促建，扎实做好年度会计师事务所执业质量检查工作

2021年，各级财政部门和注协按照党中央、国务院重大决策部署，保持"零容忍"打击财务造假、规范财务审计秩序高压态势不动摇。

（一）严格行政检查和处理处罚

依据注册会计师法等法律法规，切实加强会计师事务所执业质量检查，组织各地财政厅（局）对1 705家会计师事务所开展2021年度行政检查，同比增长62.07%。截至2022年2月28日，各地财政厅（局）已对85家会计师事务所、119名注册会计师作出行政处罚。其中，10家会计师事务所被吊销执业许可，20家会计师事务所被暂停执业，27家会计师事务所被警告，28家会计师事务所被没收违法所得并罚款；1名注册会计师被吊销证书，45名注册会计师被暂停执业，73名注册会计师被警告。另有352家会计师事务所、148名注册会计师受到行政处理。

（二）持续做好行业自律检查和惩戒

落实联合监管工作机制和行业监管全国"一盘棋"的要求，组织各省级注协在配合行政机关检查的基础上，对1 002家会计师事务所开展行业自律检查。对存在违规问题的245家会计师事务所和546名注册会计师按照惩戒办法实施行业惩戒。其中，对55家会计师事务所和127名注册会计师公开谴责；对55家会计师事务所和135名注册会计师通报批评；对56家会计师事务所和126名注册会计师训诫；对其他79家会计师事务所和158名注册会计师采取约谈等监管措施。

此外，探索开展检查回访，根据以前年度检查结果，选取4家会计师事务所对其质量管理体系情况开展检查回访。2021年，各级注协开展常态化诚

信教育 66 次，监管约谈 216 家次，整改帮扶 211 家次，提供专业技术支持 202 次。

四、加强监管协调，提升监管能力

2021 年，财政部建立健全监管合作机制，整合力量、凝聚共识，切实形成监管合力，及时研究解决制约行业发展的突出问题，不断提升行业监管水平。

（一）建立行业监管合作机制

会同司法部等 15 个部门建立注册会计师行业年度工作会议和日常联席会议机制，整合力量、凝聚共识，切实形成监管合力，及时研究解决制约行业发展的突出问题，不断提升行业监管水平。与证监会、审计署完善违法违规线索移交、监管合作等工作机制。贯彻落实《加强注册会计师行业联合监管若干措施》，推动行政监管与行业自律有机融合、协同推进，将行业监管制度优势转化为行业治理效能，促进行业可持续健康发展。

（二）深化跨境监管合作

稳慎开展中美跨境审计监管合作谈判工作。持续推进中国与俄罗斯、中国与瑞士审计准则和审计监管等效互评工作，持续加强内地与港澳监管机构交流合作。深化跨部门、跨区域、跨国境的协调配合，共同打击资本市场财务造假。积极吸收借鉴国际执法检查经验，编译印发《发达经济体审计监管概况与检查执法手册汇编》。

（三）启动行业统一监管平台建设

坚持便民、高效、协同的理念，启动建设注册会计师行业统一监管平台，在原有业务报备功能基础上新增审计报告赋码验证等功能。平台由财政部门会计管理机构、监督评价机构和注协共建、共治、共享，统一业务办理入口和业务办理规则，变以往"多头办理、分散建设、信息孤岛"为"一网通办、统一部署、互联互通"，全面涵盖会计师事务所及分所许可和变更备案、注册会计师注册年检、电子证照管理、涉外审计业务审批备案、证券服务业务报备、基本信息报备、审计报告报备验证、行政检查与处理处罚、自律检查与惩戒、信息查询等行业监管与服务事项。加强对注册会计师执业行为的监测，完善诚信档案，持续更新惩戒处罚信息。

2021年注册会计师行业准则建设工作报告

2021年，注册会计师行业准则建设工作认真贯彻落实国办发30号文中关于"持续提升审计质量"和"完善审计准则体系"的要求，围绕"品牌建设年"主题，以"中国实践国际化、国际准则中国化、准则解释实时化、准则操作具体化"作为推进专业标准建设工作的思路，坚持问题导向，不断完善准则体系，推动行业准则建设切实服务会员执业需求、服务注册会计师行业健康发展和经济高质量发展。具体情况如下：

一、不断完善执业准则体系

（一）发布质量管理相关准则应用指南

2021年11月1日，中注协印发《〈会计师事务所质量管理准则第5101号——业务质量管理〉应用指南》、《〈会计师事务所质量管理准则第5102号——项目质量复核〉应用指南》、《〈中国注册会计师审计准则第1121号——对财务报表审计实施的质量管理〉应用指南》等3项应用指南，与对应的质量管理相关准则同步实施。

为了回应社会各界特别是审计行业监管机构对审计质量的关切，顺应经济社会及信息技术发展对会计师事务所业务质量管理提出的新要求、新挑战，体现会计师事务所治理和质量管理最佳实践，中注协借鉴国际准则的最新成果，并结合我国实际情况，拟订（修订）了会计师事务所质量管理相关准则，并于 2020 年 11 月 19 日由财政部正式印发（财会〔2020〕17 号）。为了帮助会计师事务所更好地理解和执行质量管理相关准则的各项要求，推进其贯彻实施到位，切实提高审计质量，中注协印发了上述 3 项配套应用指南。

《〈会计师事务所质量管理准则第 5101 号——业务质量管理〉应用指南》主要围绕准则中的相关概念，质量管理体系的组成要素，以及质量管理体系的设计、实施、运行和评价，对准则中的相关条款提供进一步解释、说明和举例。《〈会计师事务所质量管理准则第 5102 号——项目质量复核〉应用指南》主要围绕项目质量复核人员的委派和资质要求、项目质量复核的实施、项目质量复核工作底稿，对准则中的相关条款提供进一步解释、说明和举例。《〈中国注册会计师审计准则第 1121 号——对财务报表审计实施的质量管理〉应用指南》主要围绕在财务报表审计中如何实施项目质量管理，以及项目合伙人保证项目质量的相关责任，对准则中的相关条款提供进一步解释、说明和举例。

（二）发布三项特殊目的审计准则及其应用指南

2021 年 12 月 9 日，财政部发布修订后的《中国注册会计师审计准则第 1601 号——审计特殊目的财务报表的特殊考虑》、《中国注册会计师审计准则第 1603 号——审计单一财务报表和财务报表特定要素的特殊考虑》、《中国注册会计师审计准则第 1604 号——对简要财务报表出具报告的业务》等 3 项审计准则；12 月 17 日，中注协针对上述 3 项审计准则发布修订后的配套应用指南。该批准则和应用指南于 2022 年 1 月 1 日起施行。

非整套通用目的财务报表审计业务标准化程度相对较低、涉及情形可能较复杂，是实务中的难点。为了解决实务中的问题和困难，并在相关业务报告中贯彻新审计报告准则的理念，中注协将国际准则的先进成果与我国注册会计师执业实践相结合，对上述 3 项审计准则及其应用指南进行了修订。

3 项审计准则分别针对特殊目的财务报表的审计、单一财务报表和财务报表特定要素的审计、对简要财务报表出具报告的业务，在业务承接、计划和执行工作、形成意见和出具报告等方面，作出规范和指导。主要修订了以下方面：一是修订与财务报表有关的定义，强调财务报表包括披露；二是按照新审计报告准则的理念，规范了注册会计师对关键审计事项、与持续经营相关的重大不确定性、其他信息、披露项目合伙人姓名等的责任；三是修订了相关业务报告的要素，以增强报告的可读性，并提供参考格式；四是增加有关示例，以强化对实务的指导。

（三）修订发布两项准则及其应用指南征求意见稿

2021年12月24日，中注协发布《中国注册会计师审计准则第1211号——识别和评估重大错报风险》和《中国注册会计师审计准则第1321号——审计会计估计和相关披露》等2项审计准则及其应用指南征求意见稿，公开征求意见。征求意见的截止日期为2022年3月31日。本次修订的主要内容如下：

1. 关于《中国注册会计师审计准则第1211号——识别和评估重大错报风险》及其应用指南。本次修订在坚持风险导向审计的基础上，强化了对了解被审计单位的有关要求，补充了与信息技术相关的规定和指引，明确了分别评估固有风险和控制风险的要求，提出了新的总体评价的要求，针对在识别和评估重大错报风险的过程中如何保持职业怀疑作出了进一步规定并提供了指引，提高了准则的可操作性。

2. 关于《中国注册会计师审计准则第1321号——审计会计估计和相关披露》及其应用指南。本次修订强化了与会计估计和相关披露有关的风险评估程序的要求，强调在审计会计估计时保持职业怀疑的重要性，针对应对重大错报风险提出更具体的要求并提供了更详细的指引，增加了与治理层、管理层或者其他相关机构或人员沟通的要求，在应用指南中增加或修订解释、说明和举例，以帮助注册会计师更好地理解和运用准则。

（四）发布《中国注册会计师审计准则问题解答第16号——审计报告中的非无保留意见》

为了加强对注册会计师执业的指导，帮助注册会计师结合被审计单位和审计业务的具体情况,发表恰当类型的非无保留意见,提高审计质量,中注协制定了《中国注册会计师审计准则问题解答第 16 号——审计报告中的非无保留意见》,并于 2021 年 2 月 2 日发布施行。

该问题解答旨在帮助注册会计师结合被审计单位和审计业务的具体情况,发表恰当类型的非无保留意见。问题解答共涉及 6 个问题,主要针对注册会计师如何根据相关事项的性质及影响的重大性和广泛性,确定恰当的非无保留意见类型,以及如何在审计报告中披露导致发表非无保留意见的相关事项。问题解答解释了"重大"和"具有广泛性"的含义和判断标准,针对如何区分"存在重大错报"和"无法获取充分、适当的审计证据"这一实务难点作出具体指导。此外,问题解答还针对注册会计师如何考虑导致上期财务报表发表非无保留意见的事项对本期财务报表和审计意见的影响作出指导。

(五)其他方面

为了回应国内外对于 ESG(环境、社会和治理)信息披露方面的关注,中注协启动了温室气体报告鉴证业务准则的起草制定工作。

二、强化职业道德守则的实施指导

中注协于 2020 年 12 月发布了《中国注册会计师职业道德守则(2020)》和《中国注册会计师协会非执业会员职业道德守则(2020)》(以下简称守则)。为了顺应经济社会发展对注册会计师职业道德水平提出的更高要求,进一步提升审计质量,吸收借鉴国际职业会计师道德守则(以下简称国际守则)的最新成果,保持与国际守则的持续动态趋同,中注协对原守则进行了全面修订。本次修订完善了职业道德概念框架,扩展了与"礼品和款待"相关的规定,增加了与应对违反法律法规行为相关的规定,强化了与会计师事务所长期审计某一客户相关的规定,修订了与关键审计合伙人任职及冷却期相关的规定,增加了与为审计客户提供非鉴证服务相关的规定,细化了非执业会员在编制和列报信息方面的规定，增加了与非执业会员面临违反职业道德基本原则的压力相关的规定。守则自 2021 年 7 月 1 日起施行。

2021 年，为推进守则的贯彻实施，中注协进一步强化宣传、培训工作，就守则实施情况开展调研，研究解答会计师事务所咨询的守则有关问题。同时，加强对热点、难点职业道德问题的研究，包括新冠肺炎疫情下审计中的职业道德问题、新冠肺炎疫情对职业道德的影响、如何应对对项目质量复核人员遵循客观公正原则的不利影响、上市实体和公众利益实体的定义、非鉴证服务以及收费等。此外，中注协通过国际会计师职业道德准则理事会（IESBA），积极参与国际守则的研究和制定工作。

2021年注册会计师行业信息化建设工作报告

2021年，注册会计师行业信息化建设紧紧围绕党中央、国务院关于网信事业的决策部署和中国注册会计师行业信息化战略，根据行业信息化建设"十四五规划"提出的4个方面18项任务，在会计师事务所信息化、行业管理服务信息化、协会办公信息化三大领域扎实推进各项目标任务，确保"十四五"时期行业信息化建设开好局、起好步。

一、规划引领，布局行业数字化转型

2021年是"十四五"时期行业信息化建设开局之年，在总结吸收行业信息化建设经验做法的基础上，中注协制定并实施了行业信息化建设"十四五"规划，以规划为龙头，引领注册会计师行业信息化建设，推动注册会计师行业数字化转型，驱动行业高质量发展。

（一）制定发布行业信息化建设"十四五"规划

中注协2019年9月启动注册会计师行业信息化建设"十四五"规划的编制工作，制定了《行业信息化建设"十四五"规划编制工作方案》，组建了由中注协、地方注协、会计师事务所、软件公司和网络安全公司代表组成的起草组，研究国家及相关部委、国际会计组织、国内相关行业组织的信息化规划材料。面向全行业开展了《注册会计师行业信息化建设规划（2016—2020年）》

实施情况评估工作，形成《注册会计师行业信息化建设"十三五"规划实施情况评估报告》，在此基础上，坚持开门问策、集思广益的原则，采取多种形式广泛征集行业内外对行业信息化的建议，形成了《行业信息化建设"十四五"规划框架》，在认真研究各方面意见建议的基础上，对接国家"十四五"规划建议和《国家信息化发展战略纲要》，起草完成了《注册会计师行业信息化建设规划（2021—2025 年）》初稿。2021 年，中注协对初稿进行反复论证、多次修改，并公开面向行业征求意见，根据征求意见情况并对照国家"十四五"规划纲要进行修改完善，4 月 8 日，中注协正式发布《注册会计师行业信息化建设规划（2021—2025 年）》。

行业信息化建设"十四五"规划明确了"十四五"时期行业信息化建设的四大目标——信息化基础达到新水平，数据分析应用能力得到新提高，行业管理服务与协会办公信息化取得新进展，会计师事务所信息化实现新突破。为做好"十四五"时期行业信息化建设规划与长远展望相衔接，还首次提出了 2035 年远景目标，即到 2035 年，数字技术在行业广泛应用，成为行业高质量发展的有力支撑；行业数字产业初具规模，成为行业服务的新兴业态；标准化、数字化、网络化、智能化水平大幅提升，基本实现行业数字化转型，基本实现"网络强注会"的目标。

行业信息化建设"十四五"规划围绕"会计师事务所信息化、行业管理服务信息化、协会办公信息化"建设和"标准化、数字化、网络化、智能化"目标，从加快信息化基础研究与建设、全面提高数据支撑服务能力、深入推进行业管理服务与协会办公信息化建设和大力加强会计师事务所信息化建设四个方面，明确了十八项具体任务，即：打造先进系统技术架构、推动构建行业数据标准体系、强化网络安全建设、丰富行业知识库建设、布局行业数据中心建设、深化大数据分析应用、推动开展数据治理、优化行业管理信息系统、完善行业诚信信息监控体系、完成注协机关协同办公系统建设、促进各级各类信息系统互联、完善信息化相关制度、升级大型会计师事务所审计作业系统、强化总分所一体化综合管理系统建设、普及中小型会计师事务所信息化产品应用、推动实现函证数字化、探索研究现代信息技术的融合应用和丰富信息化实现路径。

（二）宣传落实行业信息化建设"十四五"规划

2021年5—6月，围绕行业信息化建设"十四五"规划提出的未来五年"标准化、数字化、网络化、智能化"建设目标以及打造先进系统技术架构、强化网络安全建设等具体任务，在《中国会计报》、中注协网站和微信公众号、《中国注册会计师》等媒体上刊登了系列宣传报道6篇，并通过各类培训班和论坛开展专题宣讲。

5月，为做好行业信息化建设"十四五"规划的落地实施工作，中注协印发《〈注册会计师行业信息化建设规划（2021—2025年）〉任务分工方案》（以下简称分工方案），将规划中涉及的18项任务和4项保障措施进行细化分解，明确责任主体和参与主体，要求中注协相关部门、各地注协和会计师事务所将相关内容列入"十四五"时期年度工作计划，有序推动规划落地实施。同时，定期更新分工方案的工作进展和后续工作计划，掌握目标任务落实的实际情况并开展督促指导。

二、夯实基础，推动会计师事务所信息化建设

会计师事务所信息化是行业信息化的关键环节。2021年，中注协重点围绕建立满足行业信息化建设需求的标准体系，夯实信息化建设基础；促进信息化产品供需对接，在推动实现函证数字化、普及中小型会计师事务所信息化产品应用和丰富行业法律法规库建设方面取得探索和创新成果。

（一）开展中注协团体标准建设

按照《中华人民共和国标准化法》，标准包括国家标准、行业标准、地方标准和团体标准、企业标准。其中，国家标准、行业标准和地方标准均由国家和地方相关行政主管部门制定，团体标准由社会团体为满足市场和创新需要，

协调相关市场主体共同制定。根据《关于培育和发展团体标准的指导意见》（国质检标联〔2016〕109号）、《团体标准管理规定》（国标委联〔2019〕1号），具有法人资格和相应专业技术能力的社会团体，可在章程规定的业务范围内开展团体标准化工作。

行业信息化建设"十四五"规划在"加快信息化基础研究与建设"方面，提出推动构建行业数据标准体系，围绕审计数据采集、审计报告电子化、行业管理服务数据、电子签章与证照等领域，按照继承、发展和创新原则，急用先行、循序渐进推动构建科学适用的行业数据标准体系，满足数据共享交换和数据分析需求，发挥数据作为生产要素的作用。为此，中注协设立了团体标准化工作机构，开展团体标准制修订工作，完善行业数据标准体系的顶层设计，推动构建会计师事务所审计数据标准框架。

2021年3月，按照国家标准化管理委员会、民政部关于国家团体标准的监督管理要求，经过起草、征求意见、审议等阶段工作，中注协发布《中国注册会计师协会团体标准管理暂行办法》（以下简称《暂行办法》）。根据《暂行办法》，中注协成立"团体标准领导小组"，负责中注协团体标准的立项审批、批准发布，以及中注协团体标准化工作的决策和指导标准贯彻落实等工作。领导小组下设"团体标准办公室"，承担中注协团体标准建设的日常事务。此外，《暂行办法》还明确了中注协团体标准制修订程序、知识产权管理要求和推广应用等内容。4月25日，在全国团体标准信息平台完成注册和公示程序，中注协正式取得团体标准建设资质。

在审计数据领域，通过对比分析国内外现有的审计相关标准，中注协提出了注册会计师审计数据规范体系框架，包括基础信息、具体审计项目和特殊行业审计三大板块，每个板块包含若干模块，涵盖不同行业审计范围中的各个领域。按照"急用先行"原则，中注协立项编制了第一批审计数据规范，包括公共基础、总账、银行流水和销售四个模块，每个模块的主要内容包括范围、规范性引用文件、术语和定义、数据元的描述、数据模型、数据、数据结构等。12月，经过筹备、调研起草、讨论完善等阶段的工作，分别就上述四个模块形成征求意见稿。四项审计数据规范征求意见稿共包含760余条数据元素，共计 11 余万字。每条数据元素通过标识符、数据来源、中文名称、英文名称、说明、数据类型、表示、约束条件等属性进行描述。

在电子证照领域，为提升行业协会在线服务能力，推动注册会计师行业电子证照规范化、常态化管理，中注协立项编制全科合格证和非执业会员证电子证照团体标准，主要内容包括范围、规范性引用文件、术语和定义、电子证照信息和样式要求。12 月，经过筹备、调研起草、讨论完善等阶段的工作，分别就全科合格证和非执业会员证两项电子证照团体标准形成征求意见稿。

（二）协作开展第三方电子函证平台建设

中注协分别与中国银行业协会、中国互联网金融协会开展合作，签署合作框架协议，共建第三方电子函证平台。制定行业管理信息系统与两个平台对接方案，实现会计师事务所的身份认证。组织两批次共 68 家会计师事务所参与平台试点工作，了解会计师事务所与两个平台对接的进展情况并收集主要问题，代表行业向两家协会反馈业务需求和问题。

截至 2021 年底，银行函证试点工作进展顺利，银行函证区块链服务平台已正式接入 44 家会计师事务所，2020 年度综合排名前 10 的会计师事务所均已接入平台，同时，已有 53 家商业银行完成投产上线或开发测试。从试点情况看，效果良好，极大地提高了函证业务处理效率，实现了函证申请、分发、授权、回函等全流程线上处理，减少了会计师事务所、银行和被审计单位的人工操作，增强了各业务环节风险管控，降低了数据错漏、泄密和舞弊风险，同时，也阻断了通过邮件寄发传播疫情的风险。

（三）推动会计师事务所审计作业软件普及应用

中注协制定《会计师事务所信息化调研工作计划》，面向综合评价百家排名前 40 家会计师事务所开展软件工具使用情况调研，了解审计作业软件的功能和建设路径；面向服务行业的部分审计作业软件公司开展调研，了解各自产品特点和市场占有率；组织部分地方注协完成了对各自辖区内会计师事务所的调研，为下一步重点推动中小会计师事务所审计作业软件普及应用奠定基础。此外，遴选国内外相关文章，编发《行业信息化参考资料》4期28篇，刊发"信息技术产品推介"文章5篇。

（四）优化行业法律法规库服务

优化法律法规库的内容与功能，保障法律法规库平稳运行。内容方面，新增13个热点专题，203篇实务案例，18 736篇法院判例以及1 053篇实务文章，更新2个智能图表。功能方面，除提升法律法规库稳定性、搜索速度外，增加中注协用户自主注册以及"官方解读"、"专家解读"和"法规对比"功能。宣传方面，法律法规库微信公众号共有43 472人关注，2021年度净增长8 631人，同比增长25%，全年共对外推送图文信息645篇。2021年，法律法规库的使用量达到1 727 994次，使用量、浏览量和搜索量分别同比增长21%、24%和23%。

三、持续优化，提升行业管理服务信息化水平

行业管理服务信息化是行业信息化建设的重要组成部分。行业信息化建设"十四五"规划提出，推动建设注册会计师行业统一监管平台，实现行业管理信息系统与注册会计师行业统一监管平台的互联互通和数据共享。统一业务办理入口和业务办理规则，实现"一网通办、统一部署、互联互通"，全面涵盖会计师事务所及分所许可和变更备案、注册会计师注册年检、电子证照管理、涉外审计业务审批备案、证券服务业务报备、基本信息报备、审计报告报备验证、行政检查与处理处罚、自律检查与惩戒、信息查询等行业监管与服务事项，利用大数据和信息化手段，加强财会监督。

2021年，中注协在持续优化行业管理信息系统功能的同时，开展升级改造项目，进一步提升行业管理服务信息化水平。完成了行业管理信息系统数据库从Oracle到MySql的迁移，以及应用程序适配开发。目前，注册会计师

行业管理信息系统共包括 13 个子系统，涵盖注册会计师全国统一考试、会员注册管理、会计师事务所综合评价、继续教育、执业质量检查、注册会计师行业统一举报和行业财务报表等多个领域。

（一）完善注册会计师全国统一考试管理子系统

注册会计师全国统一考试管理子系统包括注册会计师全国统一考试网上报名、后台管理和考务管理。注册会计师全国统一考试网上报名为考生提供从报名到成绩发布整个业务周期的完整服务，实现了网报流程的改革，将报名缴费从报名流程中独立出来，时间从 4 月份延后到 5 月份，有效减少了无效报名的人数。为中注协、地方注协以及考区管理人员提供网上报名整个业务周期的后台管理系统，优化了考点管理、考生延考或退费登记等 91 项功能的开发测试和部署上线。

（二）升级会员注册管理子系统

会员注册管理子系统对全国的注册会计师、会计师事务所、非执业会员和从业人员进行管理。注册会计师管理包括注册基本信息维护、转所、转会、撤销、转协会代管等功能。会计师事务所管理包括信息变更、迁移、撤销、更名、确认、证书下载等功能。非执业会员管理包括网上申请审核、登记、转会、取消、注师转非执业、信息变更、换证等功能。从业人员信息管理包括信息维护、导入导出、查询等功能。2021 年，会员注册管理子系统在此基础上增加了会计师事务所人数证明打印、个人会员英文电子证明信、电子执业会员证书、会计师事务所基础信息调整等 17 项功能的开发测试和部署上线。

（三）新建会计师事务所综合评价子系统

新建的会计师事务所综合评价子系统包括综合评价指标管理、综合评价填报管理和综合评价发布管理。其中，综合评价指标管理包括指标维护、按不同指标的权重自动计算、部分指标从其他子系统已有数据中提取等功能。综合评价填报管理包括会计师事务所综合评价指标填报、地方注协审核确认、中注协审核确认等功能。综合评价发布管理包括会计师事务所填报指标查询、综合评价排名导入导出、会计师事务所综合评价信息公示等功能。

（四）建立会员继续教育子系统

会员继续教育子系统包括继续教育培训制度管理、计划管理、师资人员管理、培训实施管理、培训班创建、会员在线报名及确认以及培训班查询。2021年，配合培训方式的调整，行业管理信息系统与三家国家会计学院和北京注协在线培训系统对接，继续教育在线集成了三家国家会计学院的所有视频课程资源，可以实现网上联合办班、在线播放、断点续看、课程评价、学时实时汇总及查询等功能。在培训学时管理方面，实现了学时在线录入、三家国家会计学院学时回传、学时确认、豁免学时申请、学时证明下载等功能。

（五）建设注册会计师行业统一举报平台

为了落实国办发 30 号文的相关要求，中注协完成了注册会计师行业统一举报平台的开发测试。平台主要包括举报事项初核、登记、办理、办结等功能。平台分为举报端和管理端。举报端面向社会公众开放。管理端主要提供举报事项全生命周期办理的业务流程。

（六）完善行业财务报表子系统

行业财务报表子系统包括会计师事务所和地方注协报表上报及汇总，会计师事务所会费管理，多维度报表信息查询和汇总统计。会计师事务所报表在报表上报、上报确认、报表全审、报表汇总、实时查询、报送情况总览的基础上，优化了会计师事务所期初数修改、2020 年度和 2021 年度财务报表调整等功能。会计师事务所会费管理在会费设置、会费减免比例设置、会费缴纳情况管理的基础上，优化了会费征收功能调整、会费减免比例设置等功能。

四、协调统一,完善协会办公信息化建设

协会办公信息化是行业信息化建设不可或缺的一部分。2021年,在统筹注协机关协同办公系统建设和利用先进系统技术架构建设信息系统方面取得重大进展。

(一)推进注协机关协同办公系统建设

分批次开展中注协和地方注协的协同办公系统建设,截至2021年底,中注协和29家地方注协基本完成了基于统一基础架构的注协机关协同办公系统建设,包括完成22家地方注协系统终验,以及7家地方注协系统初验。对已经完成系统建设的地方注协,组织开展系统版本从G6 6.1升级到A8 8.0 sp2的工作。注协机关协同办公系统全面实现了网上办公和网上审批,提升了内部管理运行效率,提高了决策效能。据统计,2021年中注协全年公文流转情况为1 379份签报、2 773份表单、595份发文和592份收文。其中,协会内部签报1 239份、报部领导签报140份。

(二)开展网站系统和邮件系统升级改造

2021年4月,完成中注协官网和行业党建网升级改造和上线运行。12月,按照网站技术架构同源和信息发布平台统一管理的要求,完成驻港联络处网站升级改造和上线试运行。为了满足等保三级要求,进一步提升协会新版网站信息安全,4月至6月,完成中注协官网、行业党建网和驻港联络处网站HTTPS加密改造和CDN云加速部署。经统计,4月至12月,CDN内容分发云服务累计加速流量530TB,进一步提升了用户访问网站的速度,有效降低了回源带宽,更加稳定保障了考试重要阶段和重保时期协会网站的访问体验。

11月,完成邮件系统升级改造和上线运行,将协会所有员工个人邮箱容量由原2G扩容至8G,公众邮箱由10G扩容至50G。新邮件系统提升了防垃

圾、病毒网关系统的准确性、智能性、易管性、便捷性、高效性、稳定性,病毒、垃圾邮件识别拦截率达到 98.5%以上,为系统安全提供屏障保护。经统计,截至 2021 年 12 月 31 日,累计投递海外邮件 1 879 封,隔离垃圾邮件 6 232 封,阻断病毒及钓鱼邮件 28 540 封。

2021年注册会计师行业党建工作报告

2021年,在各级财政部门党组正确领导和有关部门有力支持下,在行业各级党组织共同努力下,行业上下深入学习贯彻习近平新时代中国特色社会主义思想和党的十九大及十九届历次全会精神,贯彻落实《中国共产党统一战线工作条例》(以下简称《条例》)、国办发30号文、全国基层党建工作重点任务推进会和《中共财政部党组关于进一步落实注册会计师和资产评估行业党建工作责任的通知》(财党〔2020〕89号)部署要求,扎实开展行业党史学习教育,深入推进行业党建"321"工程,在全行业开展"品牌建设年"主题活动,进一步加强行业统战和群团工作,推进行业党建工作取得新进步、新成效。

一、会计师事务所党组织建设情况

(一)全国会计师事务所党组织数量稳步增长,继续保持党的组织在行业的动态全覆盖

截至2021年12月31日,全国共有会计师事务所党组织3 794家,较2020年同期增加190家,同比增加5.3%,保持了会计师事务所党组织在行业动态全覆盖。整体上看,会计师事务所党组织数量经过2009年、2010年的大幅增长后,近年来总体呈现数量小幅变动、总量稳步增长趋势(见图1)。

分地区来看,各省(自治区、直辖市)会计师事务所党组织数量有升有降。截至2021年12月31日,全国24个省(自治区、直辖市)会计师事务所

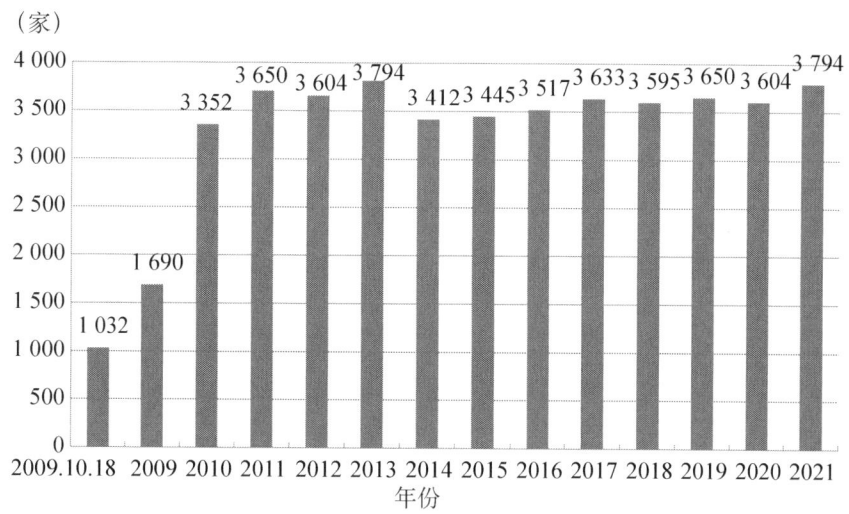

图1 2009年以来会计师事务所党组织数量

党组织数量增加，3个省（自治区、直辖市）会计师事务所党组织数量维持不变，5个省（自治区、直辖市）会计师事务所党组织数量减少。其中，增加较多的是上海（增加24家）、浙江（增加24家）、山西（增加21家），原因主要是新批准设立了会计师事务所，相应一体成立了会计师事务所党组织。会计师事务所党组织数减少的5个省（自治区、直辖市）是山东（减少6家）、甘肃（减少2家）、重庆（减少1家）、吉林（减少1家）、广西（减少1家），原因主要是中小会计师事务所合并，以及原先挂靠在行业的税务师事务所党组织将隶属关系调至税务系统。

2021年，多家省级行业党组织对会计师事务所党组织设置进行了统一规范，浙江新批准成立了14家独立党支部，上海新批准成立了18家联合党支部。

（二）从区域分布看，会计师事务所党组织依然主要集中在华东、中南地区

截至2021年12月31日，与会计师事务所地区分布相对应，华东地区会计师事务所党组织占全国会计师事务所党组织总数的34%，中南地区占26.5%，两者合计占到全国会计师事务所党组织总数的60.5%，与2020年同期相比，基本持平（见图2）。

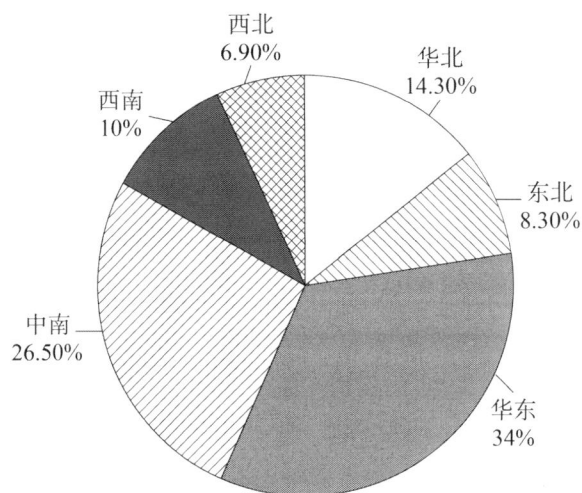

图2　各区域会计师事务所党组织数量占全国会计师事务所党组织数量的比重

（三）各省（自治区、直辖市）之间，会计师事务所党组织数量仍差异较大，数量序列结构未发生明显变化

2021年，与会计师事务所地区分布相对应，会计师事务所党组织数量位居前5位及后5位的省（自治区、直辖市）名称、党组织数量、排序变化情况分别见表1、表2。2021年各省（区、市）会计师事务所党组织数量、区域党组织数量和区域比重见表3。

表1　2021年会计师事务所党组织数量最多的5个省（自治区、直辖市）

序号	省（自治区、直辖市）	地区党组织数量（家）	与2020年排序相比
1	江苏	344	保持不变
2	山东	271	保持不变
3	广东	269	保持不变
4	河南	243	保持不变
5	浙江	241	保持不变

表2　2021年会计师事务所党组织数量最少的5个省（自治区、直辖市）

序号	省（自治区、直辖市）	地区党组织数量（家）	与2020年排序相比
1	西藏	7	保持不变

续表

序号	省（自治区、直辖市）	地区党组织数量（家）	与2020年排序相比
2	青海	25	保持不变
3	宁夏	30	保持不变
4	海南	36	保持不变
5	贵州	39	保持不变

表3　2021年各省（区、市）会计师事务所党组织数量、区域党组织数量和区域比重

序号	地区	省（区、市）	2020年党组织数量（家）	2021年党组织数量（家）	2021年区域党组织数量（家）	2021年区域党组织数量占全国的比重（%）
1	华北	北京	153	155	542	14.3
2		天津	50	50		
3		河北	128	128		
4		山西	109	130		
5		内蒙古	78	79		
6	东北	辽宁	176	187	314	8.3
7		吉林	59	58		
8		黑龙江	68	69		
9	华东	上海	114	138	1 290	34
10		江苏	337	344		
11		浙江	217	241		
12		安徽	130	143		
13		福建	71	75		
14		江西	59	78		
15		山东	277	271		
16	中南	河南	243	243	1 007	26.5
17		湖北	193	199		
18		湖南	92	107		
19		广东	263	269		

续表

序号	地区	省（区、市）	2020年党组织数量（家）	2021年党组织数量（家）	2021年区域党组织数量（家）	2021年区域党组织数量占全国的比重（%）
20	中南	深圳	103	106	1 007	26.5
21		广西	48	47		
22		海南	30	36		
23	西南	重庆	179	189	379	10
24		四川	69	68		
25		贵州	35	39		
26		云南	75	76		
27		西藏	2	7		
28	西北	陕西	104	112	262	6.9
29		甘肃	42	40		
30		宁夏	27	30		
31		青海	24	25		
32		新疆	49	55		
	合计		3 604	3 794	3 794	100

二、行业党员队伍建设情况

（一）行业党员数量平稳上升，行业新发展党员数量占比基本持平

截至2021年12月31日，行业共有党员46 688名，较2020年同期增加761人，增长1.7%。自2009年全面加强行业党建工作以来，行业党员数量呈逐年稳步上升趋势（见图3）。

2021年行业新增加了761名党员。其中，党组织关系转入47人，行业新发展党员714人，占行业新增党员数量的93.8%，与2020年同期（96.5%）相比，比例基本持平；有5个省（自治区、直辖市）新发展党员数量为0，有2个省（自治区、直辖市）新发展党员数量少于3人。

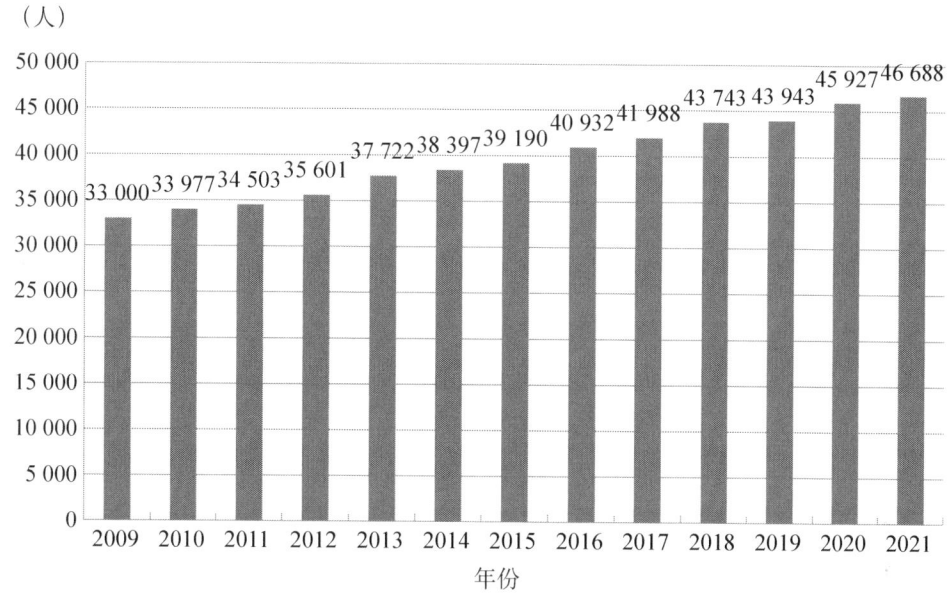

图3　2009年以来行业党员数量

（二）各省（自治区、直辖市）行业党员数量有增有减

2021年各省（自治区、直辖市）行业党员数量增加较多的是山西（增加275人）、山东（增加251人）、浙江（增加156人）、安徽（增加139人）。行业党员数量减少较多的是上海（减少535人）、甘肃（减少236人）。

（三）行业党员主要集中在华东、中南地区

截至2021年12月31日，与会计师事务所地域分布相对应，华东地区党员数量占全行业党员总数的41.1%，中南地区占23.4%，两者合计占全行业党员总数的64.5%，与2020年基本持平（见图4）。

（四）各省（自治区、直辖市）之间，行业党员数量差异较大，数量序列结构未发生明显变化

行业党员数超过5 000人的省（自治区、直辖市）有2个、4 000—5 000人的省（自治区、直辖市）有1个，2 000—4 000人的省（自治区、直辖市）

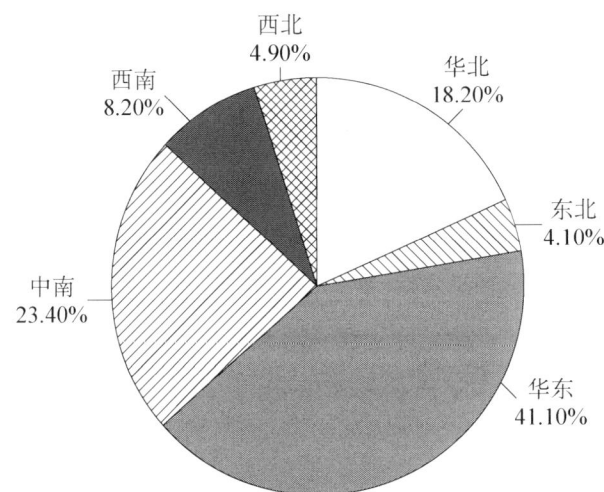

图 4　各区域会计师事务所党员数占全国会计师事务所党员数的比重

有 4 个,少于 500 人的省(自治区、直辖市)有 11 个。行业党员数量前 5 位、后 5 位的省(自治区、直辖市)名称、党员数量、排序变化情况分别见表 4、表 5。2021 年行业党员数量、党员增加数量、新发展党员数量及区域比重见表 6。

表 4　　2021 年行业党员数量最多的 5 个省(自治区、直辖市)

序号	省(自治区、直辖市)	地区党员数(人)	与 2020 年排序相比
1	北京	5 404	上升一位
2	上海	5 089	下降一位
3	浙江	4 960	保持不变
4	江苏	3 550	保持不变
5	广东	3 450	保持不变

表 5　　2021 年行业党员数量最少的 5 个省(自治区、直辖市)

序号	省(自治区、直辖市)	地区党员数(人)	与 2020 年排序相比
1	西藏	30	保持不变
2	青海	175	保持不变
3	宁夏	203	保持不变
4	海南	258	保持不变
5	甘肃	265	首次进入

表6　2021年行业党员数量、党员增加数量、新发展党员数量及区域比重

序号	地区	省（区、市）	2021年党员数量（人）	2021年党员增加数量（人）	各地区党员增加数量占行业的比重（%）	2021年新发展党员数量（人）	各地区新发展党员数量占行业的比重（%）
1	华北	北京	5 404	4	38	23	14.3
2		天津	696	13		2	
3		河北	991	6		58	
4		山西	1 011	275		19	
5		内蒙古	413	−9		0	
6	东北	辽宁	1 105	33	15.4	17	3.4
7		吉林	434	0		3	
8		黑龙江	396	84		4	
9	华东	上海	5 089	−535	11.2	25	44.5
10		江苏	3 550	53		133	
11		浙江	4 960	156		88	
12		安徽	1 561	139		63	
13		福建	813	64		0	
14		江西	391	−43		9	
15		山东	2 834	251		0	
16	中南	河南	1 756	121	30.6	0	23.2
17		湖北	1 748	36		19	
18		湖南	1 103	77		25	
19		广东	3 450	114		89	
20		深圳	2 102	−152		15	
21		广西	523	25		9	
22		海南	258	12		9	
23	西南	重庆	1 775	70	9.3	11	6.4
24		四川	896	17		12	
25		贵州	268	15		2	
26		云南	852	−31		21	
27		西藏	30	0		0	

续表

序号	地区	省（区、市）	2021年党员数量（人）	2021年党员增加数量（人）	各地区党员增加数量占行业的比重（%）	2021年新发展党员数量（人）	各地区新发展党员数量占行业的比重（%）
28	西北	陕西	1 199	75	-4.5	18	8.1
29		甘肃	265	-236		13	
30		宁夏	203	2		6	
31		青海	175	10		3	
32		新疆	437	115		18	
	合计		46 688	761	100	714	100

三、行业党建组织体系和工作机制建设情况

全国行业党委坚持把省级行业党组织作为关键层级，把行业各级党组织书记作为"关键少数"，进一步建立健全行业党的组织体系，巩固和完善行业党建工作机制。

（一）推动成立行业党校，进一步拓宽行业党员培训渠道

2021年3月2日，财政部党组批准成立中国注册会计师资产评估师行业党校（以下简称全国行业党校），校长、副校长均由部领导担任。全国行业党校挂靠中注协，中注协行业党建工作部承担行业党校日常具体工作。3月24日召开全国行业党校成立大会，两位部领导出席并为全国行业党校揭牌；同时专门召开推动成立省级行业党校工作会议，督导各地成立省级行业党校。截至2021年12月31日，25个省（自治区、直辖市）和深圳市设立了行业党校，依托地方党校、干部学院等建立教学基地27个（见表7）。全国行业党委指导制定全国行业党校章程，对党校的功能定位、主要职责等一揽子事项作出规范；着眼高标准规范办学，与湖北红安干部学院共同开展班次设置和课程体系研究；聚焦党史学习教育，全国行业党校和省级行业党校举办各类培

训班 108 个，累计培训党员超过 2 万人次，实现了当年成立、当年运行、当年取得成效。中组部在《奋斗百年路 启航新征程 党旗在基层一线高高飘扬》系列报道中，对成立全国和省级行业党校的做法给予肯定。

表7　　　　2021 年各省（区、市）行业党校设立情况

序号	省（区、市）	行业党校依托的教学基地名称
1	天津	天津市注册会计师资产评估行业党群服务中心
2	河北	河北省直机关党校
3	山西	山西省会计服务中心
4	内蒙古	中共内蒙古区委党校
5	辽宁	中共锦州市委党校（辽沈战役干部学院）
6	黑龙江	黑龙江省社会主义学院
7	江苏	江苏省党支部书记学院民企分院
8	浙江	中共浙江省委党校干部教育学院
9	安徽	中共金寨县委党校
10	福建	中共宁德市委党校
11	山东	沂蒙干部学院
12	河南	信阳大别山干部学院
13	湖北	湖北红安干部学院
14	湖南	韶山干部学院
15	广东	广东南岭干部学院、东江干部学院
16	深圳	深圳会计进修学院
17	广西	广西百色干部学院
18	海南	海南省委党校
19	重庆	重庆财政学校
20	贵州	贵州省财政干部培训中心
21	云南	云南省省级机关党校
22	陕西	中共陕西省委党校
23	甘肃	中共甘肃省委党校
24	宁夏	宁夏社会主义学院
25	青海	青海省财政厅内
26	新疆	新疆会计干部培训中心

(二)持续推进行业党内监督

进一步落实《关于加强注册会计师行业党内监督的指导意见》,指导各地探索开展党风廉政教育,各地通过在关键时间节点谈话提示、开展案例警示教育、举办党风廉政建设培训班等方式,教育引导行业党员从业人员廉洁执业、诚信执业,守底线、知敬畏。对31个省(自治区、直辖市)行业党内监督情况进行调查摸底,对行业各级党组织设立纪检机构和党员违规违纪等相关情况进行汇总分析。截至2021年12月31日,31个省(自治区、直辖市)中,12家省级行业党委成立了行业纪委、18家行业党委设立了纪检委员;221家地市级行业党组织中,29家设立纪委,170家设立纪检委员(见表8);符合设立纪检机构的2 263家会计师事务所党组织中,已有1 623家设立纪检机构。2021年各地处理违规违纪党员7名(见表9)。

表8 2021年各级行业党组织落实行业党内监督工作进展情况

序号	省(自治区、直辖市)	省级行业党组织设立纪检机构情况			市级行业党组织设立纪检机构情况		
		已成立纪委(√选)	未成立纪委,已设立纪检委员(√选)	既未成立纪委,也未设立纪检委员(√选)	市级行业党组织数(家)	成立纪委数(家)	设立纪检委员数(家)
1	北京	√					
2	天津		√				
3	河北		√		10		10
4	山西	√			10		10
5	内蒙古	√			1		1
6	辽宁		√		14		12
7	吉林		√		1		
8	黑龙江	√			13	2	11
9	上海	√					
10	江苏		√		13	4	9

续表

序号	省（自治区、直辖市）	省级行业党组织设立纪检机构情况			市级行业党组织设立纪检机构情况		
		已成立纪委（√选）	未成立纪委，已设立纪检委员（√选）	既未成立纪委，也未设立纪检委员（√选）	市级行业党组织数（家）	成立纪委数（家）	设立纪检委员数（家）
11	浙江		√		11	3	8
12	安徽		√		16	3	13
13	福建		√		9		3
14	江西		√		11		4
15	山东		√		16	1	14
16	河南	√			18	12	18
17	湖北	√			16	1	15
18	湖南	√			13	1	9
19	广东		√		17	2	15
20	广西	√					
21	海南		√				
22	四川		√		11		11
23	重庆		√				
24	贵州		√				
25	云南	√					
26	西藏			√			
27	陕西		√		21		7
28	甘肃	√					
29	宁夏	√					
30	青海		√				
31	新疆		√				
	合计	12	18	1	221	29	170

表9　2021年各省（自治区、直辖市）会计师事务所党组织落实行业党内监督工作进展情况

序号	省（自治区、直辖市）	事务所党组织设立纪检机构情况							2021年处理违规违纪党组织和党员情况	
		事务所党委			事务所党总支		设立支委的党支部		2021年处理违规违纪党组织数（家）	2021年处理违规违纪党员数（人）
		党委数（家）	其中成立纪委数（家）	其中设立纪检委员数（家）	事务所党总支数（家）	其中设立纪检委员数（家）	设立支委的党支部数（家）	其中设立纪检委员数（家）		
1	北京	13	6	7	142	49	3	2		2
2	天津				3	3	15	15		
3	河北						128	72		
4	山西						50	50		
5	内蒙古						8	8		
6	辽宁						37	27		
7	吉林						15	15		
8	黑龙江						68	68		
9	上海	5	4		4	4	57	57		1
10	江苏	3		3	3	3	165	165		
11	浙江	5	4	1	7	7	153	80		
12	安徽	1		1			136	136		1
13	福建	1		1			27	13		
14	江西						26			
15	山东				4	4	267	69		
16	河南						133	133		
17	湖北	1		1	3	3	94	94		1
18	湖南	1		1	1	1	77	46		
19	广东	7	2	5	12	12	177	142		1
20	广西	1		1			18	14		
21	海南						6	3		
22	四川	1		1	1	1	126	126		
23	重庆	1		1	3	3	32	32		

续表

序号	省（自治区、直辖市）	事务所党组织设立纪检机构情况						2021年处理违规违纪党组织和党员情况	
		事务所党委			事务所党总支		设立支委的党支部	2021年处理违规违纪党组织数（家）	2021年处理违规违纪党员数（人）
		党委数（家）	其中成立纪委数（家）	其中设立纪检委员数（家）	事务所党总支数（家）	其中设立纪检委员数（家）	设立支委的党支部数（家）	其中设立纪检委员数（家）		
24	贵州						37	37		
25	云南				3	3	24	24		
26	西藏						7			
27	陕西	2		2			50	10		
28	甘肃				1	1	9	9		
29	宁夏						31	7		
30	青海						8	3		
31	新疆	1		1			49	30		
	合计	43	16	26	187	94	2 033	1 487		7

（三）巩固"省级抓、抓省级"、"书记抓、抓书记"行业党建工作机制

优化省级行业党组织党建工作季度统计指标和年度考核评价指标，每季度对省级行业党组织工作进展情况进行统计通报，对省级行业党委2020年工作进行考核评价，依据考核结果，采取"以奖代补"方式向各省级行业党委给予补助。组织省级行业党委书记书面述职，指导各地开展地市行业党组织和所辖会计师事务所党组织书记述职评议考核工作。

（四）持续夯实会计师事务所党组织工作基础

按照"一所一表、一省一册"要求，组织省级行业党组织及时更新属地会计师事务所党组织基本信息表，不断夯实工作基础。全国行业党委在此基础上形成的《"三落实两核实一步抓到底"整顿软弱涣散事务所党组织的方法实践》被评为财政部优秀工作案例。大力推广应用《会计师事务所支部工作手册》，促进会计师事务所党组织制度化规范化建设。

（五）探索会计师事务所党组织发挥政治功能途径

贯彻落实国办发 30 号文和财政部党组关于进一步落实注册会计师和资产评估行业党建工作责任的要求，持续推动"党建入章"、"一肩挑"、"双向进入、交叉任职"等要求在会计师事务所落地，不断夯实会计师事务所党组织发挥政治功能的组织保障。财政部领导围绕发挥会计师事务所党组织政治功能，到党建工作联系点开展专题调研。全国行业党委制定会计师事务所"党建入章"文本，明确会计师事务所党组织功能定位、发挥作用途径和保障措施，扎实推进会计师事务所"党建入章"工作。截至 2021 年 12 月 31 日，31 个省级注协已全部完成"党建入章"，93 个地市级注协中已有 62 个完成"党建入章"，3 771 家会计师事务所党组织中已有 2 691 家完成"党建入章"。

（六）开展行业先进党组织和优秀个人评选表彰活动

全国行业党委印发《关于开展注册会计师行业先进党组织和优秀个人评选表彰活动的通知》，部署在全行业开展先进党组织、优秀党员和党务工作者、支持党建工作党外合伙人评选表彰工作。2021 年 7 月 22 日，召开行业评选表彰大会，集中表彰 10 家"全国先进注册会计师行业党组织"，100 家"全国先进会计师事务所党组织"（见表 10）。各地共表彰优秀共产党员、优秀党务工作者、支持党建工作（党外）合伙人 1 000 余人。积极宣传荣获党中央"优秀党务工作者"称号的 1 名会计师事务所党组织书记等行业先优典型。

表 10　　2021 年行业先进党组织

序号	省（自治区、直辖市）	全国先进注册会计师行业党组织（√选）	全国先进会计师事务所党组织数（家）
1	北京	√	4
2	天津		1
3	河北		4

续表

序号	省（自治区、直辖市）	全国先进注册会计师行业党组织（√选）	全国先进会计师事务所党组织数（家）
4	山西		3
5	内蒙古		2
6	辽宁		5
7	吉林		2
8	黑龙江		2
9	上海	√	3
10	江苏	√	9
11	浙江	√	6
12	安徽	√	4
13	福建		2
14	江西		2
15	山东		8
16	河南		7
17	湖北	√	5
18	湖南	√	3
19	广东	√	9
20	广西		1
21	海南		1
22	四川		5
23	重庆	√	2
24	贵州		1
25	云南		2
26	西藏		0
27	陕西	√	3
28	甘肃		1
29	宁夏		1
30	青海		1
31	新疆		1
合计		**10**	**100**

四、开展行业"品牌建设年"主题活动

制定《注册会计师行业"品牌建设年"主题活动实施方案》,指导地方行业党组织、注协结合地区实际,有针对性地制定具体实施方案、任务清单和措施,部署推进、持续督导主题年活动开展,以品牌建设为抓手促进行业高质量发展。

(一)开展品牌建设大学习大讨论活动

行业各级党组织、注协和事务所结合理论学习中心组学习研讨、行业继续教育研修班研讨班、会计师事务所党组织"三会一课",以及通过举办专业讲座与论坛等方式,广泛开展品牌建设大学习大讨论,深入探讨行业价值和社会形象、品牌定位、品牌内涵、品牌形象和实现路径。全国行业党委、中注协有针对性地结合重大审计失败案件、巨额民事赔偿案件、注册会计师法修订等,组织有关专家开展深入研讨,走访最高人民法院和全国人大法工委等,广泛听取意见建议,以此为载体不断将品牌建设大学习大讨论引向深入。同时,综合各方学习研讨成果,对《中国注册会计师行业发展报告(2020)》的定位、结构等作出调整,着力宣传行业专业贡献,彰显行业专业价值,将其打造成为塑造行业社会形象的常态化新载体。

(二)完善会计师事务所品牌建设支撑

狠抓准则的落地实施,推动形成以审计准则、职业道德守则和质量管理准则为核心,执业准则、指南、解释等构成的多层次、系统化职业标准及实施体系。修订发布3项质量管理准则应用指南、3项特殊目的审计准则及应用指南,为会计师事务所提升审计质量提供具体指导。建立健全行业监管和惩戒制度机制,修订发布《中国注册会计师协会会员执业违规行为惩戒办法》、《中国注册会计师协会惩戒委员会工作规则》、《中国注册会计师协会申诉委员会

工作规则》、《中国注册会计师协会执业质量检查人员管理办法》和《上市公司年报审计监管工作规程》等行业监管工作制度；深化与证监会等部门的监管协调，按照统一部署、统一开展、统一违规惩戒处理、统一对外公告处理情况的原则，部署开展2021年全国会计师事务所执业质量检查。探索开展会计师事务所质量管理体系检查回访工作，对4家会计师事务所开展整改帮扶。持续提升会计师事务所综合评价的公信力，参考世界银行评价各国投资环境指标体系，修订《会计师事务所综合评价排名办法》，发布《2020年度会计师事务所综合评价百家排名信息》，借鉴世界银行经验与做法，首次对外发布《会计师事务所综合评价分析报告》，扩大百家排名影响力，宣传推广和塑造百家会计师事务所品牌。

（三）探索开展行业品牌建设活动

中注协经申报、审核、公示等程序，评定资深会员490名。各地结合"我为行业添光彩"实践活动，积极打造"红色CPA"公益服务活动品牌，组织党员注册会计师和行业精英深入园区、学校、企业开展公益服务，展示行业专业价值和品牌形象。各地积极开展注册会计师工匠评选、"讲好行业品牌故事"、甄选优秀会计师事务所品牌故事等活动，有的地区组织会计师事务所围绕巩固脱贫攻坚成果、实现乡村振兴、发展民族特色产业等拓展业务，为会计师事务所搭建树立品牌形象、拓展业务渠道的平台，促进会计师事务所培育特色服务品牌。

五、行业统战工作发展情况

（一）行业代表人士数量规模保持稳定

截至2021年12月31日，行业共有各级人大代表、政协委员829人。其中，省级以上人大代表、政协委员103人。与上年相比，2021年行业人大代表、政协委员的数量保持稳定。

（二）深入学习贯彻《条例》精神，持续加强行业统战工作

为贯彻落实《条例》精神，中国注册会计师行业党委印发《注册会计师行业学习宣传贯彻〈中国共产党统一战线工作条例〉工作方案》、《中国注册会计师行业党委关于认真学习宣传贯彻〈中国共产党统一战线工作条例〉的通知》；在广泛调研的基础上，研究起草《关于加强注册会计师行业和资产评估行业统战工作的意见（征求意见稿）》，将全国行业党委成立以来在统战工作中探索形成的一些符合行业实际、切实可行的好做法、好经验上升到制度层面予以固化，以期进一步加强和改进行业统战工作。

一些地方以贯彻落实《条例》为契机，完善了制度机制建设。比如，云南建立了学习宣传制度、沟通协商制度、联谊交友制度、党外代表人士培养选拔使用制度、参加行业治理和事务管理制度、实践创新基地建设制度、代表人士服务团制度等七项制度，提升了行业统战工作制度化水平，推动行业统战工作迈上新台阶。

（三）注重改进行业代表人士的联系服务和培训工作，进一步提高其服务行业发展和国家建设的能力和水平

2021年全国"两会"召开之前，全国行业党委和中注协为全国人大代表、政协委员撰写提案建议提供资料和信息数据支持，帮助他们在全国"两会"上更好发挥作用；召开全国行业人大代表政协委员座谈会，听取行业代表人士对学习贯彻《条例》精神及行业发展的意见建议。北京、上海、浙江、福建、湖南、湖北、河南、广东、贵州等地在"两会"前落实服务行业代表人士制度，通过组织召开行业人大代表、政协委员座谈会等形式，听取行业代表人士对行业发展的意见建议，为行业人大代表、政协委员撰写提案提供参考资料，助力行业代表人士履职尽责，更好地服务经济社会发展。

全国行业党委选派2名行业代表人士参加中央统战部举办的新的社会阶层人士理论研究班，内蒙古、上海、湖北等地推荐行业代表人士参加省委统战部门举办的培训班，进一步引导行业代表人士理解、践行党的方针政策，与党

同心同德，充分发挥专业优势，为助力国家建设和推动经济高质量发展贡献力量。

（四）培育行业特色品牌，持续开展服务团活动

按照2019年全国行业党委印发的《中央统战部新的社会阶层人士服务团——注册会计师行业代表人士服务团工作规则（试行）》，行业成立中央统战部新的社会阶层人士服务团——注册会计师行业代表人士服务团。通过每年组织开展主题活动，注册会计师行业代表人士服务团品牌效应不断扩大。

2021年，全国行业党委以"弘扬红船精神 走在时代前列"为主题，在浙江省嘉兴市组织开展行业代表人士服务团暨青年专家服务团活动。期间，除安排服务团成员参观嘉兴南湖革命纪念馆、瞻仰嘉兴南湖红船、聆听嘉兴学院原党委书记"红船精神"专题讲座等红色教育活动外，还安排服务团成员实地考察拟上市企业，与20余家拟上市企业座谈，围绕企业发展与改制过程中遇到的问题提供咨询服务。

一些地方也积极开展服务团活动。比如，江苏省行业党委组织行业服务团开展注册会计师行业专家网上答疑活动的公益服务，举办培育上市企业专题辅导培训会；湖南省行业党委深入开展"我为行业添光彩"、"我为群众办实事"活动，在行业遴选130多名专家组建行业公益服务团，进行专场公益讲座，为超810家园区企业、1 200余名企业负责人和财务人员进行财会知识公益辅导。

六、行业团建工作发展情况

（一）行业团员青年人数和团组织数量保持稳定

截至2021年12月31日，行业共有基层团组织1 577个，青年团员49 149人。与上年同时期相比，行业团组织数、青年团员数保持稳定。其中，团组织数增加的有北京、河北、内蒙古、上海、安徽、江西、湖北、湖南、四川、宁夏等10省（自治区、直辖市），团员青年数增加的有北京、天津、上海、湖北、湖南、广东、广西、海南、四川、重庆、陕西等11省（自治区、直辖市）。

（二）行业团员青年和团组织的社会认可度进一步增强

在团中央组织的年度各项评比表彰中，1家会计师事务所获"全国五四红旗团支部"称号；2名会计师事务所团员获"全国优秀共青团员"称号；1名会计师事务所团干部获"全国优秀共青团干部"称号；6家行业青年集体获"全国青年文明号"称号。行业团建工作的影响力进一步扩大，行业团组织和团员青年的社会认可度进一步增强。

（三）注重发挥先进模范作用，积极组织开展评选表彰

行业团委注重发挥先进人物的模范带头作用，积极组织开展评选表彰。全国行业团委分别授予9名团员、9名团干部、19家团支部、4家团委2020年度全国注册会计师行业"优秀共青团员"、"优秀共青团干部"、"五四红旗团支部"、"五四红旗团委"称号；授予29个行业青年集体"全国注册会计师行业青年文明号"称号。在表彰基础上，对先进人物进行宣传，在行业内营造了"学先进、争先进"的良好氛围。

行业价值与贡献

行业贡献概览

公开数据和 7 469 家会计师事务所自愿填报的有效数据不完全统计显示：

● 2021 年，注册会计师行业出具审计及其他鉴证报告 291.75 万份、咨询报告 18.74 万份。

● 2021 年，注册会计师行业为 4 685 家 A 股上市公司提供审计服务，总资产规模 346.10 万亿元，总市值规模 96.53 万亿元；为 91 家 A 股上市公司提供并购审计及其他专业服务，并购交易规模 5 372 亿元；为 524 家 A 股 IPO 企业提供发行上市审计服务，募集资金金额 5 426.75 亿元；为 546 家企业提供再融资审计服务，融资金额 9 602.73 亿元；审计新三板挂牌公司 6 932 家，总市值规模 22 845.40 亿元；为 11 937 只债券发行提供相关专业服务，债券发行总金额 157 759 亿元。

● 2021 年，注册会计师行业为上市公司审计调整总额为 16 281.42 亿元。其中，调增资产 4 307.89 亿元，调减不实资产 4 904.40 亿元，调增负债 2 587.78 亿元，调减不实负债 1 970.06 亿元，调增应交税费 262.75 亿元，调减虚增净利润 1 333.46 亿元，调增净利润 915.08 亿元。

● 2021 年，注册会计师平均每一元审计收费调增资产

55.59元，调减不实资产63.29元，调增负债33.39元，调减不实负债25.42元，调增应交税费3.39元，调减虚增净利润17.21元，调增净利润11.81元。

● 截至2022年7月2日，4 813家上市公司披露了2021年度财务报表审计报告。其中，非标准意见（含带持续经营事项段或强调事项段的无保留意见，以及保留意见、无法表示意见、否定意见）占比5.34%。2 526家上市公司披露了内部控制审计报告。其中，非标准意见（含带强调事项段的无保留意见、无法表示意见、否定意见）占比4.12%。

● 2021年，注册会计师行业参与138 041项国有企业财务决算审计项目，经注册会计师审计的国有企业营业总收入75.55万亿元、利润总额4.52万亿元、应交税费5.36万亿元；行业承接1 646项国有企业采取开放式重组、上市、产权制度改革或引入战略投资者等方式进行的混合所有制改革项目，审定国企混改前资产总额15 515亿元。

● 2021年，注册会计师行业提供34 119项财政预算绩效管理相关服务，涉及21 900亿元的财政预算资金；提供718万项涉及民生资金、涉农资金等财政专项资金审计服务，经注册会计师审定的财政资金额为16 735亿元；参与19 137项行政事业单位资产清查项目；提供57 095项政府购买服务业务，涉及各类资金21 075亿元；提供255 231项智慧城市、数字政府、数字乡村等相关政务咨询服务。

● 2021年，注册会计师行业受托办理司法服务业务21 880项，鉴定涉案总人数1 705万人，鉴定总金额22 265亿元；提供离任审计、经济责任审计服务60 072项。

● 2021年，近300家会计师事务所参与"一带一路"相关服务，为我国"走出去"的近万家企业提供遍及全球200多个国家和地区的全球化服务。

● 2021年，全国外商直接投资（不含银行、证券、保险领域）新设企业47 643家，实际使用外商直接投资金额11 494亿元，注册会计师行业专业服务积极助力境外投资"引进来"。

● 2021年，注册会计师行业提供26 113项科技专项资金审计服务，经注册会计师审定的资金额为4 047亿元；专业服务377家科创板企业，总资产规模1.74万亿元，总市值规模5.95万亿元；审计13 370个科技部重点研发计划重点专项项目课题，涉及中央财政资金约510亿元。

● 2021年，注册会计师行业提供ESG（环境、社会和治理）鉴证、咨询服务1 828项，服务境内外上市公司349家，提供大气、水、土壤等污染防治项目相关服务698项，审定防治资金1 238.7亿元。

● 2021年，注册会计师行业捐赠资金（含物资）价值7.27亿元。其中，抗疫防疫捐赠资金0.14亿元，抢险救灾捐赠资金0.45亿元，扶贫助困捐赠资金0.47亿元，帮扶企业捐赠资金支出6.03亿元，爱心助学捐赠资金0.53亿元，惠及61 589人。

行业发展相关课题研究成果显示：

◉ 2021年，基于A股上市公司审计质量的问卷调查结果显示，在10分满分的情况下，参与问卷调查的上市公司管理者对注册会计师总体审计质量的平均评价分数是8.49分，整体处于比较满意的状态。

◉ 2021年，根据三种模型测算，注册会计师行业通过提供审计服务为A股上市公司提升的公司价值总金额分别为107 153.26亿元（Gordon模型）、102 883.01亿元（CAPM模型）和34 658.57亿元（GLS模型），三者平均为81 564.95亿元，相当于2021年末A股上市公司总市值的8.87%。

注册会计师行业服务国家经济建设（一）

注册会计师行业是中国特色社会主义市场经济的一项重要制度安排。在服务国家经济建设方面，注册会计师行业坚持以习近平新时代中国特色社会主义思想为指导，全面贯彻落实党的十九大、十九届历次全会和中央经济工作会议精神，立足把握新发展阶段、贯彻新发展理念、构建新发展格局，持续提升行业专业服务能力，狠抓行业执业质量，利用专业知识、技能、人才优势，切实履行审计鉴证核心职责，大力拓展增信增值职能，服务资本市场改革发展，助力经济高质量发展。

一、服务多层次资本市场，夯实会计信息质量，降低融资成本，维护资本市场秩序

规范、透明、开放、有活力、有韧性的资本市场对经济高质量发展至关重要。注册会计师发挥资本市场中介服务功能，以独立第三方的身份，利用会计审计等领域的专业知识和技能，对资本市场上的财务信息等进行独立鉴证，增加信息的可靠性和可信度，增强投资者信心，积极助力资本市场高质量可持续发展。

（一）发挥资本市场中介服务功能，助力资本市场高质量可持续发展

1. 服务A股市场公开发行和信息披露，助力资本市场健康发展。自深圳、上海证券交易所成立以来，注册会计师行业通过为企业提供发行上市、后续

融资、定期信息披露相关的审计服务，积极助力 A 股市场健康发展。

中国上市公司协会统计数据显示，截至 2021 年 12 月 31 日，境内股票市场上市公司共 4 697 家。其中，A 股上市公司（含 A+B、A+H、A+B+H）4 685 家。在所有 A 股上市公司中，主板公司 3 136 家，占比 67%；创业板公司 1 090 家，占比 23%；科创板公司 377 家，占比 8%；北交所公司 82 家，占比 2%。如图 1 所示，2017—2021 年，注册会计师行业服务我国 A 股上市公司的公司数量、总资产和总市值总体来看均呈上升趋势。其中，服务 A 股上市公司数量从 2017 年的 3 467 家上升至 2021 年的 4 685 家，总资产规模从 220.49 万亿元上升至 346.10 万亿元，总市值规模从 61.50 万亿元上升至 96.53 万亿元。

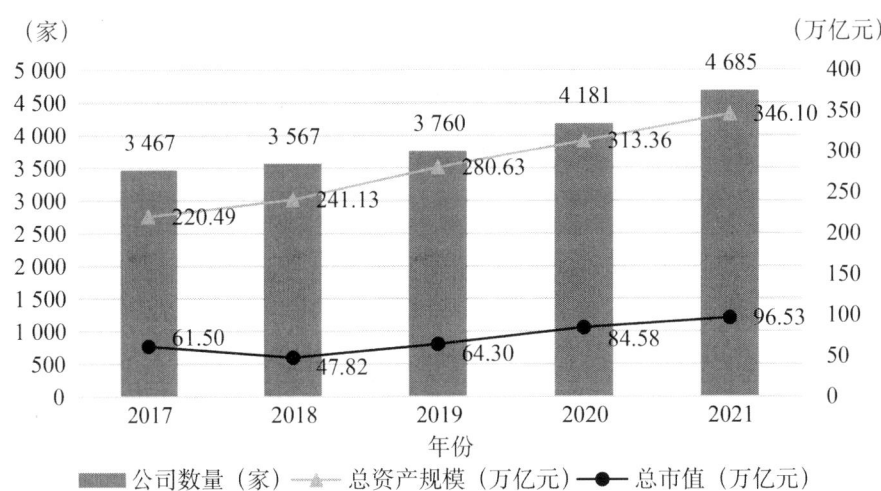

图 1　2017—2021 年注册会计师行业服务 A 股上市公司情况

数据来源：Wind 金融数据库。

首发上市（IPO）、股票增发、配股、优先股、可转债、可交换债等融资方式是上市公司融资的重要渠道。中国证监会统计数据显示，2021 年，A 股市场共有 524 家企业完成了 IPO，募集资金总额 5 426.75 亿元（见图 2）；546 家企业完成再融资（含核准和同意注册），募集资金总额 9 602.73 亿元。2017—2021 年，注册会计师行业服务 A 股上市公司完成募集的公司数量从 1 145 家增至 1 214 家（含 IPO、增发、配股、可转债、可交换债家数），募集资金从 17 149 亿元增至 18 178 亿元（见图 3）。注册会计师行业通过提供审计鉴证服务，为上市公司实施融资和助力资本市场发展贡献专业力量。

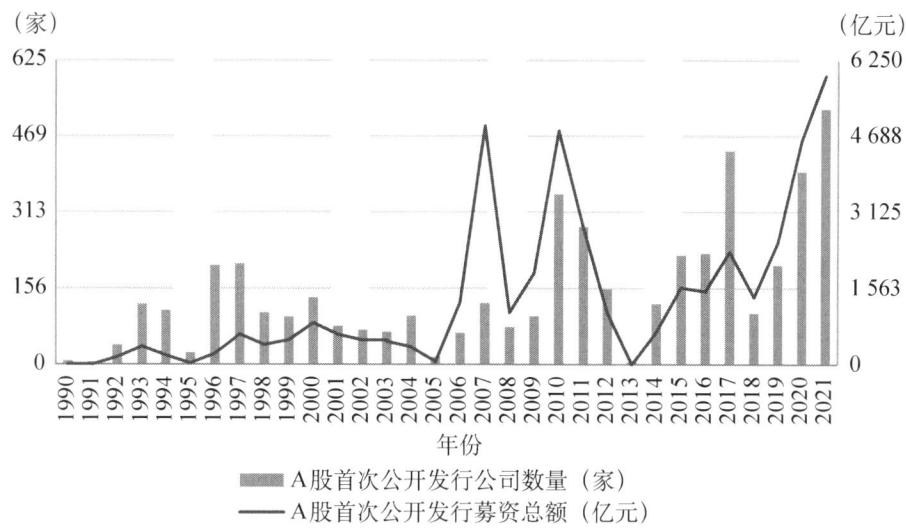

图 2　1990—2021 年 A 股市场首次公开发行情况

数据来源：CSMAR。

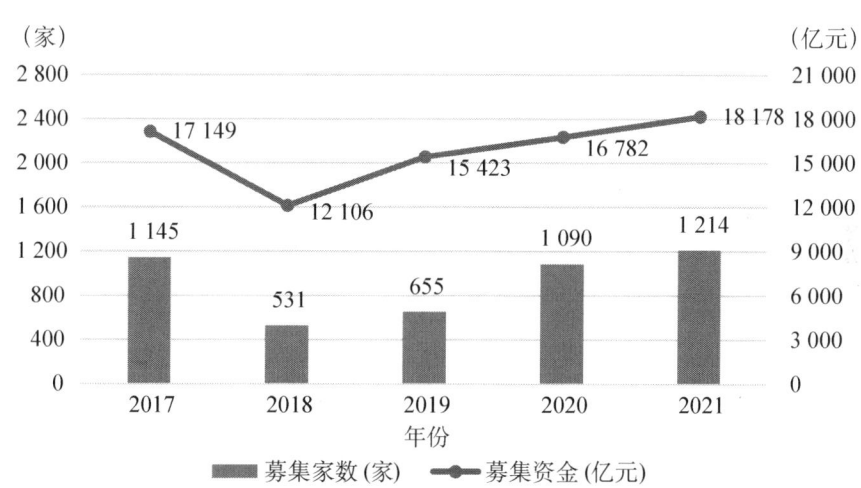

图 3　2017—2021 年注册会计师行业服务 A 股上市公司股权融资规模统计

数据来源：Wind 金融数据库。

2. 服务新三板挂牌公司，助力中小企业创新发展。 新三板是我国资本市场的重要组成部分，是中小企业融资的重要平台。习近平总书记在 2021 年中国国际服务贸易交易会全球服务贸易峰会致辞中宣布，深化新三板改革，设立北京证券交易所，打造服务创新型中小企业阵地。注册会计师行业把握深化新三板改革的重要部署，对新三板挂牌公司提供审计鉴证专业服务，有效弥合企业与投资者之间的信息不对称，增加中小企业信用，助力中小企业融资，支持中小企业发展。

根据全国中小企业股份转让系统（新三板）统计数据，自 2012 年起，累计有 1.1 万余家挂牌公司在注册会计师行业的帮助下完成股票发行，累计融资金额 5 559.14 亿元（见图 4）。

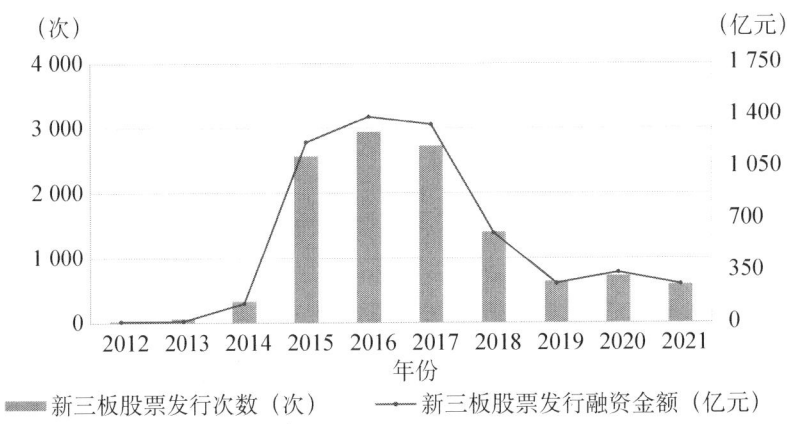

图 4　2012—2021 年注册会计师行业服务新三板股票发行情况

数据来源：全国中小企业股份转让系统（新三板）定期统计快报。

从新三板的市场规模来看（见图 5），2012—2017 年，新三板挂牌公司数量和总市值增速显著。2018 年以来，受复杂严峻的国内外形势和新冠肺炎疫情等因素影响，新三板挂牌公司数量有所减少。2021 年，注册会计师行业为新三板中总市值 22 845.40 亿元的 6 932 家挂牌公司提供服务。

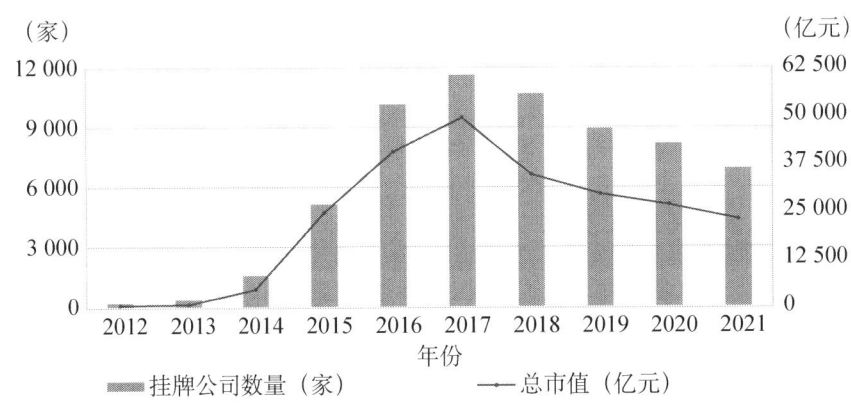

图 5　2012—2021 年新三板挂牌公司数量及总市值情况

数据来源：Wind 金融数据库。

3. 服务债券市场，助力拓宽企业融资渠道。 债券市场融资是企业融资的另一个重要渠道。注册会计师为发债企业提供年报审计服务，其审计报告和审计后的财务报表能够作为企业发行债券的要件以及投资者作出理性投资决策的参考。

据不完全统计，1981—2021 年，注册会计师行业累计为 9.7 万余只债券的发行提供审计服务，累计发行金额 1 460 226.78 亿元。其中，金融机构债券 569 598.22 亿元；企业及公司债券 209 400.33 亿元；中期票据及短期融资债券 448 422 亿元；其他债券 232 806.23 亿元。如图 6 所示，注册会计师行业服务债券发行数量从 2017 年的 1 910 只上升至 2021 年的 11 937 只，发行总金额从 2017 年的 26 550 亿元上升至 2021 年的 157 759 亿元。

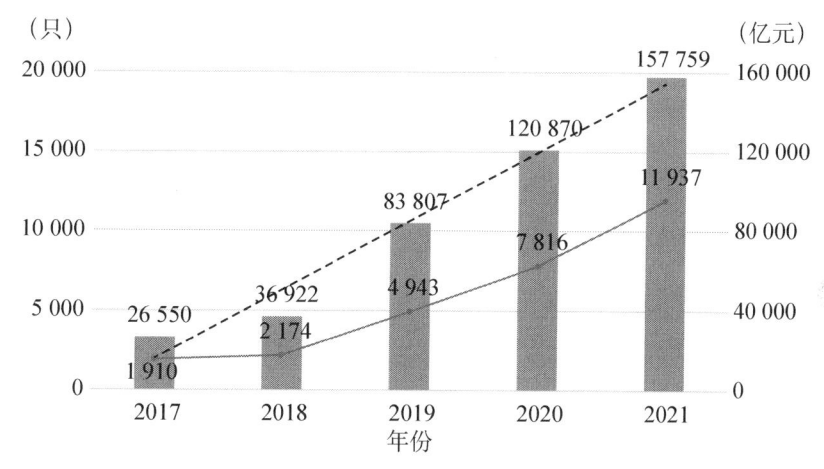

图 6 2017—2021 年注册会计师行业服务债券发行数量及总金额

数据来源：Wind 金融数据库。

从各类债券的发行情况看，2021 年，注册会计师行业服务金融机构债券发行 32 398 亿元，占比 21%；服务企业及公司债券发行 30 385 亿元，占比 19%；服务中期票据及短期融资债券发行 28 984 亿元，占比 18%；服务其他类型债券发行 65 993 亿元，占比 42%（见图 7）。

4. 服务并购重组，支持传统产业优化升级。 并购重组不仅是并购双方企业转变经营局势、力争做大做强的一条捷径，也是企业进行战略调整、革新内

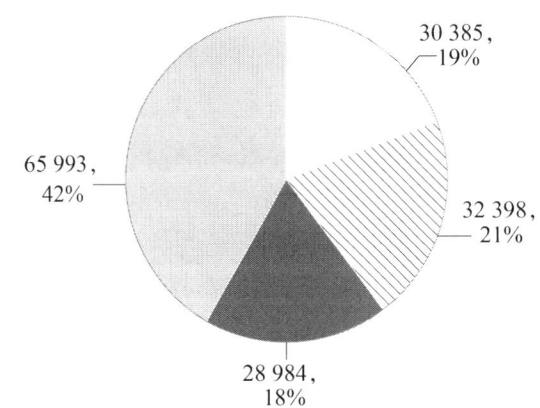

图7 2021年注册会计师行业服务各类债券发行情况

数据来源：Wind金融数据库。

部结构制度的重要手段。注册会计师具备专业知识、技能和经验，能够为企业并购重组提供专业支持。

近年来，随着经济新常态下的结构转型，产业并购案例逐年增加。注册会计师行业为企业提供与并购重组交易、财务报告、税务重组和其他监管要求等相关的专业服务，为企业的投资交易、项目可行性研究等提供重要的决策支持，帮助企业评估机遇，提升交易效率，更好地实现并购目标和转型升级。

据不完全统计，1994—2021年，注册会计师行业累计为83 282宗并购交易提供审计及尽职调查等专业服务，涉及并购金额684 564亿元。图8展示了2017—2021年A股上市公司完成并购交易的情况。从图中可以看出，注册会计师行业服务的并购交易数量从2017年的231家下降至2021年的91家，交易规模从2017年的9 081亿元下降至2021年的5 372亿元。这一下降趋势在很大程度上归因于2017年以来，在去杠杆的政策背景下，IPO审核提速，并购审核趋严，上市公司资本运作收缩，A股并购重组市场降温。

（二）发挥资本市场"信息鉴证者"作用，推动资本市场诚信有序发展

注册会计师通过执行审计鉴证工作，在很大程度上能够发现并纠正资本市场上的虚假会计信息，从而有效降低资本市场上的信息风险，推动资本市场诚信有序发展。

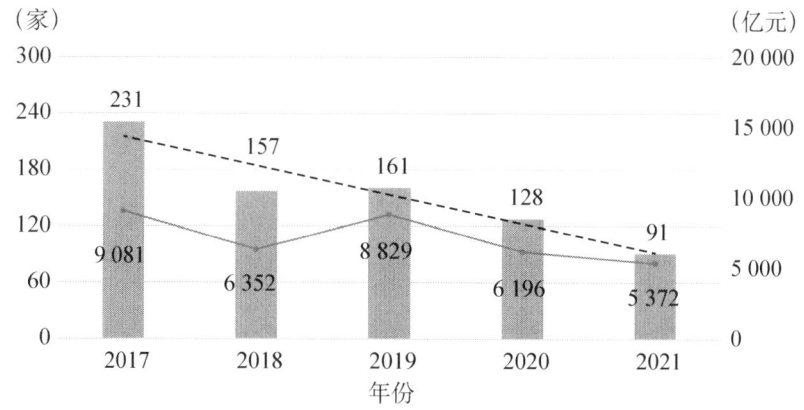

图 8　2017—2021 年注册会计师行业服务 A 股上市公司并购交易情况

数据来源：Wind 金融数据库。

1. 通过审计调整"挤干"会计信息"水分"。注册会计师对企业实施独立审计，能够有效识别和纠正企业财务报表中的重大错报，防止企业发生财务舞弊行为，提高企业财务信息披露质量，帮助投资者更准确地判断企业的财务状况、经营成果和现金流量，作出正确的投资决策，降低投资风险，维护社会公众对资本市场的信任，促进资本市场长期、稳定、健康发展。

中注协一项基于 53 家从事 2021 年度上市公司财务报表审计业务的会计师事务所的调研数据显示，2021 年，注册会计师行业在上市公司年报审计中的审计调整总额为 16 281.42 亿元。其中，调增资产 4 307.89 亿元，调减不实资产 4 904.40 亿元，调增负债 2 587.78 亿元，调减不实负债 1 970.06 亿元，调增应交税费 262.75 亿元，调减虚增净利润 1 333.46 亿元，调增净利润 915.08 亿元（见图 9）。

据统计，2021 年，上述 53 家会计师事务所从事上市公司财务报表审计业务共计收费 77.5 亿元，占全部上市公司资产总额 3 208 005 亿元的 0.002%、净利润总额 46 291 亿元的 0.17%。通过计算可以得出，上市公司每花出一元审计费，带来的审计调整总额约为 210.10 元。如图 10 所示，注册会计师平均每一元审计收费调增资产 55.59 元，调减不实资产 63.29 元，调增负债 33.39 元，调减不实负债 25.42 元，调增应交税费 3.39 元，调减虚增净利润 17.21 元，调增净利润 11.81 元。

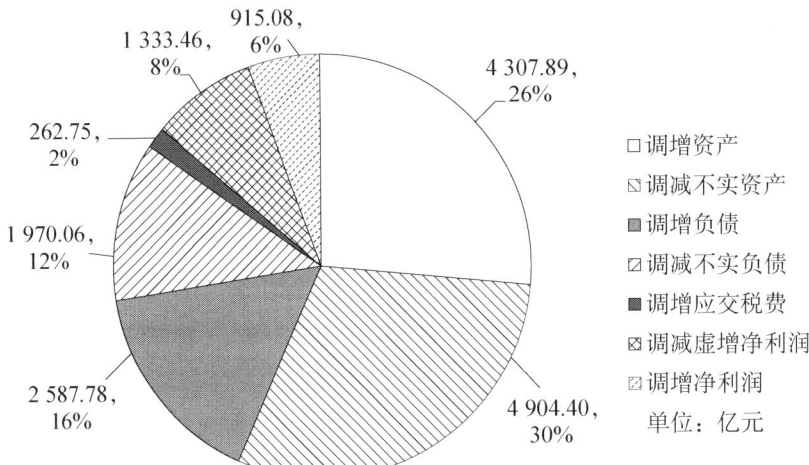

图9 2021年注册会计师行业在上市公司年报审计中的审计调整情况

数据来源：中注协。

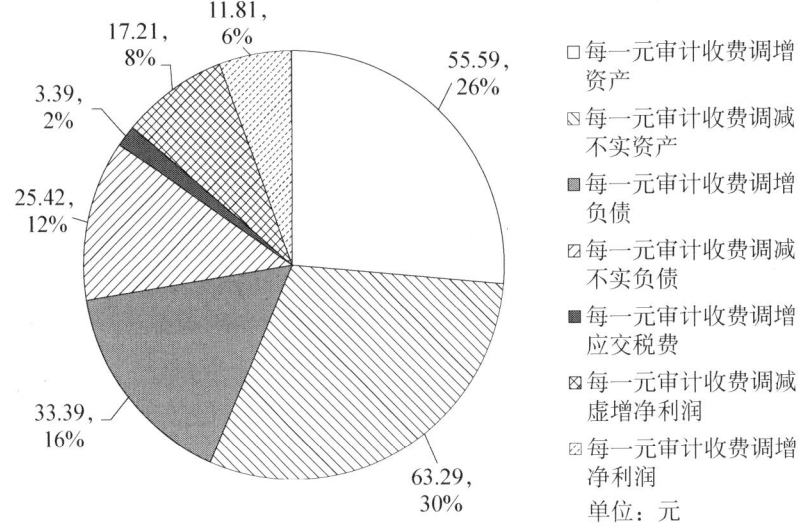

图10 每一元审计收费带来的审计调整情况

数据来源：中注协。

图11至图13分别采用三种衡量方式来展示会计信息质量的年度变化情况。图11展示的是2017—2021年以可操纵性应计项目绝对值衡量的企业盈余管理水平，从图中可以看出，上市公司盈余管理程度从2017年的0.0546下降至2021年的0.0504，操纵利润的平均幅度下降了7.7%。

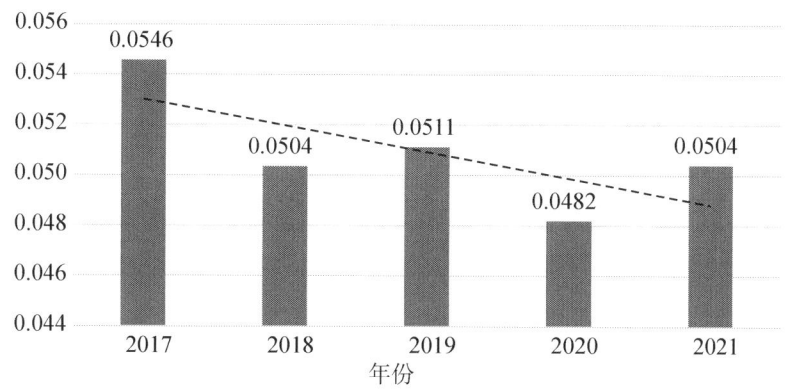

图11 2017—2021年以可操纵性应计项目绝对值衡量的企业盈余管理水平

数据来源：Wind金融数据库。

图12展示了近年来发生财务重述的上市公司数量和比例。由于财务重述具有滞后性，如上市公司对2020年度的财务重述较多曝光于2021—2022年，本报告仅统计了对2016—2019年各年度财务报表进行重述的上市公司数量及比例。从图中可以看出，重述财务报表的上市公司数量从2016年的436家下降至2019年的312家，比例从2016年的13.98%下降至2019年的8.22%。

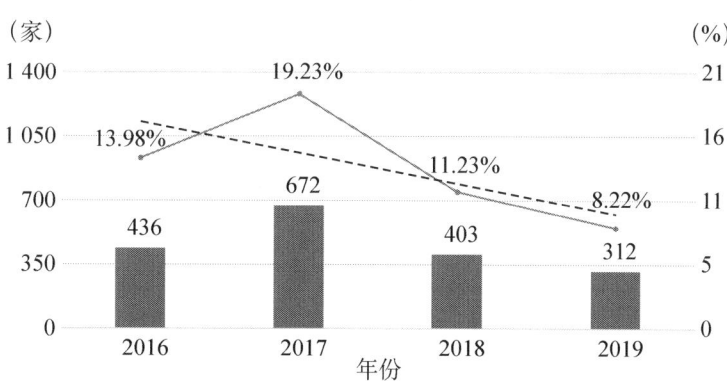

图12 对2016—2019各年度财务报表重述的上市公司数量及比例

数据来源：Wind金融数据库。

上海、深圳证券交易所对其上市公司信息披露质量的评级具有客观性和权威性，可以用来衡量我国上市公司总体信息披露质量。图13展示了2018—

2020 年上海证券交易所对其上市公司信息披露质量的考评统计情况。从图中可以看出①，上海证券交易所信息披露被评为 A 级的公司数量从 2018 年的 587 家上升至 2020 年的 693 家，其比例从 2018 年的 20.02%上升至 2020 年的 20.80%，连续三年被评为 A 级的公司数量从 2018 年的 295 家上升至 2020 年的 365 家，其比例从 2018 年的 10.06%上升至 2020 年的 10.95%。深圳证券交易所方面，据媒体报道②，2021 年度考评结果为 A 和 B 的上市公司占比与上年相比提升了 3.29 个百分点，触及 C、D 类考评指标的上市公司较上年减少 49 家。综合来看，215 家上市公司（占比 8.42%）连续三年以上信息披露考评为 A，121 家上市公司连续五年以上考评为 A。从图 14 可以看出，自 2001 年以来，深圳证券交易所评级为 A 的上市公司数量呈平稳上升趋势，评级为 B 的上市公司数量呈显著上升趋势。

图 13 2018—2020 年上海证券交易所上市公司信息披露考评统计情况

数据来源：Wind 金融数据库。

---

① 鉴于上海证券交易所开始进行信息披露考评时间为 2016 年，且统计需要连续三年信息披露考评记录，所以本报告统计区间为 2018—2020 年。

② 吴少龙："深交所公布 2021 年度上市公司信披考核结果：整体信披质量稳步提升 215 家连续 3 年考核为 A"，《证券时报》，2022 年 7 月 5 日。

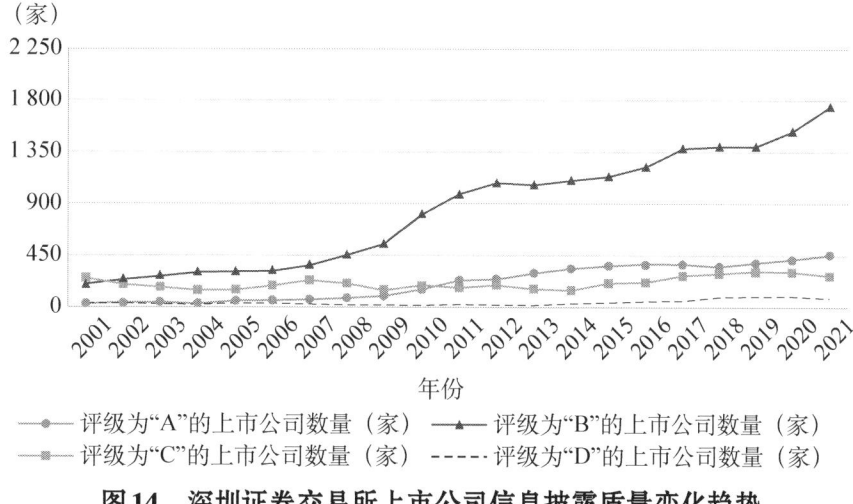

图 14 深圳证券交易所上市公司信息披露质量变化趋势

数据来源：CSMAR。

从以上内容可以推断出，我国 A 股上市公司整体信息披露质量日益提高。这体现了注册会计师行业在助力上市公司提升信息披露质量、提高上市公司规范运作水平、保护投资者利益等方面的价值，以及行业在助力资本市场监管水平提升，打击上市公司财务造假行为，进而助推资本市场诚信，助力国家构建良性资本市场生态圈等方面的作用。

2. 通过降低信息风险减少融资成本。研究①发现，上市公司投入的审计费用可以显著降低股权融资成本，提升公司价值。2011—2021 年，注册会计师行业通过提供审计服务，为 A 股上市公司提升的公司价值呈上升趋势。就 2021 年而言，通过三种模型测算，审计服务为 A 股上市公司提升的公司价值总金额分别为 107 153.26 亿元（Gordon 模型）、102 883.01 亿元（CAPM 模型）和 34 658.57 亿元（GLS 模型），三者平均为 81 564.95 亿元，相当于 2021 年末 A 股上市公司总市值的 8.87%。

根据有关规定，年度财务报告或半年度财务报告被注册会计师出具非标准审计意见的上市公司，信息披露不得考评为 A 级。从表 1 可以看出，信息披露考评为 A 级的上市公司发行的债券数量更多、票面期限更长、票面利率

---

① 陆正飞、许晓芳、祝继高、蒋朏：《注册会计师行业价值的测量研究：方法、模型与指标》，中注协课题研究报告，2022 年 6 月 30 日。

更低,并且随着债券期限的拉长,利率降低的幅度也有所增加。这说明注册会计师审计通过提高上市公司的信息披露质量,能够有效降低企业的融资成本,使企业能够获得更多的发债机会和更长的偿还期限。

表1 会计信息质量与债券融资成本的关系分析

指标名称	非A级信息披露考评		A级信息披露考评		均值差异	T值
	债券数量（只）	均值（%）	债券数量（只）	均值（%）		
票面利率	2 791	3.477	4 157	3.384	0.092***	2.997
一年期债券票面利率	890	2.848	1 318	2.812	0.036***	3.217
二年期债券票面利率	114	4.282	185	3.646	0.636***	6.088
三年期债券票面利率	632	4.254	1 018	3.598	0.656***	13.355
四年期债券票面利率	70	6.585	68	3.683	2.902***	19.384
五年期债券票面利率	470	4.694	743	4.037	0.657***	10.882
十年期债券票面利率	45	4.337	190	4.190	0.147*	1.874

注：***、**、*分别代表1%、5%和10%的水平上显著。

数据来源：Wind金融数据库。

3. 通过发表非标准审计意见,发挥风险警示作用。注册会计师作为独立第三方,通过执行审计工作,对被审计单位财务报表出具不同类型的审计意见。注册会计师通过对存在重大问题或风险的上市公司财务信息出具保留意见、否定意见、无法表示意见等非标准审计意见,能够就上市公司的潜在风险向投资者发出预警,从而降低投资风险,保障投资者利益。

图15展示了自1992年以来A股上市公司年报审计中非标准审计意见的变化趋势。如图所示,2017—2021年,会计师事务所出具非标准审计意见的数量从2017年的132份增长至2021年的257份,数量翻了近一番,而发表非标准审计意见的审计报告占全部审计报告的比重也有所提升,从2017年的3.76%增长至2021年的5.34%。这在一定程度上表明,注册会计师的审计能够发挥风险警示的作用。从被出具非标准审计意见的上市公司数量来看,2017—2021年,会计师事务所共出具非标准审计意见1 144家。截至2022年7月2

日，披露2021年度财务报表审计报告的上市公司共4813家。其中，非标准审计意见257家。

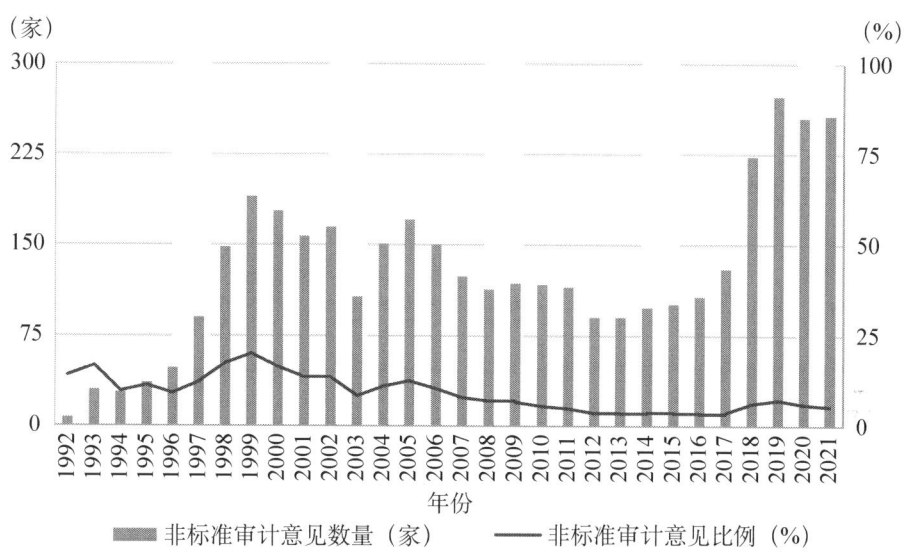

图15　1992—2021年A股上市公司年报审计非标准审计意见变化趋势

数据来源：CSMAR。

据统计，"一般风险警示"公司（ST公司）被出具非标准审计意见的比例显著高于非ST公司。2021年，ST公司被出具非标准审计意见的比例为63.4%，而非ST公司仅为3.1%。这一结果表明，注册会计师行业能够较好地识别和监控企业财务报表风险。

表2展示了审计报告出具标准无保留意见和非标准审计意见后股票市场的反应差异。结果显示，标准无保留意见的股票市场反应均显著优于非标准审计意见。据统计，被注册会计师出具非标准审计意见后，个股市场收益率比预期正常收益率低2.6%—5.1%。由于被注册会计师出具非标准审计意见的221家[①]上市公司在2021年12月31日的总市值为11 648亿元，可以推算出非标准审计意见对上市公司的市值影响为303亿—594亿元。

---

① 由于257家被出具非标准审计意见的上市公司中，有36家缺失相应股价数据，故此处只统计了221家上市公司的数据。

表 2　　　　　　　　注册会计师行业出具审计意见的市场反应

	标准无保留意见		非标准审计意见		均值差异	T 值
	样本量	均值	样本量	均值		
CAR[−2, 2]	4 373	−0.025	221	−0.051	0.026***	3.603
CAR[−1, 1]	4 373	−0.017	221	−0.030	0.013**	2.260
CAR[0, 1]	4 373	−0.011	221	−0.029	0.018***	3.544
CAR[0, 2]	4 373	−0.010	221	−0.026	0.015**	2.482

注：***、**、*分别表示在1%、5%和10%的水平上显著。CAR（Cumulative Abnormal Return）为用资本资产定价模型计算的累计超额收益。公司的Beta用审计报告披露前[−130, −11]计算。

数据来源：Wind 金融数据库。

4. 对上市公司财务信息把关，落实资本市场"优胜劣汰"机制。注册会计师履行资本市场监督职责有两重含义：其一在于严把优胜关，即通过 IPO 审计把住上市公司入口质量关；其二在于严把劣汰关，即通过对上市公司定期披露的财务报表进行审计，把住已上市公司会计信息披露的质量关。

（1）严把优胜关。拟上市公司在进行 IPO 时，应当按照相关规定披露公司的经营现状和前景等相关信息，所披露信息必须真实、准确、完整，不得有虚假记载、误导性陈述或者重大遗漏。作为资本市场健康可持续发展中不可或缺的中介力量，注册会计师通过实施 IPO 审计，公正发表审计意见，阻止不符合条件的公司上市融资，在一定程度上能够有效弥合 IPO 公司与投资者之间的信息不对称，帮助投资者更好地对 IPO 公司的价值和前景作出预期，以作出更加理性的投资决策，从而有效保护投资者的合法权益。此外，注册会计师还可以为 IPO 企业提供专业咨询服务，帮助其改进内部控制，规范运行机制，进而提高进入资本市场的企业质量。

（2）严把劣汰关。一个健康、优胜劣汰的资本市场，必须有退出机制，这也是全面深化资本市场改革的重要内容。注册会计师通过对企业定期披露的财务报表进行审计，严格按照审计准则的要求发表恰当的非无保留意见，或者在审计报告中增加相关段落以提醒报表使用者关注相关风险，可以向投资者、监管者等资本市场利益相关方传递有价值的信息，预警企业退市风险。2020年，沪深证券交易所相继发布了退市新规，进一步强化了财务类退市标准，突出了审计意见的作用，被注册会计师出具无法表示意见或否定意见都会成为退市风险警示或退市的重要条件，审计意见的作用进一步凸显。

表3列示了2021年A股退市公司的详细情况。从表中可以看出，2021年共有20家A股上市公司退市。其中，3家公司因被吸收合并而退市；7家公司因连续三年亏损触发财务类退市指标而退市；6家公司因股价低于面值触发交易类退市指标而退市；4家公司因其他不符合挂牌的情形或暂停上市后未披露定期报告而退市。除被吸收合并的3家企业外，剩余17家公司在退市前一年均被注册会计师出具非标准审计意见。

表3 2021年A股退市公司详情

股票代码	公司简称	退市原因	审计意见
600723.SH	首商股份	吸收合并	标准无保留意见
600068.SH	葛洲坝	吸收合并	标准无保留意见
600317.SH	营口港	吸收合并	标准无保留意见
300362.SZ	天翔退	其他不符合挂牌的情形	带强调事项段的无保留意见
002359.SZ	北讯退	其他不符合挂牌的情形	无法表示意见
002711.SZ	欧浦退	其他不符合挂牌的情形	无法表示意见
000760.SZ	斯太退	暂停上市后未披露定期报告	无法表示意见
600614.SH	退市鹏起	连续三年亏损	无法表示意见
600634.SH	退市富控	连续三年亏损	无法表示意见
600485.SH	*ST信威	连续三年亏损	无法表示意见
002450.SZ	康得退	连续三年亏损	保留意见
600891.SH	退市秋林	连续三年亏损	无法表示意见
600701.SH	退市工新	连续三年亏损	无法表示意见
600677.SH	*ST航通	连续三年亏损	保留意见
600978.SH	*ST宜生	股价低于面值	无法表示意见
002071.SZ	长城退	股价低于面值	无法表示意见
600086.SH	退市金钰	股价低于面值	无法表示意见

续表

股票代码	公司简称	退市原因	审计意见
600687.SH	退市刚泰	股价低于面值	无法表示意见
000662.SZ	天夏退	股价低于面值	无法表示意见
600247.SH	*ST成城	股价低于面值	无法表示意见

注：天夏退、*ST成城和营口港退市行为发生在2021年4月30日之前，且2021年年报未再聘请会计师事务所进行审计，故表中列示的审计意见为邻近一期的2020年数据。

数据来源：Wind金融数据库。

图16展示了2017—2021年A股退市企业的数量变化以及被注册会计师出具非标准审计意见的企业占比情况。从图中可以看出，2017—2021年，A股退市企业数量从5家上升至20家，上市公司在退市前一年被注册会计师出具非标准审计意见的比例从2017年的40%上升至2021年的85%，退市前两年连续被出具非标准审计意见的比例从2017年的40%上升至2021年的85%，退市前三年连续被出具非标准审计意见的比例从2017年的20%上升至2021年的75%。

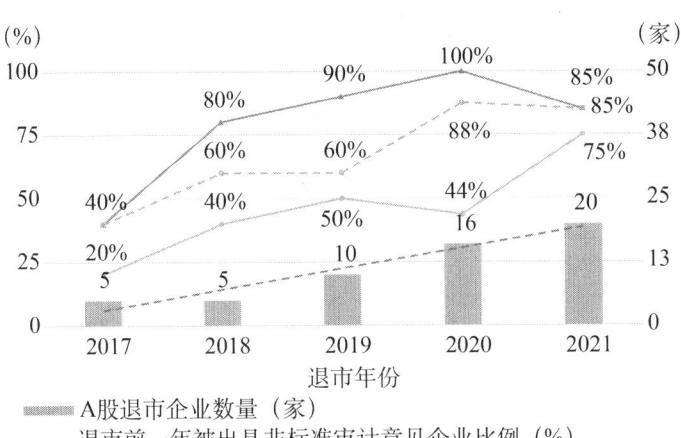

图16 2017—2021年A股退市企业数量及被出具非标准审计意见的情况

数据来源：Wind金融数据库。

图17展示了2017—2021年退市企业及其被注册会计师出具非标准内部

控制审计意见的企业占比情况。从图中可以看出，上市公司在退市前一年被注册会计师出具非标准内部控制审计意见的比例从 20% 上升至 60%，退市前两年连续被出具非标准内部控制审计意见的比例从 0% 上升至 35%，退市前三年连续被出具非标准内部控制审计意见的比例从 0% 上升至 25%。

以上数据说明随着资本市场退市机制的日渐完善，上市公司退市逐步市场化和常态化。退市之前注册会计师连续出具非标准审计意见的比例呈明显上升趋势，说明注册会计师出具的非标准审计意见在很大程度上能够预警企业退市风险，并且随着退市风险的临近，注册会计师审计意见的预警作用趋强，展示出注册会计师独立、客观、公正地发表审计意见在助推资本市场退市机制"落地"方面的作用。

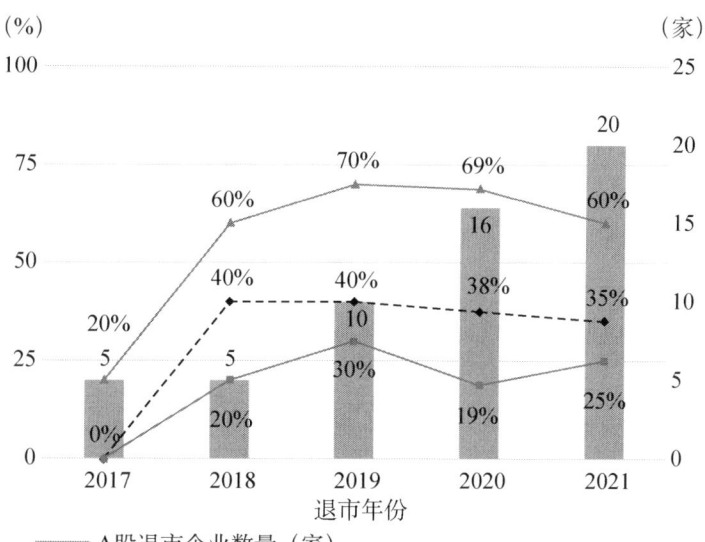

图 17　2017—2021 年 A 股退市企业数量及被出具内部控制非标准审计意见的情况
数据来源：Wind 金融数据库。

5. 在审计报告中披露关键审计事项，向投资者传递更多信息。在审计报告中披露关键审计事项，能够向报表使用者提供更多与决策相关的信息，有助于增加审计报告的信息含量，提高其沟通价值和有用性。图 18 展示了

2017—2021年上市公司审计报告中披露关键审计事项的数量。如图所示，2017—2021年，上市公司审计报告所披露关键审计事项的总数由7 789项上升至9 409项，平均每份审计报告披露关键审计事项的数量基本持平，大体在2项上下浮动。

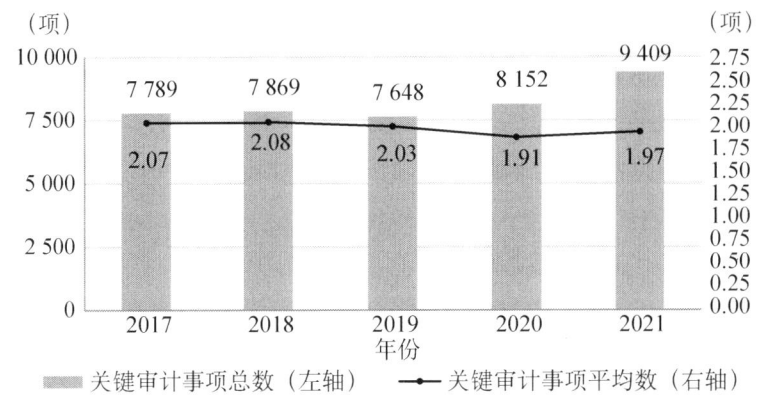

图18　2017—2021年上市公司审计报告中披露关键审计事项的情况

数据来源：Wind金融数据库。

图19展示了2017—2021年上市公司审计报告所披露关键审计事项的具体内容及变化情况。如图所示，收入确认一直是注册会计师提请投资者重点关注的事项，占比从2017年的30.5%上升至2021年的42.9%。除此之外，应收款项、商誉、存货、固定资产等资产的减值以及关联方交易也是关键审计事项披露的主要内容。

2021年，注册会计师行业深入贯彻落实国办发30号文，大力提升审计质量，赢得资本市场的进一步信任。中注协一项基于A股上市公司审计质量的问卷调查结果显示，在10分满分的情况下，参与问卷调查的上市公司管理者对注册会计师总体审计质量的平均评价分数是8.49分，整体处于比较满意的状态。如图20所示，80.60%的调查对象都打了8分及以上，显示大部分调查对象[①]都对我国注册会计师行业的服务质量及其对资本市场的贡献表示肯定。

---

① 调查对象中55.72%为上市公司董事、监事或高层管理者，31.34%为上市公司部门经理；40.8%来自国有上市公司，59.2%来自民营上市公司。

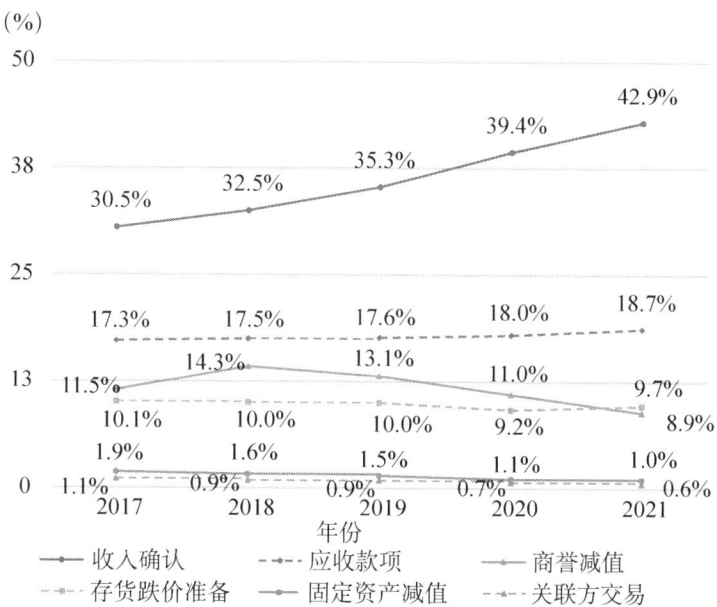

图 19　2017—2021 年上市公司审计报告中披露关键审计事项的具体内容及变化趋势

数据来源：Wind 金融数据库。

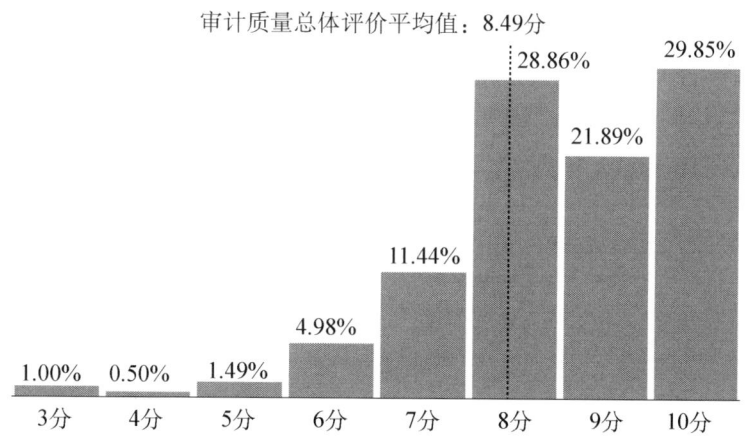

图 20　我国 A 股上市公司对注册会计师行业审计质量的总体评价情况

资料来源：陆正飞、祝继高、许晓芳、宋佳信，《基于 A 股上市公司审计质量的问卷调查分析》，中注协课题研究报告，2022 年 6 月 30 日。

（三）推动市场主体规范运作

注册会计师通过提供各种类型的专业服务，能够有效推动市场主体规范运作。例如，注册会计师通过执行财务信息审计工作，提出审计调整，并提出管理建议，能够有效帮助企业提高会计管理水平和财务规范化程度；通过执行内部控制审计，对企业内部控制的有效性发表审计意见，并就内部控制缺陷进行报告，能够帮助上市公司及时发现并纠正自身内部控制存在的缺陷与不足，从而有助于其提高内部控制管理水平；通过对上市公司募集资金存放和使用情况进行鉴证，促进上市公司规范使用募集资金。此外，注册会计师还可以通过管理咨询等服务，诊断企业在合规方面存在的风险和缺陷，从而达到助力企业规范运作的目的。

图 21 展示了 2017—2021 年注册会计师为上市公司出具内部控制审计意见的情况。从图中可以看出，被注册会计师出具非标准内部控制审计意见的上市公司数量从 2017 年的 111 家上升至 2018 年的 165 家，后下降至 2021 年的 104 家，在上市公司中的占比从 2017 年的 4.32% 上升至 2018 年的 6.11%，后下降至 2021 年的 4.12%。这一方面说明注册会计师敢于说"不"，另一方面说明在注册会计师发现上市公司内部控制问题并提出完善建议的努力下，内部控制存在重大缺陷的上市公司比例在下降，上市公司内部控制水平总体逐步得以提高。

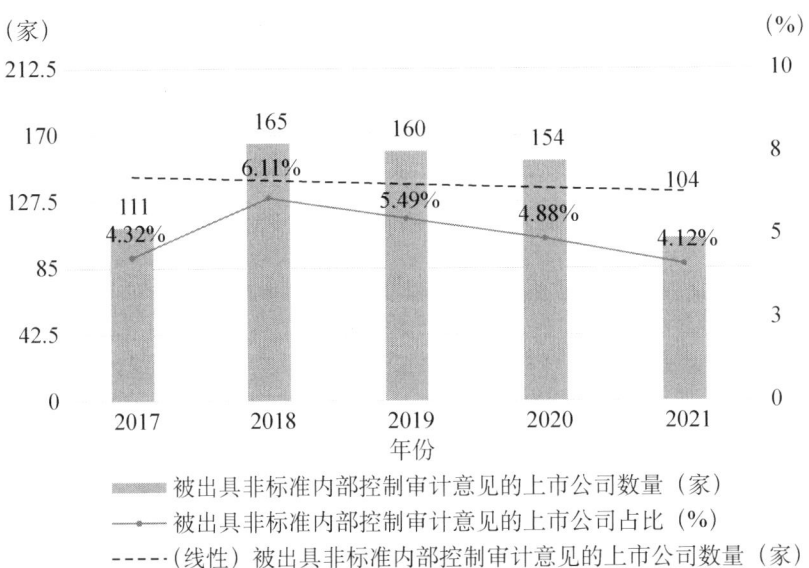

图 21　2017—2021 年上市公司被出具非标准内部控制审计意见的情况

数据来源：CSMAR 数据库。

图 22 展示了 2017—2021 年上市公司内部控制审计报告中所披露的内部控制缺陷情况。从图中可以看出，内部控制审计报告中披露的上市公司内部控制缺陷数量总体有所上升。平均来看，一般缺陷数量最多，2017 年约为 18.59 个。2018—2021 年呈轻微增加趋势，从 12.97 上升至 16.23 个。重要缺陷的数量变动幅度较小，2017—2021 年基本稳定在 0.2 个左右；重大缺陷的数量则呈先增后降趋势，从 2017 年的 0.56 个上升至 2019 年的 0.97 个，后下降至 2021 年的 0.46 个。

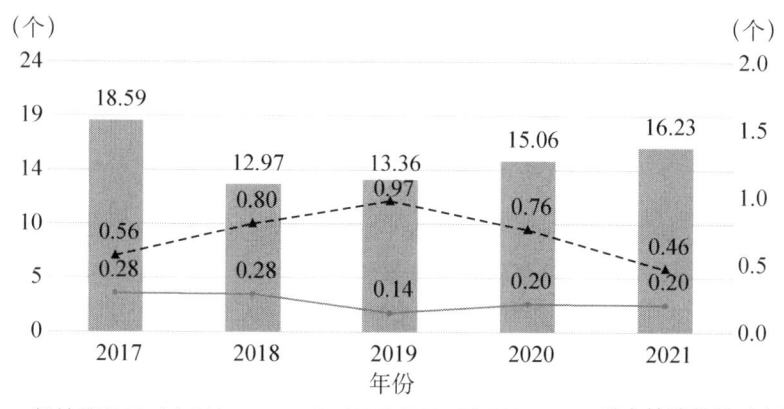

图 22　2017—2021 年上市公司内部控制审计报告所披露的内控缺陷情况

数据来源：CSMAR 数据库。

（四）为资本市场输送高质量人才

自 1991 年注册会计师行业首次组织实施注册会计师全国统一考试以来，逐步建立起符合中国国情、遵循人才培养规律和国际惯例的科学考试选拔体系，致力于培育被市场和公众普遍认可、专业倚重、道德信赖的注册会计师人才队伍。经历 30 年的考试制度发展改革，注册会计师全国统一考试已成为国内声誉和证书含金量较高的职业资格考试。

科学的职业资格资质选拔考试制度，在为注册会计师行业选拔基础人才的同时，也为国家各领域建设提供了高层次、职业化财会专业人才储备资源。截至 2021 年底，注册会计师行业共向国家输送了 33.04 万名拥有注册会计师资质的人员,在国家建设的各个领域、关键岗位发挥其专业特长。据不完全统计,除部分(≤30%)进入行业成为执业注册会计师外,取得全科合格证书的考生大部分(≥70%)分布在政府部门、企事业单位、科研高校等各个行业、各个领域,在各自岗位上运用专业优势、发挥聪明才智,为国家建设和经济社会的高质量发展贡献力量。

如图23所示,根据每年披露高管简历的上市公司的不完全统计,2016—2020年A股上市公司高管拥有注册会计师(CPA)资质的公司比例比较稳定。其中,独立董事拥有CPA资质的上市公司占比最高,平均每年大约1 750家、48%①的上市公司聘任的独立董事拥有CPA资质;其次是财务总监(CFO)拥有CPA资质的上市公司,平均每年大约750家、20%的上市公司聘任的CFO拥有CPA资质;董事长和首席执行官(CEO)拥有CPA资质的上市公司比例相对较低,约1%的上市公司聘任的董事长和CEO拥有CPA资质。概而言之,行业通过为上市公司输送高质量注册会计师专业人才,从人力资本支持角度更好地保障了上市公司会计信息披露质量、财务运营能力等方面的提升。

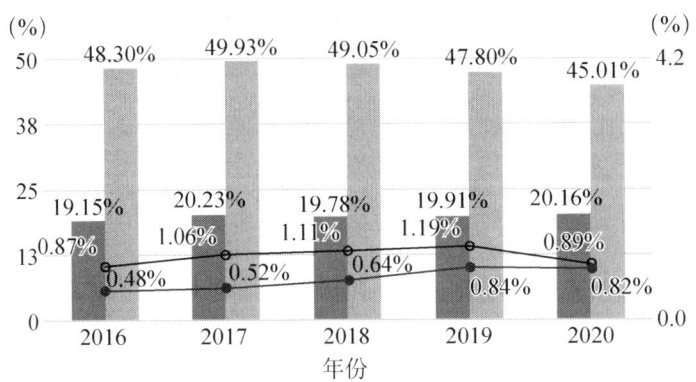

图23 A股上市公司高管拥有CPA资格证书的情况统计

数据来源:CSMAR数据库。

---

① 此数据和占比仅统计了当年(详细)披露了高管简历的上市公司,如2020年4 250家上市公司(详细)披露了高管简历。

二、服务经济高质量发展，助力国家经济体系优化升级

当前，世界正面临百年未有之大变局。面对新征程上的新机遇与新挑战，作为国家经济建设的"专家智库"，注册会计师行业坚持与时俱进，迈出传统领域，发挥明数据、知风险、懂管理的优势，提升服务能级。在做好注册会计师审计鉴证传统职能的同时，深入拓展增信增值职能，充分利用自身专业知识、技能和经验，积极为企业提供各类咨询服务，从财务信息的鉴证者转型为企业管理的参谋者和企业改革的助力者，进一步促进国家经济高质量发展。

（一）专业助力创新驱动发展

党中央高度重视科技创新和科技强国建设。习近平总书记提出，要深入实施创新驱动发展战略，完善国家创新体系，加快建设科技强国，实现高水平科技自立自强。注册会计师行业充分利用自身的专业技能和实务经验，积极拓展科研项目结题审计、科研创新财政专项资金绩效评价、科创板上市审计、高新技术企业认定、企业研发费用专项审计、"专精特新"企业审计咨询等新的服务领域，保障科研资金使用的合规性和效益性，助力实施创新驱动发展战略，为我国建设科技强国贡献力量。

1. 专业助力科研经费管理改革。 科研经费是科技创新的重要支撑。党中央、国务院高度重视科研经费管理改革。习近平总书记特别强调，要完善符合科技创新规律的资源配置方式，解决简单套用行政预算和财务管理方法管理科技资源等问题。要着力改革和创新科研经费使用和管理方式，让经费为人的创造性活动服务，而不能让人的创造性活动为经费服务。近年来，出台了一系列中央财政科技项目经费管理改革政策和制度，体现了简政放权、减轻科研人员负担、激发科技创新活力等要求。国家统计局数据显示，2021年全国研究与试验发展（R&D）经费支出27 864亿元，比上年增长14.2%。其中，基础研究经费1 696亿元。为了更好地服务于科研经费管理改革任务，注册会

计师行业主动融入，积极参加科技部开展的中央财政科技项目经费改革管理培训，发挥会计审计和专业咨询服务优势，助力科研单位改革传统滞后的科研经费管理方式和繁琐陈旧的财务审计管理程序，完善科研经费管理制度。

（1）科研项目结题审计服务。科研项目结题审计工作是科研管理的一个重要环节，把好科研经费使用"出口关"关系到国家财政科技资金的安全有效。中注协根据改革完善科研经费管理的相关政策要求，修订《中央财政科技计划项目（课题）结题审计指引》，规范会计师事务所开展科研项目结题审计工作。会计师事务所通过科研项目结题审计服务，按照风险导向的思路，尊重科研活动的规律，突出结题审计的特殊性，对科研项目进行事后审计，为规范科研项目资金管理、促进科研单位内部控制建设作出贡献。2021年，会计师事务所共审计 13 370 个科技部重点研发计划重点专项项目课题，涉及中央财政资金约 510 亿元。此外，注册会计师行业还聚焦科技创新政策，积极探索为科研机构提供专业化、精细化的事前、事中咨询服务，通过组建行业专业培训讲师服务团，创新多渠道培训模式，帮助科研机构培育既懂财务又懂科研项目管理的科研财务助理人才队伍。

案例1

某会计师事务所受住房和城乡建设部委托，对"中小水厂消毒工艺优化及副产物控制技术研究与示范"项目进行课题结题审计。生活饮用水安全是与广大居民生活和健康息息相关的重大民生问题。为研发适用于我国重点流域及典型地区中小水厂的安全消毒技术，为中小水厂出水水质全面达到生活饮用水卫生标准提供技术支持，委托方启动"中小水厂消毒工艺优化及副产物控制技术研究与示范"课题。该课题形成了多项适用于中小水厂的消毒工艺、副产物控制等关键技术，编撰多项行业标准征求意见稿，发表行业论文若干，并培养了一批饮用水消毒工艺及副产物控制研究和运行管理人才，对中小水厂运行管理的整体优化起到了促进、推动作用。该所对课题承接单位的财务管理等制度建设情况、会计核算和财务支出情况、预算执行情况和资产管理情况进行全面专业评价，出具的课题结题审计报告为课题顺利通过住房和城乡建设部绩效评价提供了重要依据。

📖 **案例2**

某会计师事务所受某单位委托，对某关键技术研究项目进行结题审计。该关键技术研究项目设置3个课题，总投资1 476.00万元，全部为中央财政资金，项目周期3.5年，起始时间2017年7月，结束时间2020年12月。该所严格把关科研经费使用情况，依据《中央财政科技计划项目（课题）结题审计指引》出具的结题审计报告，为项目绩效评价提供重要依据，为助力提高我国在该领域的科技水平和研发能力贡献了专业力量。

（2）科技创新专项资金管理服务。为全面贯彻落实党中央、国务院关于引导推动科技创新的重大战略部署，进一步引导、推动、规范、完善科技创新环境，中央及各地政府大力投入专项资金，扶持科技创新项目发展。受科技部、各级政府部门委托，会计师事务所充分利用其专业优势，提供国家科技计划资金审计、科技创新专项资金绩效评价、国家重点研发计划项目财务检查等服务，为加强对科技创新财政专项资金的期中、期后监管提供支持，对课题单位存在的问题进行及时反馈和指导，保障科研项目顺利进展和专项资金的规范、安全使用。

据中注协不完全统计[①]，2021年，注册会计师行业提供26 113项科技专项资金审计服务，审定的资金额为4 047亿元。

📖 **案例3**

某会计师事务所接受委托，对"十三五"期间现代农业产业技术体系建设重大项目进行绩效评价，涉及财政资金71.18亿元。该所采取周期分析与年度重点考察相结合、案头资料分析与重点单位访谈调研相结合、定性分析与定量分析相结合的思路，紧扣农业科研特征和项目管理特点，通过项目资料分

---

① 为避免重复，如无特殊说明，本报告中的"据中注协不完全统计"均只包括7 469家会计师事务所自愿填报的有效数据。

析、座谈访谈、问卷调查、现场勘查等方式开展评价。项目执行中，该所积极邀请人大代表、政协委员、农业科技专家、绩效专家共同参与，确保评价思路、方法及结论科学合理，并提出强化项目有机衔接、形成科技支农合力、完善项目管理制度、修订资金管理办法、优化体系运行机制、加大资金支持力度等建议。该所的评价结论得到了项目相关部门的一致认可，评价报告作为2021年度绩效公开材料，呈送十三届全国人大四次会议供人大代表审阅。

2. 专业助力科技创新发展。

（1）服务科创板企业创新发展。2018年11月5日，习近平总书记在首届中国国际进口博览会开幕式上宣布，在上海证券交易所设立科创板并试点注册制。注册会计师行业在科创板企业的IPO（审计企业的财务报表和配合交易所的审核问询）和上市后运行（年度财务报告审计）的过程中发挥着重要作用。如图24所示，科创板成立以来，注册会计师行业审计科创板企业数量、资产总额和市值规模整体呈上升趋势。注册会计师行业审计科创板企业数量从2019年的70家上升至2021年的377家，总资产规模从2019年的0.26万亿元上升至2021年的1.74万亿元，总市值规模从2019年的0.87万亿元上升至2021年的5.95万亿元。

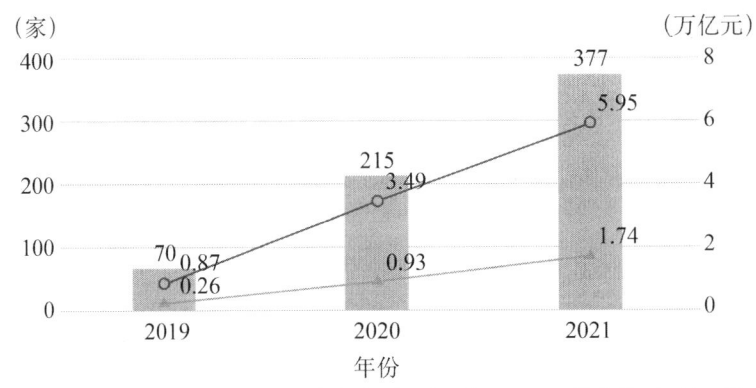

图24 2019—2021年注册会计师行业服务科创板上市企业情况

数据来源：Wind金融数据库。

（2）服务中小企业"专精特新"发展。党中央高度重视中小企业"专精特新"发展，不断优化营商环境，持续加大对"专精特新"企业、"小巨人"企业等的培育和支持力度。财政部等持续加大对企业研发的财税优惠力度，激励中小企业加大研发投入，助力中小企业"专精特新"发展。注册会计师行业持续提高针对中小企业的服务供给能力、服务质量和服务效能，助力中小企业实现业务转型、管理升级和可持续发展。据统计，截至2021年，我国已培育具备专业化、精细化、特色化、新颖化特征的"专精特新"企业4万多家。其中，"小巨人"企业4762家。Wind金融数据库统计数据显示，2021年，注册会计师行业为718家、总资产规模超过8万亿元、总市值规模超过13万亿元的"专精特新"上市公司提供审计服务。

（3）服务科技创新地方政府债券。注册会计师行业积极融入科技创新地方政府债券业务，通过提供各种专业服务，推动重点领域科技项目资金支持机制有效落地，助力健全科技创新机制，帮助科研单位获得财政资金支持，改善科研条件。

案例4

某会计师事务所受某省卫健委委托，对该省中医院创新工程拟发行专项债券项目预期收益与融资平衡进行评价，并出具专项评价报告，为中医院创新工程申请地方政府专项债券提供重要依据。该项目总投资为2.5亿元，拟申请地方政府专项债券1亿元，2020年11月开工，2022年6月交付使用。该所出具的评价报告为该省卫健委和省财政厅提供了决策参考依据，帮助中医院创新工程建设项目获得发放地方政府债券1亿元的资格。该项目是一个公益性项目，致力于提高社会福利。该省中医药研究院利用自身在中医药研究方面的优势，通过本项目的建设进一步改善科研条件、创新机制，加强中医药理论的传承与创新，促进医疗临床科研有机结合，建立起基本涵盖中医药特色与优势研究领域的全国及区域中医药研究与转化中心，弘扬中医药文化，带动和推进全国及区域中医药事业振兴发展。

3. 专业助力高新技术企业认定。通过取得国家高新技术企业资质，企业可以享受企业所得税税收优惠和资金补贴，从而获得创新发展的动力。按照相关政策，计划进行高新技术资质认定的企业应聘请符合条件的会计师事务所对企业近三个会计年度财务报表进行审计，对研究开发费用和高新技术产品（服务）收入进行专项审计或鉴证，并就近三个会计年度研究开发费用、近一个会计年度高新技术产品（服务）收入出具专项审计或鉴证报告。目前，我国共有三十多万家高新技术企业。注册会计师行业积极为高新技术企业提供相关专业服务，以高新技术企业认定标准为指引，对企业发生的高新技术产品（服务）收入和研发费用的真实性、合规性及完整性进行审计；通过加强企业研发费用辅导，帮助企业研发费用合规化，促使企业实质性享受到国家研发费用加计扣除和研发奖励补贴政策；通过指导企业建立科技财务体系等专业咨询服务，助力高新技术企业的培育和发展。

图 25 展示了 2017—2021 年注册会计师行业服务上市公司及其子公司高新技术企业认定的数量。

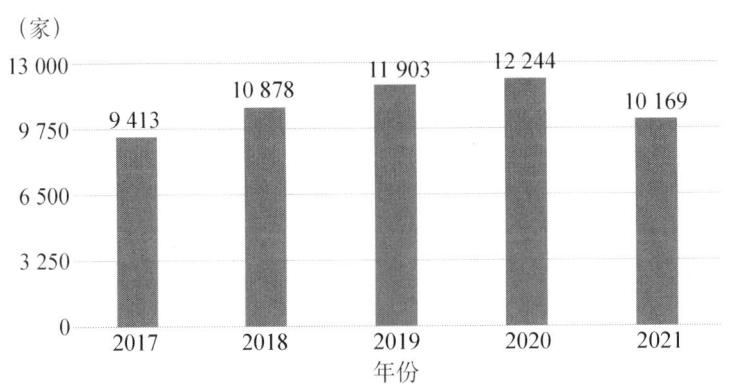

图 25　2017—2021 年注册会计师行业服务上市公司及其子公司高新技术企业认定数量情况

数据来源：CSMAR 数据库。

据中注协不完全统计，2021 年，注册会计师行业承接高新技术企业认定项目 108 469 项。其中，行业发挥专业优势，审定研发费用金额 20 963 亿元，审定高新产品收入金额 60 916 亿元。

> **案例 5**

某会计师事务所自 2009 年起为某电力公司申报"高新技术企业"资格提供全过程咨询与指导服务。该公司拥有新能源、火电、核电、智慧能源、输变电、水利水电 6 大业务板块，具备为电力行业提供规划、设计、研发、工程建设、投资等全产业链服务的能力。该所指导企业成立专门工作组负责资格申报与维护工作，统一企业思想认识，将高新技术企业资格申报和维护当作一项常态化工作，并提供每年不少于两次的现场辅导等全过程跟踪辅导服务，帮助该公司在 2009 年成功获得高新技术企业资格，开启科技引领、创新驱动的高质量发展之路。2021 年，该公司工程总承包营业额位居全国电力勘察设计企业第三名，境外工程总承包营业额第一名，跻身全球电站服务业知名品牌，获得省部级及以下科技进步奖项 14 项，成功申请设立了某电投集团产业创新中心风电、光伏、清洁高效火电和综合智慧能源产业创新中心分中心，某省发电厂热力系统节能工程实验室，某省智慧能源研究中心，某省海上风电工程实验室等国家级和省级研发平台，有效推动了重点领域关键核心技术攻关，体现出注册会计师行业通过高新技术企业资格申报及维护的高质量专业谋划和全过程跟踪辅导服务，专业支持国家"两化一创"发展战略落地，专业助力高新技术企业创新发展的价值和贡献。

（二）专业助力企业数字化转型

国家"十四五"规划纲要提出，发展数字经济、推进数字产业化和产业数字化，推动数字经济和实体经济深度融合。注册会计师行业主动对接数字经济新需求，积极参与数字中国建设，在推进自身数字化转型的过程中，加速使用先进数字技术，探索将应用成熟且具有自主知识产权的审计作业系统、软件和解决方案转化为对外销售的数字产品，基于领先的技术产品和数字化作业平台，帮助企业实现数字化转型升级，助力企业实现传统业务降本增效，赋能业务创新、产品创新、商业模式创新和组织创新。

2018 年以来，注册会计师行业积极参加中国国际进口博览会，与时俱进推出创新技术产品和创新服务解决方案，向全社会展现注册会计师行业创新成果，展示行业提供数字化创新产品和为企业提供新时代数字化专业服务的能力。有的会计师事务所研发出财务机器人、企业信用风险管理平台、一站式智能盘点平台、智能共享服务平台等数字化产品。有的会计师事务所利用前沿信息技术方面的科技力量与精深的专业知识，成功研发数十种软件工具，通过成立数字产品中心或"传统业务+增值服务"等方式，向社会提供数字产品的销售与技术成果转让，涵盖效率提升、流程优化、财务管理、风险发现、舞弊识别、行业对标和舆情监控等众多领域。有的会计师事务所成立专门的科技公司，除提供成熟信息技术产品外，还以承接外包服务方式从事软件系统的设计、开发和维护等业务。有的会计师事务所组建专门的研发团队，致力于利用智能机器人替代人工，将科技创新转化为实际应用，有效提升了企业财务工作效率和效果。

案例 6

某会计师事务所受某国有企业委托，对其内部控制数字化变革提供专业服务，以提升企业自身风险管理水平及风险防范能力，实现企业高质量发展。该所通过明确企业内部控制及风控管理的组织机构，帮助重构企业的风险控制职能，落实合规要求，加强公司治理；通过开展多轮部门访谈，运用传统审计方法并佐以数字化工具，基于企业内外部风险，对相关内控流程进行梳理，识别出其中的薄弱环节并制定详细的整改建议；通过建议企业加强数字化水平，深化数字化改革，将数字化发展作为其未来内控发展的重要方向，并为企业制定了未来数字化规划和蓝图，助力其数字化转型升级。

案例 7

某会计师事务所受某健康集团委托，为其提供财务共享中心建设管理咨询服务。该集团是某省委、省政府为更好地服务全民医养健康事业而组建的省属一级企业，是省医养健康产业重组整合平台和医养健康产业领军企业，被列入国家城企联动养老服务第一批企业目录。结合企业发展战略，该集团致力于打造"集约智能、服务高效、特色鲜明"的集团财务共享中心。该所充分调研评价分析集团财务管控现状，确定财务共享总体规划方案，对集团原有的财务组织架构进行重新设计，对人员进行重新配置，最终形成一套适合所有业务单元的业务流程与标准化会计核算体系。通过对集团业务流程进行梳理，整合不同的系统，划清各自的功能界限和使用边界，构建打通前端业务系统与后端财务系统的财务共享平台，实现集团信息化全面协同，为未来集团数字化转型奠定基础。该集团财务共享中心建设项目于2021年12月30日顺利揭牌试点上线，其运行有效保障了该集团财务数据、核算规则的管控与统一，提高了基础管理水平，为该集团及其权属单位提供了优质增值服务。同时，财务共享中心充分对接预算管理、资金管理、人力资源管理等专业化信息系统，促进该集团管理数字化转型升级，有力支撑了该集团战略目标的实现。

案例8

某会计师事务所受某市农业农村局委托，对该市某奶牛数字牧场示范园建设项目建设资金进行专项审计。该项目计划总投资213.52万元。其中，上级财政补助74.73万元，实施单位自筹资金138.79万元，该项目旨在通过新购奶牛发情监测系统与犊牛自动饲喂系统、新建数据控制中心和牧场生产数据管理系统平台，建成牧场智慧大脑，将奶牛生产的各个环节进行数据化管理，实现畜牧业高质量发展。该所进行了全面的审前调查和统一的审前培训，提出了针对性的审计实施方案，并深入牧场和农户一线收集审计数据，高质量地完成了审计工作。该所出具的审计报告成为项目建设方申请财政补助的重要依据。项目实施后，社会效益、生态效益、经济效益显著。该项目不仅利用数字科技节省近50%的劳动力，实现牧场全年产值3 474.06万元，新增612.32万元，同比增加21.4%，产生利润747.52万元，同比增加126.99%，节本增效达418.2万元，还通过"公司+基地+农户"模式、"畜—沼—果/菜/粮"等多种生态循环高水平资源化综合利用示范模式，带动周边近400户饲料种植户和50家种植、养殖基地的发展，为美丽幸福乡村建设作出贡献。

（三）专业助力企业高质量发展

富有竞争力的企业是高质量发展的微观基础。高质量发展必须把培育有核心竞争力的优秀企业作为各类经济政策的重要出发点，真正筑牢高标准市场体系的微观基础。注册会计师行业积极发挥专业优势，通过提供管理咨询等专业服务，帮助各类企业实现优化重组、加强内部控制和风险管理，为经济社会高质量发展贡献专业力量。

1. 助力国有企业做强做优做大。注册会计师行业在助力国有企业发展改革中发挥着重要的专业支撑作用。2021年是国企改革三年行动的关键之年，注册会计师行业服务国企改革决策部署，通过提供会计审计鉴证咨询等专业服务，助力完善央企现代企业制度，建立健全风险管理体系和财务管理制度，推进混合所有制改革布局优化和结构调整，在保护国有资产、提升国企核心竞争力、实现高质量发展等方面作出贡献。

如图26所示，2017—2021年，经注册会计师审计的国有企业营业总收入从52.20万亿元上升至75.55万亿元，利润总额从2.90万亿元增至4.52万亿元，应交税费从4.23万亿元增至5.36万亿元。

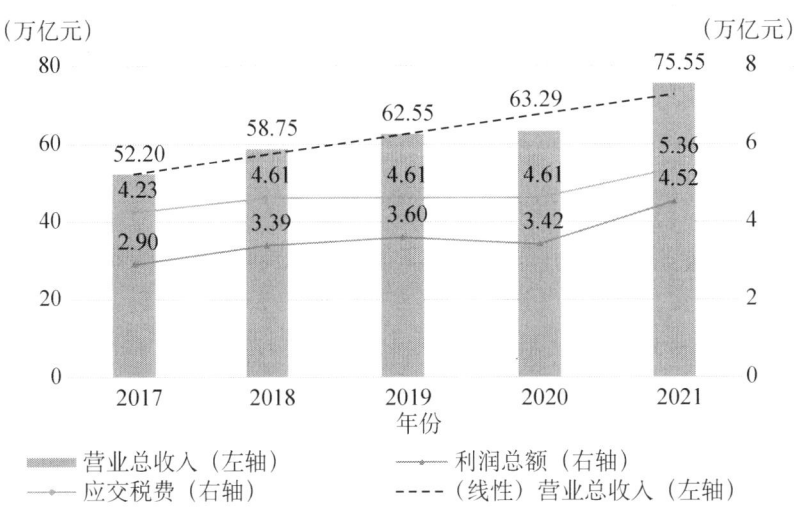

图26　2017—2021年注册会计师行业服务国有企业经济运行情况

数据来源：财政部与国务院国资委官网。

据中注协不完全统计，2021年，全行业承接1 646项国有企业采取开放式重组、上市、产权制度改革或引入战略投资者等方式进行的混合所有制改革项目，审定国企混改前资产总额15 515亿元。

如图27所示，2017年，注册会计师行业助力A股国有上市公司完成并购交易的数量较多、交易规模较大，共计75家，涉及金额为4 624亿元；2018—2021年，国有企业并购交易数量处于波动之中，平均每年大约50家，交易规模从2018年的2 914亿元稳步上升至2021年的4 858亿元。随着国企改革不断深化，国企在做强做优做大、转型发展中更加注重质量和成效，注册会计师行业在助力国有企业提升并购重组效能、加快步伐实现转型升级等方面的作用愈发重要。

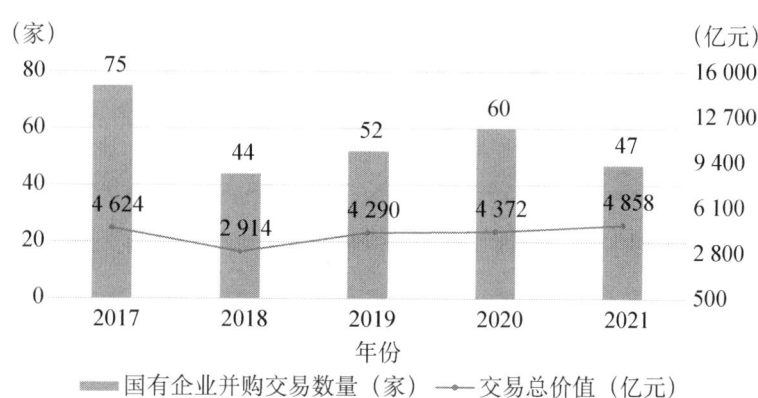

图27　2017—2021年注册会计师行业服务A股国有企业并购交易情况

数据来源：Wind金融数据库。

案例9

某集团2019年底爆发流动性危机，负债达数千亿元，某会计师事务所全面梳理该集团财产状况，夯实重整主体资产账面价值，审核确认债权申报，按照市场化、法治化原则协助集团制定重整方案，保障职工就业和债权人合法权益，使该集团重获新生，有效遏制了债务风险传导和蔓延，助力国家"六稳"、"六保"任务落地实施。该案例是我国首例真正意义上的多元化"企业集团"重整案例，涉及实质合并重整、上市公司/金融机构实控人变更、重整境外效力、重整过程中境外子公司清盘等诸多当前破产领域的前沿热点问题，为我国大型企业集团重整案件树立了新标杆。

案例 10

某会计师事务所受某省某集团委托，为该集团下属子公司上市提供 IPO 辅导服务。该集团于 2018 年启动旗下子公司混合所有制改革，以增资方式同步引进国有企业、民营企业投资者及员工持股。该所在 IPO 辅导过程中勤勉尽责，帮助公司规范会计核算、完善内控流程、提升管理水平，同时引导公司转变理念，逐步适应和熟悉资本市场和上市公司信息披露与监管方面的法律法规。该公司顺利通过上市审核，在创业板成功发行，共募集资金 7.23 亿元，超过原拟募集资金约 41.34%。该项目是该省首家成功完成员工持股改革的国有企业，也是该省首家在创业板成功上市的省属国有企业。

建设世界一流的财务管理体系是党中央、国务院关于增强中央企业核心竞争力的重大决策部署。注册会计师行业积极向价值链高端延伸服务，通过提供财务管理理念变革、组织变革、机制变革、功能手段变革等战略咨询服务和财务数字化解决方案等，帮助企业抓布局、补短板、寻突破，为企业提升财务管理水平提供专业支持，助力国有企业构建世界一流的财务管理体系。

案例 11

某会计师事务所受某大型能源央企委托，为其提供建设世界一流财务管理体系的专业咨询服务。该企业是全球最大的公用事业企业之一，以投资、建设、运营电网为核心业务，经营区域覆盖全国，在《财富》世界 500 强和中国企业 500 强中均名列前茅。近年来，该企业开始在领先的省级公司和专业公司推动建设世界一流财务管理体系和财务数字化转型，将财务建设目标主动融入战略，融合业务，加快财务管理向智能型、智慧型、智囊型转变，切实提升财务工作质效。该所从业务运营、风险管控、机遇洞察、财务管理的全局出发,帮助企业构筑由前瞻的顶层战略、明确的宏观方向、清晰的中观路径、切实的微观任务组成的转型框架;通过引入卓越绩效、敏捷产品开发、财务三位一体转型等先进方法,帮助企业创新应用各种新技术、新工具和新手段,将自动化程序布局到财务工作的全流程,将数据应用渗透到财务工作的方方面面,将智能技术嵌入决策体系,持续推动多层次、多领域、多场景的管理变革和技术应用,从而帮助企业形成提升会计质量的有效策略和可行路径,构建业务和会计数据的流转闭环,助力企业财务管理体系的数字化转型。

案例 12

某会计师事务所受某大型央企集团委托,对集团及各分、子公司的存货管理进行专项分析,以识别存货管理流程的薄弱环节,优化内部流程,提升风险管理水平,为其进一步推进运营效率,实现稳健增长奠定基础。该所帮助企业在梳理存货管理流程全场景的基础上,分析和评估存货管理"端到端"的人工和信息系统流程,识别影响效率的薄弱环节;基于识别出的存货管理效率较为薄弱的环节,采用多种数据处理方案和手段,使用大数据处理与数据可视化工具,通过多维度分析存货采购和出入库数据,掌握存货周转趋势,帮助企业归集存货管理的数据资产,便于企业利用分析成果作出进一步的运营决策;结合实际业务场景与潜在风险,将流程、数据进行业务关联。针对业务场景和数据管理缺少标准规则的难点,逐一梳理具体业务场景及其所对应的系统数据明细,协助企业拟定数据分类和治理体系,并提供高阶优化建议,以支持企业逐步实现对存货管理相关经营数据的及时分析跟踪,从财务、资产管理等角度全面提升存货管理效率,帮助企业提高内控管理水平。

2. 助力民营企业补短板。民营企业是我国改革开放的生力军。统计数据表明,民营企业肩负着我国国民经济的半壁江山。只有切实帮助民营企业解决发展中的各种困难,充分释放民营企业的发展活力,民营企业才能补好短板、实现高质量发展。注册会计师行业通过提供财务管理体系建设、内部控制和风险管理、信息安全鉴证等专业服务和解决方案，助力民营企业提升会计信息质量，增强市场信任，争取更多发展资源。

案例 13

某会计师事务所受多家民营企业委托，提供系统和组织控制（System and Organization Controls，SOC）审计服务。SOC 审计报告不仅可以满足企业管理层对于信息安全管理的需求，还可以提供给企业的客户或者合作伙伴，满足各类延伸审计需求。某些特定类型的 SOC 审计报告还能提供给更广泛的受众，作为企业向外部展示自身信息安全管理水平的有力证明。同时，SOC 审计报告还经常成为诸多企业选择供应商的条件之一。然而，大部分民营企业对于选择何种类型的 SOC 审计报告以及如何调整内部控制体系以符合相关要求等方面面临挑战。该所通过梳理 SOC 需求，帮助企业选择最为适用的 SOC 报告类型；帮助企业识别薄弱环节，针对性优化流程，建立合格的 SOC 内控体系；对于已经建立了 SOC 体系的企业，定期执行运行有效性审计并出具 SOC 审计报告，以提升利益相关方对于企业信息安全内部控制的信任度，助力民营企业补短板。

（四）助力高水平对外开放

1. 助力引进外资。为适应改革开放的需要，20 世纪 80 年代初，我国恢复重建了注册会计师制度。行业恢复重建之初，即为"三资"企业设立、变更、年检等环节提供投资环境咨询、会计、审计、税务等专业服务。2021 年中央经济工作会议强调，扩大高水平对外开放，推动制度型开放，落实好外资企业国民待遇，吸引更多跨国公司投资，推动重大外资项目加快落地。2021 年，中国坚持实施更大范围、更宽领域、更深层次对外开放，打造更加市场化、法治化、国际化的投资环境，在受新冠肺炎疫情不利影响下仍成为全球主要投资目的国。国家统计局数据显示，2021 年外商直接投资（不含银行、证券、保险领域）新设立企业 47 643 家，同比增长 23.50%。全国实际使用外商直接投资金额 11 494 亿元，同比增长 14.90%（折合 1 735 亿美元，同比增长 20.20%）。其中，全年高技术产业实际使用外资 3 469 亿元，增长 17.10%（折合 522 亿美元，同比增长 22.10%）。注册会计师在外资引进过程中，提供投资前尽职调查、财务信息审计鉴证、税务代理和纳税鉴证、商务咨询等专业服务，成为外商在华投资企业信任和依赖的专业合作方，成为我国市场化、法治化、国际化营商环境的有机组成部分。特别是注册会计师为外商在华投资提供了专业的投资决策咨询服务，就相关外商投资鼓励政策、税收优惠、外汇管理、海关保税业务、会计核算规范等方面的释法解读和实务分享，让外商更好地了解中国的营商环境及在华法律合规要求。同时，注册会计师在服务外资引进来的过程中，协助政府不断完善外商投资相关政策法规。

案例 14

某会计师事务所立足市场化、依托信息化、面向国际化，通过国际合作网络，构建区域领先竞争力，为客户提供专业的审计、会计、税务、管理咨询和IT 服务。截至 2021 年，该所已服务 200 余家外资企业，其中 70% 以上是欧美投资的企业，约 20% 为亚太地区投资的企业。该所与 20 多个国家及地区的 50 多家海外会计师事务所常年保持合作。在其服务的 180 余家法定审计客户中，50 余家客户的境外集团母公司对中国境内投资主体有集团审计要求，覆盖 20 多个国家及地区。

2. 助力中国企业"走出去"参与国际竞争。注册会计师行业拥有海外投资、跨境交易类服务经验，拥有全球网络资源、专家资源等行业优势，并掌握不同地域会计、审计、税务等差异。围绕中国企业"走出去"的需求，注册会计师行业通过为中国企业海外融资、并购重组提供战略规划、尽职调查、估值服务、财务顾问服务、税务架构筹划、投后整合、IPO 及资本市场服务、风险管理、数字化升级等全周期一站式投资解决方案和专业咨询服务，全方位、专业化支持中国企业"走出去"。

根据行业管理信息系统报备的数据统计，2021年，注册会计师行业国际业务收入111.47亿元，同比增长5.79%。其中，为内地企业提供境外上市、融资或其他审计服务取得的业务收入68.85亿元，占行业国际业务收入的61.77%；来源于境外客户的其他业务收入32.65亿元，占行业国际业务收入的29.29%，同比增长5.29%；境外分支机构业务收入9.96亿元，占行业国际业务收入的8.94%（见图28）。

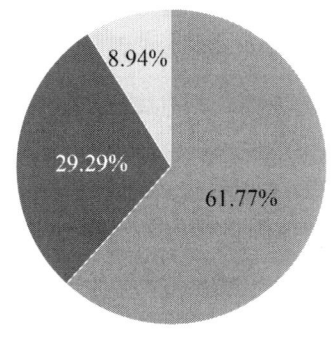

■ 为内地企业提供境外上市、融资或其他审计服务取得的业务收入占比
■ 来源于境外客户的其他业务收入占比　　境外分支机构业务收入占比

图28　2021年注册会计师行业国际业务收入来源占比情况

数据来源：中注协。

随着国家"走出去"重大决策部署的实施推进，诸多企业实现了境外上市，H股上市公司便是其中重要代表之一。如图29所示，注册会计师行业服务H股上市公司数量从2017年的56家上升至2021年的80家，总资产规模从3.12万亿元上升至8万亿元。整体而言，近五年来注册会计师行业在专业助力H股上市公司健康发展方面的作用不断增强。

企业在"走出去"实现境外上市的过程中，除了选择在中国香港上市外，美国证券市场通常也是企业IPO的重要选择地。根据同花顺数据库统计数据，截至2021年12月31日，在美国纳斯达克（NASDAQ）、纽约证券交易所（NYSE）和美国证券交易所（AMEX）上市的中国企业（以下简称中概股）数量总计为264家。

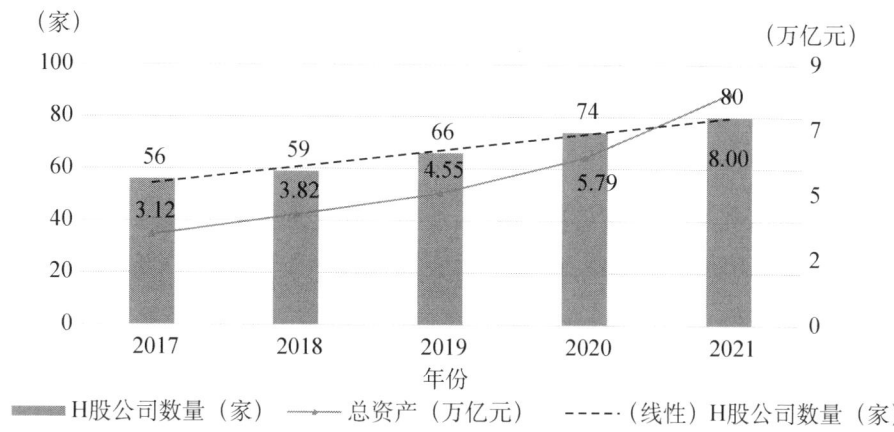

图 29　2017—2021 年注册会计师行业服务 H 股上市公司情况

数据来源：Wind 金融数据库。

如图 30 所示，注册会计师行业服务的在美国上市的中概股公司数量从 2017 年的 48 家上升至 2020 年的 96 家，又降至 2021 年的 82 家；总资产规模从 2017 年的 1 万亿元上升至 2020 年的 3.96 万亿元，又降至 2021 年的 2.74 万亿元。从趋势来看，注册会计师行业服务的中概股不论是上市公司数量、总资产规模还是总市值规模，近年来均呈总体上升趋势。

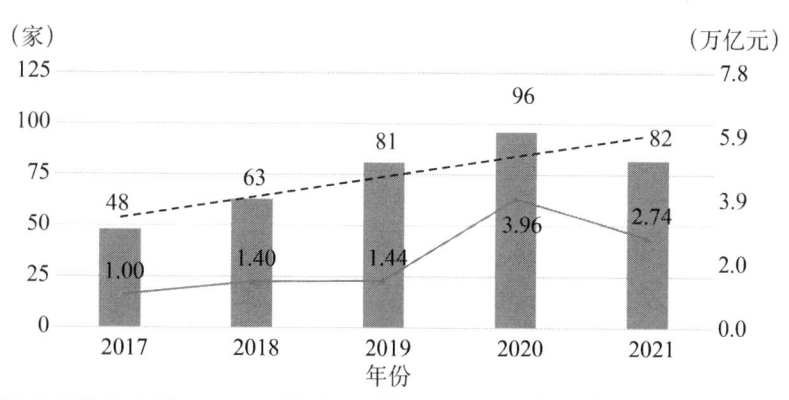

图 30　2017—2021 年注册会计师行业专业服务美国上市中概股公司情况

数据来源：Wind 金融数据库。

近年来，随着"沪港通、深港通、沪伦通"受到外资青睐，注册会计师行业主动对接资本市场开放最新需求，通过为"沪港通、深港通、沪伦通"上市公司提供规范的、专业的服务，帮助企业融入国际资本市场，助力国家更高水平开放型经济新体制建设、区域开放布局优化和贸易投资自由化便利化推进。根据 Wind 金融数据库"沪深港通"名单统计发现，2021 年注册会计师行业为 590 家、总市值规模超过 43 万亿元的"沪港通"上市公司和 893 家、总市值规模超过 31 万亿元的"深港通"上市公司提供专业审计服务。

3. 助力共建"一带一路"高质量发展。为促进"一带一路"倡议的落地实施，注册会计师行业利用对国际通用商业语言——会计语言的精通，对会计、审计准则国际趋同方面的专业知识储备以及服务中国企业海外拓展的实务经验，为企业提供会计信息鉴证、基础设施投资建设工程造价审计、预算评审、绩效评价、税收政策咨询等服务，帮助中国企业走出国门，走进"一带一路"沿线国家。

（1）专业服务支持"一带一路"建设。2021 年，近 300 家会计师事务所参与"一带一路"相关服务，为我国"走出去"的近万家企业提供遍及全球 200 多个国家和地区的全球化服务，涉及海外投融资审计、企业境外分支机构延伸审计、兼并收购过程中的尽职调查、中外会计准则转换、管理咨询等专业服务，帮助中国企业规避风险、合规经营、审慎决策。根据 Wind 金融数据库的"一带一路建设概念股"定义与分类，2021 年注册会计师行业为 77 家、总资产超过 17 万亿元以及总市值超过 5 万亿元的"一带一路建设概念股"上市公司提供审计服务。同时，响应"一带一路"绿色发展倡议，注册会计师行业充分发挥在绿色金融领域的智慧和优势，助力"一带一路"绿色投资。2021 年，某会计师事务所荣膺"一带一路"绿色投资原则（GIP）2021 年度最佳支持机构。同时，行业为"一带一路"相关企业客户提供数字技术赋能财务制度转型升级、搭建全球财务共享中心等咨询服务，助力企业加快应用大数据、云计算、人工智能、区块链、物联网、5G 等最新技术，实现数字化转型，应对国际化发展带来的管理挑战。

📖 **案例 15**

某会计师事务所受我国某发电有限公司的委托，为某国某港口 2×350MW 燃煤电站建设项目（以下简称项目）提供全过程咨询服务，在项目建设的规范性和成本控制的有效性等方面发挥重要作用。项目是该国目前装机容量最大的发电项目，是中国企业用实际行动再铸"一带一路"倡议的精品工程，对于落实中国与该国命运共同体行动计划，推动"一带一路"倡议以及与该国战略对接具有重要意义。项目拟建设 2 台 350MW 的超临界燃煤机组，配套建设 1 个 8 000 吨级煤炭泊位，1 个 2 000 吨级大重件泊位。项目总投资约为 8.79 亿美元，预计年发电量 52 亿千瓦时，以"建设—拥有—经营"（BOO）模式开发。项目已于 2020 年 8 月 18 日正式开工建设，1 号机组计划于 2022 年 12 月 31 日完成满负荷试运，2 号机组计划于 2023 年 3 月 31 日完成满负荷试运。在该所提供的全过程咨询服务下，工程内部管理规范有效，为企业降低了经济风险；在海外形势变化较大和受新冠肺炎疫情影响的情况下，工程成本仍能控制在预算范围内，成本控制效果显著。项目建成后，将有效缓解该国旱季电力紧缺局面，改善当地电源结构，保障全国电力供应安全，同时该项目已纳入该国电力发展规划，符合该国国家发展战略和产业政策，该项目将有利于促进该国的经济社会发展，有利于共同推进"一带一路"建设。

《全国农业现代化规划（2016—2020 年）》提出，加强与"一带一路"沿线国家在农业投资、贸易、技术和产能领域的合作。注册会计师行业充分利用会计审计、绩效评价、专项评审、投资咨询、风险评估等多元知识和专业技能，为对外合作的农业企业或农业项目提供高质量服务。

案例 16

某集团承担中国—A 国农业技术示范中心项目，这是中国在非洲援建的第一个农业示范中心。某会计师事务所受某省农垦事业管理局委托，通过了解该集团资产负债所有者权益情况、财务收支情况，结合项目外部环境及内部建设情况，进行项目投资估算、效益分析、风险预测等，出具《中国—A 国农业产业合作区建设项目尽职调查报告》，对重大问题的风险防范提出合理建议。

近年来，中国海关不断积极推进与"一带一路"重要节点国家海关以及新兴经济体国家海关的"经认证的经营者"（AEO）互认磋商，力争在更大范围、更宽领域、更深层次上发挥好中国海关的作用，更大力度支持中国企业"走出去"，促进全球贸易安全与便利。越来越多的企业选择聘请第三方咨询机构进行 AEO 认证辅导服务，确保企业 AEO 认证申请材料、现场设施、内部控制等符合高级认证标准。注册会计师行业紧跟国家对外开放和"一带一路"倡议带来的新机遇新需求，通过为企业提供 AEO 认证辅导服务，帮助企业提升内部管理水平以符合 AEO 认证标准，提升企业国际综合竞争力，助力企业"走出去"。

（2）专业智慧支持"一带一路"建设。为助力中国企业更好"走出去"，2021 年，注册会计师行业积极利用全球服务网络、人才、知识等行业优势，研究分析"一带一路"沿线国家或地区的投资环境、投资机遇与风险，通过多媒体、多渠道公开发表专业研究分析文章，发布各行业对外投资研究报告、多双边投资促进合作伙伴动态等。另外，行业还通过举办论坛、研讨会和培训以及搭建"一带一路"服务平台等活动，促进投资双方加强信息交流共享，发挥行业专家智库和中介服务机构作用，积极服务国家"一带一路"建设。

案例 17

2021 年，某会计师事务所发布《"一带一路"国家投资指数报告》，客观全面地展现"一带一路"沿线各国的经济商贸和投资环境，以完整全面的投资评估体系，评估了"一带一路"国家的投资吸引力、总体投资风险和重点行业发展程度，协助企业作出更为科学的投资决策。

某会计师事务所参加国家发改委"一带一路"建设促进中心组织召开的共建"一带一路"绿色典型项目研讨会，为绿色丝绸之路高质量发展建言献策，并发布《加强"一带一路"绿色能源多边合作，以技术驱动加速项目发展》等系列观察文章，为中国企业出海分析了挑战并提出了策略。

某会计师事务所致力为中国企业提供跨专业、跨领域的一体化综合跨境服务方案，与数家央企共同编制《"一带一路"税务、外汇及会计政策国别手册》，涵盖80个国家相关专业问题，获得业界好评。

某会计师事务所自2017年创建"一带一路"全景平台以来，将"一带一路"相关资讯、热点洞察、行业聚焦与商业机遇汇集一身，帮助中国企业了解"一带一路"各国投资营商环境，助力中国企业成为世界经济舞台的有力竞争者，荣膺2018"一带一路"建设专业服务创新案例。

某会计师事务所先后在北京、湖南、重庆等地举办"走出去新常态"中国企业境外并购投资论坛系列活动，推动境内外宽领域、深层次、全方位合作。

案例18

某会计师事务所自2013年创建"一带一路"协同服务平台以来，整合全球网络内部专家资源，打造"一带一路"专家智库及投融资解决方案中心，为中国企业"走出去"提供审计鉴证、并购融资、税务咨询、管理咨询等一站式专业服务，在70%的"一带一路"参与国搭建服务团队，先后在50多个"一带一路"经济体为中国企业跨境投资提供专业服务，集全球网络之力助力国家"一带一路"建设。过去2年，该所为10余家企业提供了海外核查专项顾问服务，对其海外客户及供应商进行实地走访核查，共完成50多个国家数百家企业的实地走访，助力众多国际化发展的企业发行上市。

2021年，某会计师事务所在北京成立"全球中国业务发展中心"，在"一带一路"沿线及投资热门的近60个国家和地区，协助中国企业完成诸多重大对外投资交易；推出放眼全球、服务中国的"大雁计划"，借助国际资源优势，解析海外投资趋势，全过程帮助中国企业"走出去"，在"一带一路"沿线国家合规、安全、高效地开展投资合作。

（五）为现代高端服务业发展作出贡献

习近平总书记在深圳经济特区建立40周年庆祝大会上强调，要大力发展现代服务业，提升服务业发展能级和竞争力。党的十九届五中全会提出要建设高标准市场体系,加快发展现代服务业,引导社会组织有序承接政府转移职能和公共事务。注册会计师行业作为现代高端服务业的重要组成部分,直接贡献于现代高端服务业的高质量发展。

图 31 展示了 2011—2021 年注册会计师行业业务收入与 GDP 增长趋势图。从图中可以看出,全行业业务收入从 2011 年的 440.10 亿元增长至 2021 年的 1 057.30 亿元,年均复合增长率超过 9%。其中,2021 年行业业务收入较 2020 年增收 99.78 亿元,同比增长 10.42%。行业业务收入总规模保持稳定增长。

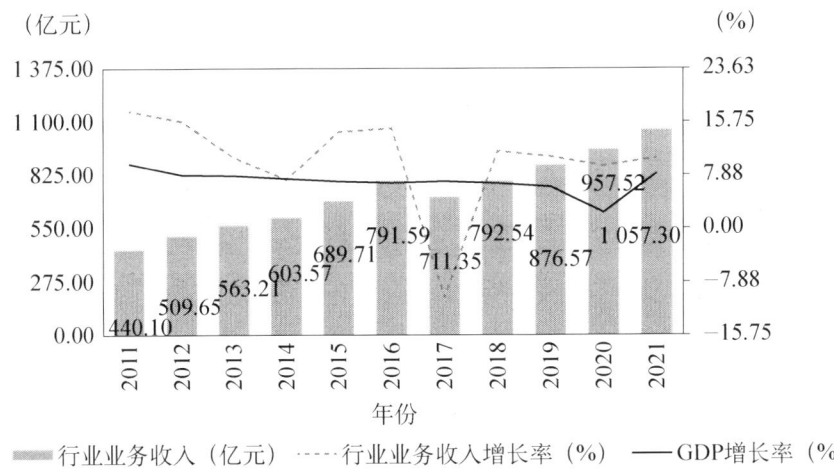

图 31　2011—2021 年行业业务收入与 GDP 增长趋势

数据来源:中注协。

近年来,注册会计师行业税收贡献随行业整体业务收入的增长而呈稳定增长趋势。2021 年,在减税降费政策深入实施和新冠肺炎疫情的影响下,行业税收贡献依然保持稳定增长,约为 88 亿元,较上年增加 11.86 亿元,同比增长 15.60%。

经济发展水平越高,越需要注册会计师行业的专业服务。近年来,注册会计师在地方经济发展中发挥的专业作用越来越突出。图 32 分析了各地区会计师事务所(含分所)数量与地区 GDP 水平之间的相关关系。可见,注册会计师行业的发展程度与地区经济发展息息相关,两者相辅相成。注册会计师行业在维护资本市场秩序的同时，也对宏观经济的高质量发展产生了正外部性。

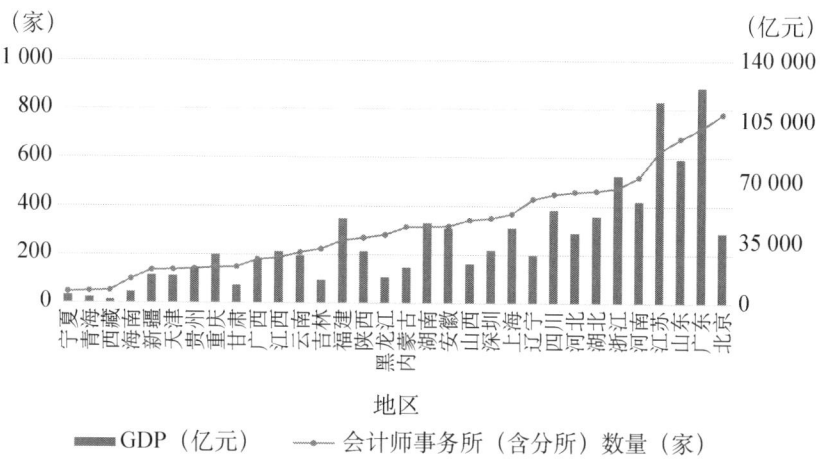

图 32　会计师事务所（含分所）数量与地区 GDP 水平的关系

数据来源：中注协。

图 33 分析了 2021 年各地区注册会计师数量、非执业会员数量与该地区 GDP 水平之间的对应关系。可以看出，各地区拥有注册会计师的数量和非执业会员的数量与该地区 GDP 水平呈正相关关系。

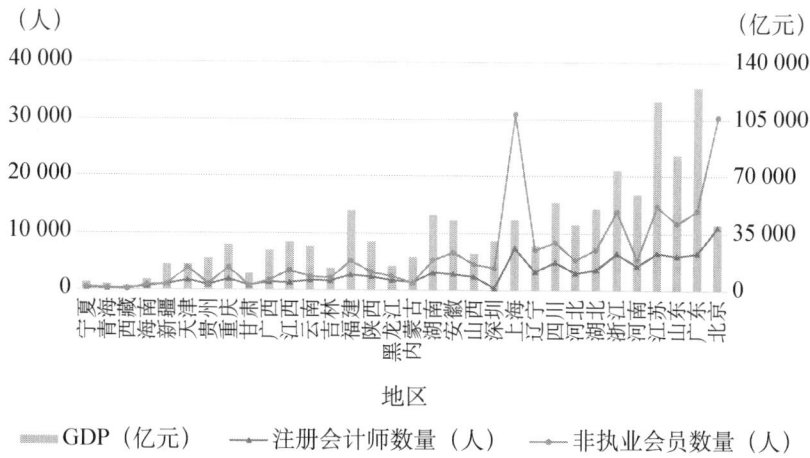

图 33　注册会计师数量、非执业会员数量与地区 GDP 水平的关系

数据来源：中注协。

三、专业助力乡村振兴战略

党中央、国务院高度重视我国"三农"工作,并决策部署"十四五"期间将"三农"工作重心转向全面推进乡村振兴,加快农业农村现代化。注册会计师行业积极利用专业优势,全方位深度参与乡村振兴战略实施,为农业科技发展、农业综合能力提升、农村民生质量改善等农业现代化建设贡献行业力量。

(一)专业助力美丽乡村建设

注册会计师行业通过美丽乡村建设财政资金、乡村振兴专项资金绩效评价和专项评审、会计记账等专业服务,助力政府部门完善乡村振兴和美丽乡村建设政策制度,加强美丽乡村建设项目立项的科学性和前瞻性,提高财政资金支持的有效性和规范性,提升美丽乡村建设项目管理的长效性和可行性,加快美丽乡村建设步伐。

1. 乡村振兴专项资金绩效评价服务。为深入贯彻落实乡村振兴战略,各级政府纷纷大力投入财政资金推动美丽乡村建设。注册会计师行业把握美丽乡村建设战略内涵,为乡村振兴专项资金提供绩效评价服务,助力各地政府乡村振兴建设。

案例 19

某会计师事务所受某市财政局委托,对该市美丽乡村建设专项资金项目进行绩效评价,涉及专项资金 8.97 亿元。其中,市财政资金 2.02 亿元,镇(街道)财政资金 2.55 亿元,村自筹与社会资金 4.40 亿元。该所通过加强评前调研,准确制定评价方案,突出确定评价重点,加强评价全过程质量管控。在项目执行过程中,该所积极引入美丽乡村专家学者进行业务指导,参与评价全过程,确保评价方向和评价质量。该所全面、真实、准确地对该市美丽乡村建设专项资金项目的组织实施、资金管理使用和绩效情况进行评价。评价报告肯定了该市美丽乡村建设补助政策的有效性，客观分析了现行财政补助政策中存在的问题，并有针对性地提出相关完善建议，得到了市财政局的充分肯定。该市现已成功创建省美丽乡村示范县，星级美丽乡村复评实现全覆盖，完成创建4个市级美丽乡村示范镇，重点对6条市级精品线进行景观化、特色化、产业化提升和建设，开展5个星级美丽乡村特色精品村建设创建，助推了"优美庭院"建设，激发了乡村旅游业和村级集体经济的发展壮大。

2. 乡村振兴专项债券发行咨询服务。2021年《中共中央 国务院关于全面推进乡村振兴加快农业农村现代化的意见》提出，要支持地方政府发行一般债券和专项债券用于现代农业设施建设和乡村建设行动。注册会计师行业发挥自身对国家法规政策和跨领域专业知识储备等优势，积极参与政府专项债券发行相关咨询服务，有效推动乡村振兴战略的落地实施。

案例20

某会计师事务所受某市委托，作为项目工作组牵头人，联合律师事务所、项目咨询公司共同为该市发行非标准专项债券实施乡村振兴建设项目和农村产业融合发展示范区建设项目提供咨询服务。该所全过程跟踪专业服务，助力两个项目发行非标准专项债成功入库，共申报专项债券资金11.7亿元，获得当地政府肯定。现两个项目均已开工建设，有望改善当地人居环境和农田整体生态环境，推动当地艾草产业发展和农村一二三产业融合，促进农业增效、农民增收、农村繁荣，加快当地城镇化建设进程。

3. 乡村振兴投资项目可行性评审服务。注册会计师行业积极服务于乡村振兴产业提档升级和农业全产业链培育，通过对乡村振兴或农村产业等重大投资项目可行性进行评审，对现代农业产业园投资进行可行性研究，对投资背景、交易结构、财务预测和经济评价、风险识别和防范进行研究，助力提高现代农村产业等投资决策的科学性，防控投资风险。

案例21

为落实国家乡村振兴战略和当地区域发展规划，某会计师事务所承接了某地高端肉牛现代农业产业园投资可行性研究项目，研究建设当地高端肉牛现代农业产业园，将饲料种植加工销售、高端肉牛养殖加工销售与现代欧式农场观光旅游相结合，实现一二三产业融合。通过专业判断和全面深入的可行性研究，该所全面梳理了项目投资风险，优化了交易结构和风险防范措施，为项目落地夯实基础，带动了10亿元的产业投资，助力当地经济高质量发展。

4. 扶贫资金专项审计服务。为贯彻落实《关于实现巩固拓展脱贫攻坚成果同乡村振兴有效衔接的意见》，各级政府加大监督检查力度，进一步规范扶贫资金项目管理，确保统筹整合财政资金安全高效使用。注册会计师行业充分利用其专业知识，发现问题、发掘典型、提炼亮点、提出建议，对扶贫资金使用监管提供客观的评价，为扶贫决策提供参考依据。据不完全统计，行业2021年服务的扶贫资金监管项目金额逾1 000亿元，体现了行业在助力保护扶贫项目资产安全，确保扶贫项目良性运转，接续全面推进乡村振兴战略方面的价值和贡献。

案例22

某会计师事务所受某县财政局、乡村振兴局委托，对该县"十三五"期间实施的扶贫项目提供扶贫资金检查及扶贫资产清查服务。

在扶贫资金检查方面，该所对全县6个乡镇、25个县直单位在"十三五"期间投入14.85亿元实施的771个扶贫项目，从工作责任落实、资金管理、项目管理、成效管理四个方面提供全方位、系统性的检查，对所发现的问题提出切实可行的整改建议。该所帮助该县建立的《扶贫资金检查整改台账》在国务院组织的扶贫验收考核中,作为扶贫资金管理工作主动作为的加分项予以肯定。

在扶贫资产清查方面,该所对该县2016年以来使用各级财政专项扶贫资金、统筹整合财政资金、易地扶贫搬迁资金、用于脱贫攻坚的地方政府债券资金、行业帮扶资金、金融扶贫资金、社会帮扶资金等投入扶贫领域形成的资产进行清查,确权登记扶贫资产13 940项,金额89 080.09万元,并建立扶贫资产确权登记台账。

该所的专业服务得到省乡村振兴局的认可。该所被评为省扶贫资产管理工作先进单位,向全省分享扶贫资产管理相关工作经验,大大提升了行业的社会公信力和专业权威认知度。

案例 23

某会计师事务所受某市审计局委托,对扶贫资金进行专项审计,深入访谈、详细了解各部门对"两不愁三保障"、"七长制度"、兜底保障、产业扶贫、人居环境整治、高标准农田建设等政策的具体落实情况,以及专项资金的管理和使用情况,以政策制度为依据,检查具体工作的合理性、合规性,检查重大事项是否经过事前论证、事中控制、事后总结等基本程序,检查专项资金的内控制度,并实地走访重点帮扶户,了解帮扶政策的落实情况。该所审计发现区县在巩固脱贫攻坚成果同乡村振兴有效衔接工作中存在问题和不足,提出意见建议,推动区县严格执行省市两级的政策和文件,助力实现巩固拓展脱贫攻坚成果同乡村振兴有效衔接,助力当地政府部门乡村振兴工作的有序开展。

5. 农村集体资产清查服务。党的十八大以来,各地政府稳步推进农村集体产权制度改革,扎实开展农村集体资产清查,为全面建成小康社会提供了坚实基础。注册会计师行业利用会计审计专业优势,积极开展农村集体资产清产核资服务,助力各级政府摸清农村集体家底,促进农村廉政建设,提升乡村治理能力。

📖 案例 24

某会计师事务所受托对某区 9 个涉农社区进行"三资"审计。在审计过程中，该所重点关注资金、资产、资源的使用管理、制度建设及执行、资产资源的保值增值以及能否实现经济效益最大化。审计揭示出村账镇管模式下常见的问题，如各社区资金账户混存、账务不清、使用混乱等，建议上级主管部门加强监管，不允许挪用、平调村级资金；审计发现 4 处房屋共计 1 120 平方米，长期免费被村民个人使用，涉及 50 份资产租赁合同租期过长，长期欠收租金总额 5 225 444 元，给村集体造成经济损失，建议严格公开招租，租金应收尽收，村集体资产被他人无偿占有使用的应及时追偿，并追究村干部及相关人员责任；审计发现 9 个社区有账无物的资产达 8 000 万元，建议建立完善资产、资源台账登记管理制度，使上级主管部门通过财务台账掌握社区真实资产状况；审计发现自 2019 年某农村产权交易信息平台成立以来，实际执行情况并不理想，482 份合同未上平台，合同年租金共计 9 619 570.20 元，为审计机关严查发包过程中产生的贪污腐败提供追查线索，并建议主管部门加强对平台交易的持续监管力度。该所同时针对社区提出内部管理制度、收益分配、预算编制等长远发展建议，社区根据整改意见建立了可行的资金、资产、资源管理制度。

（二）专业助力特色农业发展

《全国农业现代化规划（2016—2020 年）》提出，以优势特色农业为主攻方向，突出改善生产设施，建设特色产品基地，保护与选育地方特色农产品品种，推广先进适用技术，提升加工水平，培育特色品牌，形成市场优势。各级财政部门通过向产业关联度大、示范带动能力强的企业发放奖励补贴的方式推动农产品加工企业发展和提升市场竞争力。注册会计师行业积极发挥专业优势，在助力各级政府部门开展农产品加工企业奖补资金申报工作方面发挥重要作用，助力地方政府培养培育示范带动能力强、有市场竞争力的农产品加工企业。

📖 案例 25

某会计师事务所受某市农业农村委委托，对 100 户农产品加工企业的奖补指标情况进行审核。该所在对 100 户农产品加工企业的申报资料进行审核中，对发现的相关涉农资金管理中存在的问题提出了建议措施。该项服务提高了涉农资金使用效益，推动了财政局与农业农村委在支持农产品加工企业工作上的有机衔接，整合了支持农产品加工企业的社会资源，推动各级政府、各部门提升农产品加工企业协同意识，形成支持农产品加工企业联动效应。

（三）专业助力金融支农政策落地

党中央、国务院高度重视金融机构的"三农"金融供给能力提升，要求金融机构大力发展农村和民生金融，扩大金融供给，丰富中小企业投融资渠道。但"三农"贷款主体往往存在信用记录不全、财务数据不规范、贷款金额小、风险难以评价等现实情况。注册会计师行业通过涉农金融机构贷款业务内部控制审计等服务，助力涉农金融机构不断提高"三农"金融供给效率，促进"三农"贷款的可持续发展。

📖 案例 26

某会计师事务所受某县农村商业银行委托，提供乡镇分支机构贷款业务内部控制专项审计服务。该所依据《关于金融服务乡村振兴的指导意见》（银发〔2019〕11 号）、《关于印发加强农村商业银行三农金融服务机制建设监管指引的通知》（银监办发〔2014〕287 号）等相关规定，深入分析审计发现问题的成因，并提出有针对性的实施农户联保贷款的整改意见，并在整改后取得成效。2021 年某乡支行为从事快递运输、空调安装等高危行业的借款农户办理了以农商银行为第一受益人的意外伤害保险，减少了呆账，不良贷款率比上年下降了25%。该乡支行及某镇支行某村分理处在2021年度互联网线上农户贷款放款额度比上年分别提高了25%、30%，借名冒名贷款案发率均为0，该乡支行所在地农户通过互联网线上贷款办起了民宿旅游、快递服务及植树造林承包荒山等产业。2021年农户联保贷款在该乡支行及某镇支行某村分理处逐渐普及，单一互保贷款案发率分别降为2.3%、1.6%；涉农保证贷款投放额度比上年分别提高了28%、36%。农户通过办理互联网线上贷款或农户联保贷款办起旅游农庄、种植绿茶、种植苗木等特色活动，游客接待量持续攀升。

随着农业现代化建设加速推进，新型农业经营主体蓬勃发展，但由于缺乏有效抵押物和担保，新型农业经营主体通过银行信贷融资困难。《全国农业现代化规划（2016—2020年）》提出，健全覆盖全国的农业信贷担保体系，建立农业信贷担保机构的监督考核和风险防控机制。注册会计师行业积极转变服务理念，从传统的合规性审计向增信增值服务转变，走进草根金融机构、走进基层政府部门、走进田间地头，积极参与财政金融协同支农政策实施，通过农业信贷担保项目稽核审计，助力纾解新型农业经营主体"融资难、融资贵"等发展难题，培育农业农村发展新动能，推进农村集体经济和乡村振兴建设步伐。

案例27

某会计师事务所受某省某农业信贷担保公司委托，对该公司"劝耕贷"在保项目进行专项审计。该公司是政策性支农担保机构，为该省财政厅100%出资的国有独资企业。该省创立的"劝耕贷"，是政府、银行、担保机构三方"抱团"为新型农业经营主体服务，构建"资源联手开发、信贷集合加工、风险共同管理、责任比例分担"的农业信贷担保模式。三年多来，该所共审计了45个地区、59家合作银行的530个项目，既解决了新型农业经营主体因农业信贷抵押物不足，难以贷款融资的问题，又为农担公司识别处理担保项目风险提供参考依据。

四、专业助力区域发展战略

注册会计师行业积极响应国家构建高质量发展区域经济布局重大决策部署,通过专业优势助推国家区域重大战略、区域协调发展战略、主体功能区战略的落地实施。

(一)专业助力雄安新区建设

设立河北雄安新区,是以习近平同志为核心的党中央深入推进京津冀协同发展作出的一项重大决策部署,是继深圳经济特区和上海浦东新区之后又一具有全国意义的新区,是千年大计、国家大事。注册会计师行业为雄安新区征迁补偿安置项目提供全过程跟踪评审,为推进京津冀协同发展贡献力量。

案例 28

某会计师事务所受雄安新区某中心委托,对 12 个征迁项目提供全过程跟踪评审服务(包括某县征迁安置办公室委托的 1 个项目),涉及雄安新区三县共 37 个村,征迁补偿金额达二十多亿元。注册会计师的身影出现在雄安新区征迁项目众多环节中,从对测绘、评估现场工作的监督,到列席联合认定会,听取工作组、村两委与村民代表的意见,在有充分认定依据的条件下形成认定结果,再到对整个征迁工作过程中形成的各项资料的真实性、合规性、准确性以及完整性进行审计,并发表审计意见。在执行评审过程中,及时与被审计单位沟通,推动征迁工作计算正确、合理、合规、完整,减少与群众的矛盾。截至 2021 年底,所述 12 个项目现场与认定阶段已基本完成,审核工作有序进行,保障了征迁补偿资金的规范使用和安置政策有效落地,维护了人民群众的切身利益,促进了社会和谐稳定,为雄安新区管理部门提供重要的征迁安置决策依据。

（二）专业助力粤港澳大湾区建设

推进粤港澳大湾区建设，是党中央作出的重大决策，是习近平总书记亲自谋划、亲自部署、亲自推动的国家战略。2021年国家大力发展跨境金融服务，扩大粤港澳双向金融开放，深化金融、债券市场互联互通，探索建立与粤港澳大湾区发展相适应的账户管理体系，推动跨境理财通试点落地，促进三地跨境贸易和投融资便利化。注册会计师行业抓住机遇，拓展多元服务，提升服务质量，全力服务于开放程度高、经济活力强的大湾区资本金融市场，并利用大湾区在推动中国企业国际化发展中的纽带作用，在服务国家粤港澳大湾区建设战略中作出贡献。

注册会计师行业积极探索粤港澳三地会计师行业规则、资格、人才、跨境执业等合作模式，提升三地会计服务市场一体化水平。2021年粤港澳会计师行业发展战略协议签署，是推动三地会计师行业开展务实合作、融合发展的重大里程碑，是注册会计师行业贯彻落实国家"十四五"规划目标和《粤港澳大湾区发展规划纲要》等重大战略部署的创新举措，对于三地会计师行业携手同行，全力提升服务能级，创新高端服务业合作新路径，培养服务大湾区建设复合型行业人才和储备高质量大学生后备人才，全力服务国家经济社会发展大局，具有重要意义。

案例29

某会计师事务所在某省有关部门的指导和支持下，2021年，开启港澳台大学生暑假实习项目，安排部署港澳台大学生实习和就业工作，着力打造大湾区青年交流企业标杆和样板工程。为吸引和聚焦青年人才，该实习项目注重做好"三个引领"工作，即政策引领，邀请专家解读大湾区的前景和发展规划，增强学生对大湾区的认识和理解；事业引领，邀请大湾区高科技头部企业讲述其在大湾区的重要贡献和带头作用，激发学生们参与大湾区建设的动力和激情；情感引领，邀请在大湾区就读的青年一起分享，谈理想、谈目标、谈体会，发挥朋辈引导作用引发同龄人的共鸣。为保障实习项目实现良好效果，该所推出港澳台大学生假期实习计划专属方案，将业务培训和实践活动相结合，不但开设了覆盖宏观经济、企业文化、专业知识和软技能等方面的培训，而且安排学生们参与到具体的业务和实践中，大大增强了学生们的综合能力。比如，安排学生参观某片区建设现场指挥部、某市城市规划展览中心、某市当代艺术与城市规划馆等，组织"财务数字化转型"和"碳中和"等专题培训。这些实习活动，让港澳台学生加深了对内地的了解和认同感，增强了港澳台学生的爱国情怀，开阔了视野，增长了知识，激发了创业精神。实习结束后，学生们争相表示毕业后愿意投身大湾区建设，为祖国的发展和富强贡献一份力量。首批实习项目结束后，很多企事业单位与该所接洽，商讨助力大湾区发展和青年人才培养方面的工作。该所港澳台大学生实习项目，为港澳台青年搭建了很好的人才交流和职业发展舞台，更为大湾区吸引人才、促进大湾区高质量发展、助力国家粤港澳大湾区建设战略实施提供了重要的范例。

案例 30

某会计师事务所为激发大湾区各类创新主体活力，2021年，通过举办评选活动，在大湾区发掘一批创新性强的优秀潜力企业，形成科技创新示范效应。2021年4月，该所和大湾区科技创新服务中心、某省创业投资协会联合主办2021粤港澳大湾区新经济先锋企业50强评选活动。该评选活动聚焦新兴产业领域，从技术创新能力、未来成长潜力、综合经营管理能力等六大维度进行甄选，最终选出一批具有发展潜力的大湾区新经济先锋企业，并于10月28日发布榜单及《2021粤港澳大湾区新经济先锋企业50强报告》，充分展现大湾区在新兴产业方面的优秀成果和企业风采。2021年6月，该所协办首届粤港澳大湾区金融科技飞鱼企业20评选活动，面向为金融监管部门、金融机构提供技术服务的大湾区科技型企业，最终遴选出一批竞争优势突出、科创能力强、未来增长潜力巨大的高成长性金融科技企业，进一步激发大湾区金融科技创新和发展活力，加速区域金融跨境联通。为了帮助各行业把握机遇，实现高质量发展，2021年该所在大湾区组织了近百场主题研讨会，为金融、生物医药、汽车及餐饮等行业量身打造专题交流会，涵盖资本市场、税务合规及数字化转型等热门话题，吸引了诸多企业高管踊跃参与，通过创造与企业对话交流的平台，为解决行业普遍面临的发展瓶颈提供策略参考。另外，该所对大湾区发展趋势的跟进及研究已持续多年，2021年发表《粤港澳大湾区银行业报告》等多项研究报告，与社会分享独家洞察，为政府部门和企业提出决策参考。

📖 案例31

某会计师事务所2019年在某市投资落成大湾区双创中心以来，聚焦创业、创新、联盟三大主题，构建生态圈合作，专业发声，开展合作交流，为大湾区融合发展贡献力量。2021年1月，该所分别与该市某区人民政府及该市上市公司协会签订战略合作备忘录，加强各方合作以推动区内金融及科创产业增长。通过合作，该所以知识赋能企业，以智慧开拓未来，提供一站式赋能，对不同阶段的企业提供差异化指导，为上市企业稳定持续发展提供智力支持。同时，该所还与该市某区人民政府签署战略合作协议，将大湾区双创中心的平台定位于深港青年创新合作发展中心，协助为香港青年到该市工作、实习、生活提供一站式配套解决方案，促进更多的香港企业、专业人才和学生到该区就业，促进深港两地青年和专业人才的交流与融合，为深港口岸经济带某先行区发展提供新动能。另外，该所还成立大湾区研究院和大湾区工作小组，专门负责大湾区行业分析和前沿报道，2021年推出系列报告和专题文章，围绕金融机构和业界最为关注的大湾区热点话题以及大湾区核心城市发展动态作前沿分享。

注册会计师行业服务国家经济建设（二）

财政是国家治理的基础和重要支柱。注册会计师行业聚焦服务财政中心工作，充分发挥行业在助力稳定宏观经济的财税政策落地、履行财会监督职责、提升财政资金使用效益、加强行政事业单位财务管理、保障国家税收收入等方面的重要作用。

一、助力稳定宏观经济的财税政策落地

（一）服务地方政府专项债发行工作

财政部数据显示，2021年全国合计发行地方政府债券 74 898 亿元。其中，一般债券 25 669 亿元、专项债券 49 229 亿元，多投资于重大公益性项目领域。注册会计师行业充分发挥专业智库作用，担当政府发行专项债券财务顾问，提供财务信息审计等增信服务。据中注协不完全统计，2021年行业服务 14 808 项地方政府债项目，计划融资额为 42 567 亿元。图1展示了某会计师事务所针对某铁路债券项目的收益与融资自求平衡情况出具的评价报告。

案例1

某会计师事务所为农林水利、园区建设、公共基础设施、交通、社会事业等涉及民生的地方政府专项债券提供财务评价服务。某市政府近年来发行的土地储备专项债、棚改专项债、重大建设项目（地铁、水库等）专项债融资规

图 1 某会计师事务所针对某铁路债券项目的收益与融资自求平衡情况
出具的评价报告

模上百亿元。当地某水库总库容为 1.6977 亿立方米，建成后有望解决当地水源性问题，提高防洪减灾能力，改善生态环境，为万亩农田提供保障。本着服务民生，做好"经济卫士"的理念，该所对水库收入、运营成本、净现金流量等进行精细测算，确定该水库项目是否符合专项债券发行要求，助力政府债券更好地发挥资金效用，推动地方经济高质量发展。

📖 **案例2**

某会计师事务所受某市财政局委托，对全市2021年专项债券申报材料进行审核，并对全市地方政府债券资金使用管理情况进行专项检查。该所出具的专项检查报告，披露出资金管理使用不严格、资金违规用于经常性支出、资金违规出借其他单位、专项债项目建设进度缓慢或无法实施、债券资金长期闲置、未及时形成实物工作量等问题，并提出具体的整改建议。市财政局等部门对该所工作给予充分肯定，相关部门也根据报告中的建议，全面规范政府专项债券资金使用范围和用途，加快债券资金项目使用进度，确保发行的专项债券资金合法合规高效使用，及时、尽早形成实物工作量，发挥带动效应，促进政府债券资金对于稳投资、扩内需、补短板的支撑作用。

（二）服务税费支持政策落地

国家高度重视企业发展，持续加大纾困资金支持力度，进一步推进减税降费优惠政策，稳定市场主体。注册会计师行业积极融入，助力财税部门的组合式税费支持政策、助企纾困优惠政策等更好地落地实施，发挥稳定宏观经济大盘的重要作用；助力政府部门优化营商环境，打通堵点、解决难点、消除痛点，让好政策振兴惠及市场主体，提振市场主体信心；帮扶中小微企业实质享受政策红利，规范财务核算，规避经营风险，增强发展内生动力，实现转型升级和高质量发展。

📖 **案例3**

某会计师事务所充分发挥"三师"团队优势，2021年通过线上线下相结合方式开展财税政策解读等各种类型公益培训20场，累计培训57 881人次，向企业宣传讲解增值税留抵退税、企业所得税汇算清缴、疫情期间税费减免缓缴等各项财税政策。其中，创建财税公众号，举办新的财税政策线上直播培训15场；通过市经济和信息化局、中小企业公共服务平台，举办"专精特新"企业申报认定和税收优惠政策、企业融资筹资及企业纾困解困法律服务等项目线上直播培训3场；根据企业具体情况，开展现场培训2场，为企业负责人、财务人员、技术人员答疑解惑。该所还为企业进行"财务体检",帮助建设内部控制,提供财税政策咨询。2021年,该所帮助30家企业成功申报高新技术企业,向50余家企业提供研发费用加计扣除及所得税汇算清缴相关服务,协助5家企业顺利完成土地增值税清算,协助7家企业完成企业纳税筹划及经营风险防范。通过"三师"红色志愿队,参与税收志愿服务,助力税收服务再升级,参与高新区税务局办税服务厅志愿导税活动57人次,提供"件件有着落,事事有回音"的精细服务达500次,坚持以纳税人、缴费人需求为导向,在努力办好惠民实事上下功夫,使纳税人、缴费人更有幸福感。该所"三师"助企纾困系列公益活动获得了当地政府部门的支持和表彰,提升了注册会计师行业形象,扩大了注册会计师行业影响力。

某会计师事务所积极对当地中小微企业施以援手,助力中小微企业用足用好国家财税金融优惠政策。2021年,该所先后走进10余家企业就有助于市场主体的优惠政策进行宣讲,手把手帮助财务人员尝试操作、申报。该所将财税部门的政策根据税种、受众行业分门别类整理、打包发送到相应客户群,利用视频宣传、电话微信答疑方式,帮助企业答疑解惑。据不完全统计,除极个别客户由于行业、管理者特殊原因走向注销、清算程序外,该所90%以上的客户足额享受了疫情期间国家、省、市给予的优惠政策。

二、助力提高财政资金使用效益

注册会计师行业通过提供财政预算评审、绩效评价等专业服务,助力完善财政政策,优化财政资源配置,提高资金使用效益,落实问责机制。据中注协不完全统计,2021年,行业积极参与服务34 119项财政预算绩效管理相关项目,保障21 900亿元的财政预算资金使用效益。

(一)服务预算绩效管理

国家"十四五"规划纲要对财政预算绩效管理提出了更高的要求,财政部陆续发布关于委托第三方机构参与预算绩效管理的指导意见等制度办法，为包括会计师事务所在内的第三方机构规范预算绩效评价执业行为、提升执业质量提供了依据。注册会计师行业积极投身财政预算绩效评价领域，通过整合会计审计、专业咨询等既有专业优势，发挥专业智慧，开展绩效评价指标设计和理论研究，助力提升绩效评价的独立性、可信度、客观性、公正性和决策参考性，成为各地开展预算绩效管理和健全预算绩效管理体系建设的重要专业辅助力量。

案例 4

某会计师事务所受某市财政局委托，对2020年度该市城管局项目支出进行绩效评价。2020年，该市城管局公共项目预算资金合计234 547.84万元。其中，以费养事合计166 356.13万元、城管综合整治专项合计32 000万元、交通隔离设施3 056.88万元、桥隧专项22 134.83万元、渗沥液处理运行费11 000万元。该预算项目致力于实现明显改善该市市容市貌、提升城市基础设施承载能力、扎实推进城市管理示范路和城市管理示范社区创建，以及城市环境整洁有序、生态宜居等总体目标。该所对项目绩效目标、投入产出、项目建设和管理进行评价，并实施社会满意度调查，对上年度报告所提整改问题的整改效果进行验证，查找当前存在的问题并提出相关建议，确认市城管局2020年公共项目建设和管理取得的成效，出具财政绩效评价报告。该报告顺利通过市财政局审查，助力地方政府部门提高财政资金的管理效率和使用效益，提升公共服务质量，优化财政资源配置，为下一年的财政预算提供决策依据。

案例 5

2021年，某省注册会计师行业积极参与配合省财政厅做好财政中心工作，共完成4个预算评审项目，评审前资金总额（立项金额、投资总额）608亿元，审减22.9亿元，审减比例3.7%；完成省财政厅委托的重点绩效评价项目 20 个，评价涉及资金总额 125 亿元。注册会计师行业的专业服务为政府部门下一年的预算审定提供了决策支持。在 2020—2021 年该省省级财政评价和部门自评报告评级中，当地 5 位注册会计师的预算绩效管理相关报告被评定为 A 级。

某省注册会计师行业接受委托，完成省级财政预算绩效评价项目 35 个，占当年所有省级财政预算绩效评价项目的 87.5%，预算资金规模 1 332 亿元。

（二）助力 PPP 项目绩效评价

党中央、国务院部署加快推动政府与社会资本合作投资基础设施和公共服务项目（PPP 项目）建设。注册会计师行业通过提供绩效评价服务，助力政府投资引导带动民间资本参与市政、交通、生态环境、社会事业等补短板项目建设，助力政府财政资金与社会资本合作推动国家经济社会发展，助力发挥财政稳投资促发展作用。

案例6

某会计师事务所受某市政府投资项目建设管理办公室（以下简称市政府投资办）委托，对该市"四校一馆"公共服务 PPP 项目 2020 年度运营情况进行绩效评价。为盘活该市存量资产、降低政府债务风险、提高公共财政资金使用效率、保障项目和公共服务质量，该市将 5 个单位场所采用"移交—经营—移交"（TOT）运作方式的项目特许经营权转让给社会资本方（市投资集团有限公司）运营，运营期限为 2017—2047 年，每年由政府支付服务费与运营维护费。其中，2021 年需支付服务费与运营维护费合计 18 455.10 万元。本项目作为公共服务项目，其目的在于提高该市高级中学教学质量，优化该市教育布局，改善高技能人才占总工人比例，扩展知识获取渠道，扩大该市教育资源在全省乃至全国范围内的影响力。该所出具的绩效评价报告被市政府投资办作为申请财政资金的重要依据，帮助市政府投资办成功申请财政资金。该绩效评价项目顺利通过市财政局的审核，得到当地政府机关认可。

（三）参与国际金融组织贷款项目绩效评价

世界银行、亚洲银行、亚洲开发银行等国际金融组织贷款项目为我国农业现代化、贫困地区可持续发展等经济社会发展发挥了重要的推动作用。注册会计师行业充分发挥专家智库作用，通过绩效评价、协助审计、专家顾问等方式，协助国家审计机关对国际贷款项目进行审计监督，助益国际贷款项目实施效果。业内专家积极深入开展世行贷款项目绩效评价指标体系研究，探索从合规性、经济性、效率性、效果性、可持续性等方面对项目绩效进行评价，充分发挥项目绩效审计的科学评价作用。

📖 案例7

2016—2021年，某会计师事务所受某省审计厅委托，共参与包括世界银行、亚洲开发银行、国际复兴开发银行、德国复兴银行等15个国际金融组织贷款项目的协助审计服务（见表1），如为该省环境改善、航道整治、生物多样性保护与发展、农业综合开发、水系统综合治理、智能交通建设、新农村建设示范、公路养护创新示范、农村公路提升改造示范、养老服务体系建设示范等诸多项目提供年度财务收支和项目执行情况审计服务，概算总投资261.38亿元。该项目体现了注册会计师在助力国际金融组织贷款项目国家审计监督，推动政府对贷款项目规划、决策、管理更加科学化、规范化、制度化，提高贷款使用质量和效益，积极、合理、有效、高效地利用国际金融组织贷款，推动我国脱贫助困、乡村振兴、社会治理、创新发展、生态环境、民生等各领域建设与发展方面的作用。

表1　　　某会计师事务所参与协审国际金融组织贷款项目统计表

项目名称	年份	国际金融组织贷款金额		国际金融组织
		人民币（亿元）	外币	
某市环境改善项目	2016	10.35	1.5亿美元	亚洲开发银行
某河段航道整治工程项目	2017	6.80	1亿美元	亚洲开发银行

续表

项目名称	年份	国际金融组织贷款金额		国际金融组织
		人民币（亿元）	外币	
某河段生物多样性保护与发展项目	2018	2.00	2 500万欧元	德国复兴银行
农业综合开发项目	2018	9.30	1.5亿美元	亚洲开发银行
某市城市水系统综合治理项目	2019	9.30	1.5亿美元	亚洲开发银行
建设智能交通项目	2019	1.24	1 500万欧元	德国促进银行
某市新农村建设示范项目	2017—2019	6.20	1.01亿美元	亚洲开发银行
某市采煤塌陷区综合治理项目	2017—2019	6.25	1亿美元	世界银行
某市承接东部地区产业转移基地基础设施示范项目	2017—2020	5.67	9 000万美元	世界银行
某河流域水环境治理工程项目	2017—2021	6.25	1亿美元	国际复兴开发银行
某湖流域水环境综合治理项目	2017—2021	15.75	2.57亿美元	亚洲开发银行
某省公路养护创新示范项目	2018、2021	9.75	1.5亿美元	世界银行
某省综合交通基础设施项目	2018、2021	12.56	2亿美元	亚洲开发银行
某省农村公路提升改造示范项目	2021	13.15	2亿美元	世界银行
某省养老服务体系建设示范项目	2021	8.13	1.18亿美元	世界银行
合计	—	122.71	—	—

案例8

某省注册会计师行业受地方财政部门、审计部门委托，积极参与国际金融组织贷款项目绩效监测、财政评审和协助审计。贷款项目涉及城市交通结构改善、生态环境综合整治、新型城镇化建设等民生社会重要领域。会计师事务所紧盯项目进度、项目管理、财务管理，发现项目存在的问题和原因，对项目的相关性、效率、可持续性、贷款偿债的可行性等作出专业评价，体现出注册会计师行业在助力国际金融组织贷款项目组织工作的科学决策和管理等方面的专业作用。例如，2021年，某会计师事务所参与世行贷款某古城修复与保护项目，提供项目中期绩效评价服务；某会计师事务所参与7项国际金融组织和外国政府贷款项目，提供财政评审、绩效监测服务，涉及世界银行、国际复兴开发银行、德国促进银行、奥地利政府、新开发银行等贷款项目，包括为城市圈交通一体化示范项目、交通基础设施项目、现代有轨电车项目、职业学院职业培训创新升级项目、新型城镇化示范项目、生态环境综合整治项目等贷款申请提供专业服务。2014—2021年，某会计师事务所先后6次共选派13人次，配合国家审计机关完成某市亚洲开发银行第二期、第三期贷款项目，某市水污染综合治理项目年度财务收支及项目执行情况等审计工作。

三、助力财政资金监督

注册会计师行业贯彻落实财政政策有关要求，发挥专业优势，针对发展急需、升级急缺、民生急盼的重点领域基础设施和公共服务项目提供专项资金审计等专业服务，助力财政部门加强资金管理和监督，确保财政资金依法合规使用。

📖 **案例9**

某会计师事务所受南水北调中线干线工程建设管理局（中线建管局）委托，对南水北调中线京石段应急供水工程（北京段）的六个设计单元提供竣工财务决算编制和竣工决算报告服务。南水北调工程是迄今为止世界上规模最大的调水工程，横穿四大流域，涉及面广，效益巨大，其规模及难度在国内外均无先例。南水北调中线干线工程，是国家南水北调工程的重要组成部分，是缓解我国黄淮海平原水资源严重短缺、优化配置水资源的重大战略性基础设施，是关系到受水区京津冀豫等地经济社会可持续发展的重大民生工程。南水北调中线一期工程从加坝扩容后的丹江口水库陶岔渠首闸引水，输水干线全长1 432千米。2014年12月12日下午，历时11年建设的南水北调中线工程正式通水，长江水正式进京。该所通过对竣工财务决算资料进行专项清理，建立专项台账，复核历次审计整改问题，编制竣工财务决算，全面反映南水北调项目建设情况，为建设单位后续的工程管理提供宝贵经验，提高国家重大战略建设工程的投资效益。

📖 案例 10

某会计师事务所受某市财政局、水利局委托，对该市 2020 年大中型水库移民后期扶持基金提供项目稽查和专项审计服务。大中型水库移民后期扶持基金有助于政府妥善解决水库移民生产生活困难，促进库区和移民安置区经济社会可持续发展，维护农村社会稳定。经国务院批准，自 2006 年 7 月 1 日起，对全国大中型水库农村移民统一实行的后期扶持政策，即不分水利水电工程移民、新老水库移民、中央水库和地方水库移民，均按照每人每年 600 元的标准，连续扶持 20 年。所需资金由中央财政通过电力加价统一筹集，分省安排使用。该所本次稽查和审计的范围为该市 12 个区县（自治县），共涉及大中型水库 52 座。至 2019 年底，移民后期扶持人口指标数为 244 547 人。其中，直补人口 110 578 人，项目扶持人口 133 969 人。2017—2019 年度后期扶持资金总额 102 334.30 万元，实施项目共 1 239 个，项目涉及农田水利、道路交通、美丽家园、饮水安全、生产开发、避险解困等。为加强大中型水库移民后期扶持基金项目资金管理，提高资金使用的规范性、安全性和有效性，要求对大中型水库移民后期扶持基金使用以 3 年为周期，做到稽查、审计全覆盖。该所出具的项目稽查报告和专项审计报告顺利通过了财政、水利部门的审查，稽查、审计的成果文件作为下一年度大中型水库移民后期扶持基金项目资金拨付、结算和该市大中型水库移民后期扶持"十四五"规划编制的重要依据，为加强该市大中型水库移民后期扶持项目管理、完善资金管理办法提供重要参考，助力提高财政资金保民生等重大领域支出项目的经济效益、社会效益和环境效益。

📖 案例 11

某会计师事务所受某市医疗保障局、某区医疗保障局委托，对 26 家医院

（包括但不限于诊所、乡镇卫生院、专科医院及三级医院等）开展医保基金合规使用专项审计。该所聘请4名医师，与该所5名财务审计人员、2名信息技术人员共同组成现场审计团队，通过整理并分析医院HIS大数据、检查病历、询问等审计方法，发现医院违规使用医保基金的情况。审计发现，26家医院在超限项目、违反价格规定、传输对照错误、超出核准登记的诊疗科目开展诊疗活动、过度医疗、分解住院、降低入院指征、串换项目、虚增费用、进销存管理混乱等方面存在违规使用医保基金的情况，经委托方及被审计单位的确认，按市医疗服务协议规定应追回违规资金630.00万元，按照协议约定应处理违约金1 390.00万元，为国家挽回财政资金损失，防范违法违规行为再次发生。

案例12

某会计师事务所受某市农业农村局委托，对2019—2020年度该市渔业油价补贴资金管理和使用情况进行审核，为市局决策层了解油价补贴政策实施情况提供参考。渔业捕捞和养殖业油价补贴政策对促进渔业发展起到了重要作用。为解决渔业减船转产、渔业生态修复、渔港设施薄弱、水产养殖条件落后等制约渔业发展的重点难点问题，促进产业结构调整，加快现代渔业建设，自2015年始，中央将补贴政策调整成专项转移支付和一般转移支付相结合的综合性支持政策。该所根据渔业补贴相关政策，深入各资金使用单位核查并走访渔业专管部门，发现油补资金使用中存在的问题，包括部分项目未制定项目实施方案、未明确资金补偿标准，部分县市区资金结余较大、项目未实施等，并有针对性地提出可操作的专业建议。该所出具的专项审计报告顺利通过市农业农村局的审查，体现了注册会计师行业在助力提高财政资金使用效益，助力中央财政加大对地方转移支付，帮助地方财政切实担负起主体责任，加强资金调度统筹和运行监控力度，有效防范基层财政运行风险等方面的价值和贡献。

四、服务行政事业单位加强财务管理

注册会计师行业通过提供行政事业单位资产清查审计、财务管理制度数字化转型升级咨询等专业服务，助力保护行政事业单位资产的安全和完整，提升行政事业单位资产管理水平，保障行政事业单位资产增减变化和使用维护等信息的真实性、合规性和合理性，防止行政事业单位资产流失，保护国有财产安全。据中注协不完全统计，2021 年行业受托完成 19 137 项行政事业单位资产清查项目，经注册会计师审核后的资产盘盈、盘亏、资金挂账总金额为 30 354 亿元，体现了注册会计师行业在维护国有资产安全方面的专业价值。

案例 13

某会计师事务所受某行政事业单位委托，对该单位的资产进行清查审计。通过实施审计程序，该所发现该单位存在账务处理不规范、固定资产实物管理不规范、固定资产处置和信息更新不及时等问题，并提出改进固定资产管理工作建议，帮助行政事业单位增强固定资产管理意识，规范内部管理，健全监督机制和固定资产管理清查制度，加强资产管理信息系统建设，从制度建设方面支持保护行政事业单位的财产安全。

案例 14

某会计师事务所专注于行政事业单位专项审计等相关业务，深入学习掌握《政府会计准则》《关于全面实施预算绩效管理的意见》等文件精神，服务 100 多家行政事业单位顺利实施新会计制度，与 70 多家单位建立会计专业服务关系，帮助客户单位制定合法合规的资产处置管理制度，保证了客户单位资产处置合法合规，做到账账、账实、账卡相一致。该所通过为客户单位财务人员、相关业务经办人员及主要负责人提供规章制度培训，帮助客户单位熟练掌握最新法规政策，树立预算管理和支出责任意识；通过提供预算编制辅导和决算编制咨询服务，帮助客户单位提高预算的准确性，资金使用的合规性、效率性和效益性。

五、助力防范地方财政风险

财政部陆续出台了防范与化解地方政府债务风险的规定。注册会计师行业通过提供专业服务，帮助各级财政部门实施全面预算绩效管理，提高政府专项债券资金使用效益；通过为行政事业单位完善内部控制和加强财务管理提供咨询服务，保障投融资决策科学和资金安全，筑牢风险防线；通过提供财政投资可行性评审等专业服务，帮助政府加强投资项目管理。

案例 15

某会计师事务所受某市财政局委托，对该市政府近年来发行的资金规模上百亿元的土地储备专项债、棚改专项债、重大建设项目（地铁、水库等）专项债资金提供第三方重点绩效评价服务。该所出具的绩效评价结果，在肯定市本级政府专项债券项目的实施对促进当地经济平稳健康发展、完善专项债券管理、遏制违法违规变相举债行为、深化财政与金融互动，降低资金成本等方面的积极作用的同时，全面梳理并指出部分项目在前期工作、资金管理、项目实施、项目产出和效益等方面存在的问题和不足，发现可能存在的隐性政府债务风险，提出加强债券风险控制、防止偿付风险等应对措施和管理建议，并成为今后债券资金分配或财政资金安排的重要依据。注册会计师通过以评促管，助力财政部门构建政府专项债绩效管理体系，实施绩效运行全周期监控和穿透式监管，推进政府专项债管理提质增效，促进加强资金与项目的联动管理，厘清并压实责任，防范化解地方财政风险。

案例 16

某会计师事务所受某区管委会委托，针对该区国企投融资体制改革，从投资、融资以及投融资统筹三个方面出发，提出进一步深化投融资体制改革的建议。在服务过程中，该所认真分析该区目前主要投资项目涉及领域，梳理投资项目内部审核流程并评价其是否完整，统计该区各融资平台整体债务及隐性债务水平、具体融资途径及占比、综合融资成本，结合数据分析该区外债依存度及地方财政风险大小，剖析融资途径存在的不可持续性及资金流错配现象，指出目前该区投融资板块缺乏完善的统筹管理体系，提出建立健全投融资管理制度的相关建议。该所针对该区直属企业自身管理及运转特点，收集并整理了相关的融资手段，并对其融资模式及途径的优劣势进行简要分析；结合该区直属融资平台功能定位，针对性地提出适用的融资方案，并提出相关监管建议及风险防控建议；从还贷资金来源及还贷资金时间安排等两个方面进行分析，为企业偿还现有债务提出解决思路。该所提出的投融资平衡模式为该区国有企业进一步深化投融资体制改革提供了新的思路，被该区国有企业广泛参考及运用。

六、助力夯实计税基础

税收是财政收入的主要来源。2021年全国财政工作会议强调，坚决打击各种偷税漏税行为，决不能让不法企业从中牟利、扰乱宏观政策实施、损害国家利益。注册会计师行业积极发挥"经济警察"作用，通过实施高质量审计，还原公司真实资产状况，助力维护国家税收安全，阻止企业偷税漏税等违法行为。

据统计，2001—2015年，注册会计师行业为A股上市公司审计调整的总资产和应交税费金额均呈上升趋势。15年间，经注册会计师审计调整的利润总额为6 158亿元，资产总额41 453亿元，应交税费1 847亿元。2017—2021年，5年间经注册会计师审计的利润总额为26.28万亿元，营业总收入251.81万亿元，应交税费7.19万亿元。注册会计师对上市公司应交税费调整的金额从2001年的40亿元上升至2021年的262.75亿元，充分体现出注册会计师行业在助力财税部门保障国家税收收入方面的作用。

案例 17

某会计师事务所受公安机关委托,对某省公安厅督办的某案件涉及的虚开发票、骗税等事项进行技术鉴定,为案件的办理提供了重要依据。案件涉及进出口公司3家及上游企业18家,涉嫌虚开发票6 000多份,涉案开票金额达5.4亿元,涉及多个地区。经过5个月的不懈努力,该所从发票流、资金流入手,通过筛选、统计、分析、完善,整合出海量的数据信息,并经过系统梳理,整理出涉案企业发票信息、出口退税、资金流水、外汇交易等数据库;根据办案部门从防伪税控系统、出口退税管理系统中调取的涉案进出口公司及相关企业的开票信息和出口退税信息,从金融机构调取的涉案企业和个人的银行交易记录,从涉案企业扣押的会计账册、外汇配汇业务台账等证据材料,通过进一步筛选、统计、对比、分析,梳理出涉案企业虚开发票、虚假出口退税等数据,形成了完整证据链,最终得出嫌疑人涉嫌骗取出口退税的具体金额。该案件现已移送检察机关审查起诉,注册会计师的专业技术鉴定服务取得了良好的法律效果和社会效果。

注册会计师行业服务国家政治建设

注册会计师行业始终坚持党的全面领导，努力夯实行业政治根基，不断提高行业服务国家政治建设的能力，在加强行业党建、融入国家监督体系、助力全面从严治党、参与国家法治建设、参政议政等方面积极有为，有力促进国家治理体系和治理能力现代化，为国家的政治建设作出贡献。

一、全面加强行业党建，勇于担当社会组织党建的探路者

社会组织是新时期加强和改进党的基层组织建设的重要领域。党中央高度重视社会组织党建工作。习近平总书记强调，要以行业规模较大、业务主管部门明确、工作基础较好的律师、会计师等行业为突破口，以点带面，积极探索加强社会组织基层党建工作。注册会计师行业认真学习贯彻习近平总书记指示精神，落实全面从严治党战略部署，始终坚持把政治建设摆在首位，聚焦行业党建工作突出问题和薄弱环节，持续创新和完善行业党建工作体制机制，不断开创行业党建工作新局面。行业自觉担当社会组织党建的探路者，实现了党的组织和工作在行业全覆盖，将党的领导沿"行业主管部门—行业党组织—执业机构党组织"链条传到基层，夯实党的群众基础，坚固党的基层组织，坚持党建和业务一体推进，推动党的建设与行业发展同频共振，把党的组织力不断转化为行业人才队伍的凝聚力、行业从业人员的向心力、行业高质量发展的推动力，创建了"条块结合、充分发挥行业党组织作用"的党建工作管理体制，把主管部门的领导优势与行业系统的组织优势结合起来，走出了

一条加强社会组织党建工作的新路子,为社会组织党建工作形成一些可复制、可推广的经验。

在中国注册会计师行业党委的领导和组织下,各省先后成立行业党校,建立党员教育培训基地,定期组织会计师事务所的党员和积极分子进行学习,积极发展符合条件的注册会计师加入党组织。在持续的推进下,行业青年注册会计师等群体入党的积极性明显提高。

📖 案例1

2021年,注册会计师行业实施行业党建"321"工程,即制定实施3项创新制度(行业党建工作责任制度、行业党建工作考核制度和行业党内监督制度)、完善2个支撑体系(行业党务工作者教育培训体系和行业党建信息化管理体系)、夯实1个基层基础(会计师事务所党组织),共同推动行业党建持续走在社会组织前列。为充分发挥会计师事务所党组织政治功能,强化基层党组织建设和党员教育管理,成立全国注册会计师资产评估行业党校,制定实施党校章程和工作要点,推动成立省级行业党校25家,建立教学基地27个,举办各类培训班108个,累计培训党员2万人次。推进会计师事务所党建工作标准化规范化建设,31个省级注协、2 691家会计师事务所党组织完成"党建入章"。推进会计师行业党内监督,推动30家省级行业党委设立行业纪委或纪检委员、1 623家会计师事务所党组织设立纪检机构。

2021年,行业认真组织开展党史学习教育,用党的创新理论武装全行业,推进学习型行业建设,教育引导全行业广大党员筑牢信仰之基,通过开展过政治生日、重温入党誓词、党史知识竞赛、微党课、现场观摩会等活动,增强党组织活动的吸引力和实效性。由于审计工作的特点,平日里注册会计师们都在客户处工作,大家沟通了解的机会较少,通过这些活动,大大增进了会计师事务所部门之间、团队之间以及注册会计师之间的了解,增强了会计师事务所党组织的凝聚力。

📖 **案例 2**

2021 年，行业举办"一竿子到底"执业机构党组织书记党史学习教育培训班，共 4 000 余人参加培训；召开注册会计师资产评估行业评选表彰暨党史学习教育推进会，评选表彰了 10 家"全国先进注册会计师行业党组织"，100 家"全国先进会计师事务所党组织"；举办庆祝中国共产党成立 100 周年系列活动，如内蒙古、天津、山东等地举行党史知识竞赛。中央党史学习教育第十九指导组调研后，对行业和协会党史学习教育工作给予充分肯定，中央党史学习教育简报专门介绍行业做法。

注册会计师行业在全面服务国家政治建设方面的履职能力和表现获得党和国家颁发的荣誉和给予的认可。2021 年，中注协荣获"2018—2020 年度首都文明单位"，连续三次荣获"全国先进社会组织"和"5A 等级全国性社会团体"。中注协党委在财政部庆祝中国共产党成立 100 周年"两优一先"表彰中，被评为"财政部先进基层党组织"。某会计师事务所荣获第六届"全国文明单位"称号。2021 年，行业 1 位代表人士荣获"2020 年度全国政协委员优秀履职奖"，行业选派 18 位会计师事务所和注协青年参加团中央培训班。创新开展"青年文明号"创建活动，6 家行业青年集体获评团中央"全国青年文明号"，3 位青年获"全国优秀共青团员（团干部）"称号、1 家青年集体获"全国五四红旗团支部"称号，彰显注册会计师行业在积极培育和践行社会主义核心价值观，促进国家精神文明建设等方面发挥的重要作用。

二、有机融入国家监督体系，助力全面从严治党

党的十九届六中全会决议强调，腐败是党长期执政的最大威胁，反腐败是一场输不起也决不能输的重大政治斗争。注册会计师行业在助力打好党风廉政建设和反腐败斗争这场攻坚战、持久战方面，坚持全面从严治党的政治自觉，以专业服务能力和责任心，主动作为，助力国家依法规范权力、制约权力、监督权力，助推建设透明、负责、高效、法治政府。

（一）发挥财会监督职责，深度融入国家监督体系

注册会计师行业作为财会监督的重要组成部分，利用专业优势，充分发挥独立第三方审计监督作用，提高公共资源信息透明度，保障人民群众的知情权和监督权，助力问责机制的落地，推进社会主义民主政治建设。通过提供公共部门绩效审计、公共项目绩效审计等服务，助力财会监督从合规性监督向效益性监督扩展，切实提高财会监督效能，监督资金、资产、资源管理使用过程中的权力运行行为，从源头上规范权力运行，防止公款浪费、国有资产流失、渎职越权等行为发生，助力打造透明高效的法治政府治理体系。通过为"三农"、社会保障、教育、医疗、扶贫、救灾、保障性安居工程等民生资金和项目提供服务，推动惠民富民强民政策落实。通过为国有企业和行政事业单位提供国有资产清产核资审计、财务决算审计、管理咨询等专业服务，助力国企完善内控制度，提高管理水平，助力加强国有资产监督管理，保护国有资产安全。

据中注协不完全统计，2021 年注册会计师行业参与 138 041 项国有企业财务决算审计项目，共提出管理建议 986 438 条，为 47 039 家客户提供 60 072 项离任审计、经济责任审计服务，查出负有直接责任问题 55 512 个。

（二）积极参与反腐倡廉工作，助力党风廉政建设

习近平总书记强调党要管党，全面从严治党，亲自部署推进党风廉政建设和反腐败斗争。注册会计师行业在国家反腐败建设中勇于担当，在提供审计鉴证、司法会计鉴定、专项资金评审、专项审计、尽职调查等专业服务过程中，利用专业技能和跨领域复合型专业人才优势，调查、探寻、发现、查证渎职侵权、腐败贿赂、非法所得等违法违纪证据，协助发现问题、纠正偏差、有效监督，强化对公权力的制约与监督，在打击司法、扶贫、民生、经济、金融、国家安全等重点领域和关键环节的腐败行为方面，有效发挥了专业支持作用，促进了法治政府和廉洁政府建设。

案例3

某会计师事务所自2017年入围某区委巡察办审计服务库以来，充分发挥审计特长，通过在丰富的财务检查经验基础上形成的系统检查方法，根据被巡察单位实际情况制定相应的检查实施方案，重点关注制度建设和执行情况，加强横向对比分析发现检查线索，保持事中沟通，完成数十次巡察财务检查服务，发现某行政单位产业扶持专项资金被部分受补助单位重复领取、某机构私设"小金库"等问题，在助力政府部门反腐败、巡察惩处违规违纪行为，推动政府廉政建设方面发挥行业应尽的作用。

案例4

某会计师事务所受某市审计、纪检监察部门联合委托，参与该市行政事业单位"小金库"专项治理审计服务工作。该所采用"大数据分析+有目标的现场复核"形式，实现线上线下融合审计，从所涉及的1 000多家行政事业单位中，精准揪出财政资金"蛀虫"，共查处"小金库"单位98家，涉及"小金库"资金6 800万元，为该市挽回财政资金损失近亿元，获得审计、纪检监察部门的好评与信任。

案例5

某会计师事务所受某市属国企集团委托，对该集团涵盖城市建设、能源、交通等八大业务板块、总资产逾千亿元的20多家子公司提供管理审计服务。该所发挥专业优势，以实现"摸实情、找问题、提建议、强内控、防风险、促发展"为目标，在审计过程中，重点关注公司重大决策、重大事项、重要人事任免及大额资金支付等"三重一大"决策制度的建立和执行情况，内部控制制度设计和执行的有效性情况，经济责任履行情况以及个人廉洁从业情况，遵守财经纪律和落实中央八项规定精神情况（包括公务接待、用车、会议费、差旅费、职务消费、补助补贴等），财务真实性情况（包括资产、负债、所有者权益、收入、费用和利润的真实性、完整性和合规性），形成管理审计报告。

2015年至今，该所通过专业服务帮助该集团累计避免经济损失2 000多万元，包括：收回被侵占资产50多万元、收回被"遗忘"或少收的收入140多万元、收回违规薪酬福利等80多万元、追回不合理融资支出1 750多万元等。对侵占公司资产、违规兼职、利益输送、违反八项规定等问题的查处，有力促进了国家法律法规和党中央、国务院决策部署的贯彻执行；揭示企业不规范问题，使违规问题得到有效遏制，促进企业强化规范运行意识，提高经营管理规范性；针对经营疏漏、管理懈怠、资产运行效率低下等问题，督促企业落实整改，增收减亏，经营效率效益日益增强；针对内控缺陷问题，协助企业建立健全管理制度流程，弥补管理漏洞，提升管理水平。

三、深入参与立法司法活动，助力国家法治建设

（一）积极参与立法建言，助力中国特色社会主义法治体系建设

中国特色社会主义法治体系，是中国特色社会主义制度的重要组成部分。建设中国特色社会主义法治体系、建设社会主义法治国家是坚持和发展中国特色社会主义的内在要求。注册会计师行业深入贯彻落实习近平法治思想，围绕中国特色社会主义法治体系"五大体系"部署，积极投身中国特色社会主义法治体系建设。着眼于为国家法治建设提供高质量意见和建议，立足于维护公众利益和会员合法权益，行业积极参与相关立法活动，为全国人大常委会、证监会、审计署、国务院国资委、银保监会等有关部门制定、完善有关法律制度建言献策，为有关部门科学立法、民主立法、依法立法提供专业支持。

2021年，行业积极投入专家资源，发挥专业优势，就《中华人民共和国注册会计师法》、《中华人民共和国会计法》、《中华人民共和国期货和衍生品法》、《中华人民共和国反洗钱法》、《中华人民共和国发票管理办法》等法律法规制修订与全国人大法工委、司法部、中国人民银行等沟通协调，积极反映行业诉求，提出专业意见建议，所提意见建议得到不同程度采纳。

案例 6

2021 年，中注协两次致函全国人大法工委，就《中华人民共和国期货法（草案）》和《中华人民共和国期货和衍生品法（二审稿）》代表行业提出意见建议。其中，多项对行业发展具有重大影响的意见建议被采纳。主要包括：（1）关于强制入会的规定。征求意见稿规定，期货经营机构、期货服务机构等从事期货相关业务的机构应当加入期货业协会。考虑到会计师事务所、律师事务所等期货服务机构均已有相关法律要求其必须加入所属行业协会，并接受所属行业协会的自律管理，如再强制其加入期货业协会，必将导致政出多门、多头管理，给期货服务机构增加不必要的监管压力和会费负担，中注协建议取消该条强制入会规定。（2）关于法律责任的规定。根据征求意见稿的规定，会计师事务所等期货服务机构给他人造成损失的，应当与委托人承担连带赔偿责任。考虑到该项规定没有区分故意和过失，不问过错程度一律追究连带赔偿责任，与过罚相当、过错与责任相适的基本法律原则相悖，在司法实践中可能导致对会计师事务所等期货服务机构苛以过重的民事赔偿责任，从而严重影响其稳定健康发展，中注协建议修改"连带赔偿责任"的规定。以上建议均被采纳，有利于保障包括会计师事务所在内的期货服务机构依法正常开展期货服务业务，对于我国证券期货相关行业的科学立法、民主立法同样具有重要意义。

（二）积极服务司法领域，助力维护社会公平正义

注册会计师行业通过提供司法会计鉴定服务，助力司法机关依法行政，增强司法公正廉洁高效权威，维护社会公平正义。司法会计鉴定是社会经济领域违法犯罪活动与各类经济案件的侦查、起诉和审判中不可或缺的重要一环。注册会计师行业通过技术指导、开展专题培训、实务经验分享等方式，积极拓展司法会计鉴定等领域业务，涌现出一批司法会计鉴定业务突出的专业特色示范会计师事务所，为征地拆迁、教育、就业、医疗、社会保障、食品药品安全、涉农惠民等切实关系群众利益的各类腐败案件的处理提供司法会计

鉴定服务。

据中注协不完全统计，2021年行业开展司法会计鉴定业务21 880项，涉案总人数1 705万人，鉴定总金额22 265亿元，为公正处理相关案件作出不可或缺的贡献。

案例7

某会计师事务所受公安机关、纪委监委、人民检察院、人民法院委托办理司法会计鉴定业务37宗，鉴定金额1 213.6亿元，项目采信率100%。其中，受公安机关委托办理非法集资、诈骗、证券操纵和内幕交易、涉黑、洗钱等经济案件32件，涉案单位37家，涉案人数181.8万余人，鉴定金额1 081.8亿元，体现了行业在严重侵害公民利益、损害营商环境、危害经济秩序和经济安全的经济犯罪案件侦办中，用专业技能揭示作案手段、配合严打非法集资和诈骗，参与防范化解重大风险，助力提升经侦执法规范化水平，传播防范知识和保护国家经济安全等方面的重要作用。凭借在司法鉴定业务领域的突出表现，该所荣获司法部授予的"全国司法鉴定管理先进单位"称号，其承办的"黑社会性质组织"专案、"e租宝案"等重大经济违法犯罪案件的司法会计鉴定成功案例，广受政法机关、证券机构监管部门、高等院校、行业管理部门的好评，产生积极社会影响。

非法集资案件由于涉案人数众多、资金流量大、账户多、案件分散性强、隐蔽性高，给案件侦查带来困难。面对非法集资案件，快速准确地帮助司法机关确定并提供非法集资案相关基础数据成为案件办理的关键点，注册会计师行业积极参与提供司法相关部门会计鉴定服务，助力国家打黑除恶，打击非法集资放贷等危害国家财产安全的恶劣行为。据中注协不完全统计，2021年行业办理非法吸收公众存款、集资诈骗类案件鉴定服务涉及金额19 884亿元，职务侵占、挪用资金等职务犯罪类887.83亿元，掩饰隐瞒犯罪所得、洗钱类961.07亿元。

案例 8

某会计师事务所受公安机关委托,对某企业涉嫌非法吸收公众存款案进行司法会计鉴定。该案嫌疑人于 2014 年注册成立某金融信息服务有限公司,并在外地设立两家分公司,未经相关部门批准向社会不特定人群吸收投资款,用于对外发放贷款赚取利差和进行其他投资等,后因资金链断裂,无法兑付投资者本金及利息而案发。该所通过收集涉案资料、认真梳理分析涉案数据、对比分析业务明细数据后出具鉴定报告。本次司法会计鉴定认定的涉案投资人约 1 000 人,吸收投资总额 3.8 亿元,投资人损失 6 800 万元;放贷涉及借款人 330 人,放贷总额 8 800 万元。同时,对涉案的多名部门主要负责人的吸收理财业务量等事项提出了鉴定意见,为司法机关依法审理判案提供了准确的数据依据,也为侦查人员提供了有力线索,对打击金融领域违法犯罪活动起到积极作用。本次鉴定详细反映了全部受害人的具体损失情况,为本案后续处理及补偿款发放工作提供了重要参考依据,有利于缓解因本案引发的社会矛盾,维护社会稳定。

注册会计师行业通过提供相关专业技能的培训服务、组织研讨等活动,在推动严厉惩治司法腐败,深化司法体制改革,提升司法人员法治治理能力,规范执法行为,减少公诉案件证据瑕疵,预防冤错案件发生等方面发挥作用。

案例 9

为深入贯彻落实某市委市政府关于持续优化营商环境的工作部署和具体要求,推进司法鉴定工作高质量发展,提升人民群众的获得感,共同促进法治中国首善之区建设,该地注协受该市高级人民法院委托,组织行业专业技术委员会专家,立足该市实际涉诉情况,汇总分析近几年审判实例,协助编写司法鉴定业务指引。这是行业协助提升司法审判工作效能的一项创新举措,同时也是该市行业助力政府优化营商环境贡献专业力量的又一举措。指引涵盖了财务状况、所有者权益、债权债务等 9 大类,明确了人民法院在对外委托阶段的委托事项、鉴定材料和相关注意事项，引导委托人的委托行为，协助法院统一受理标准，提升工作效率，满足了司法审判工作的实际需求；同时，引领规范该市执业人员积极参与司法鉴定工作，为保护公众利益、服务司法审判作出重要贡献。

案例 10

某会计师事务所通过担任公检法部门、证券监管机构以及省、市纪监委等单位组织的专题培训班、研讨班授课人的方式，为行政执法队伍培训 1 600 余人次，在提升法治意识、理论研究和实务运作水平方面发挥重要作用。

四、积极参政议政，助力国家民主政治建设

注册会计师行业代表人士积极参政议政，建言献策，助力中国特色社会主义民主政治建设。行业在提供专业服务过程中能够接触到各个领域的微观经济主体，了解实际、贴近实务、熟悉政策，具有天然的建言优势。2021 年，省级以上行业人大代表、政协委员共提出 1 046 件议案提案，反映民情、体现民意，在关心行业发展的同时，认真履职，将关注的目光投射到经济社会发展的方方面面，为保障国家经济安全、规范经济秩序、提高经济效益发挥作用，获得广泛好评。截至 2021 年 12 月 31 日，注册会计师行业共有 829 人次担任全国各级人大代表、政协委员。其中，担任省级以上人大代表、政协委员共计 103 人，包括当选第十三届全国人大代表和第十三届全国政协委员共 10 名（3 名全国人大代表、7 名全国政协委员，含 1 名全国政协常委）。

注册会计师行业认真贯彻《中国共产党统一战线工作条例》，积极推荐行业党外人士担任新的社会阶层理事，在全国各地积极倡议推动开展注册会计师服务团实践活动。行业 4 位同志荣获中央统战部授予的 2021 年度"新的社会阶层人士服务团优秀团员"称号，彰显了注册会计师行业人士利用专业智慧在国家政治、经济、社会建设各领域发挥的作用和作出的贡献。

案例 11

2021年，全国人大代表胡少先（同时担任国家监察委员会特约监察员）、余瑞玉、朱建弟，全国政协常委张连起，全国政协委员石文先、张国俊、张萍、柴靓、蒋洪峰、蒋颖等10位行业两会代表围绕国家"十四五"规划纲要实施和行业发展建言，切实把建议提案与推进行业高质量发展结合起来，一如既往发挥专业优势，深入调查研究，深度参与国家治理乃至全球治理，体现行业"专业报国、服务社会"的宗旨和使命，使注册会计师行业成为党治国理政的一支可以信赖和依靠的重要专业力量。

全国政协常委张连起，自2013年担任全国政协委员以来，运用经济、会计、审计、税务等多种专业优势，全身心投入参政议政，截至2021年底共提交提案60多件，建议150次，议题涵盖范围广泛，诸如国家"十四五"规划、疫情防控、提振经济、财税改革、产业发展、数字人民币研发及青年人住房等问题。2017年起，每年提出的推进财税改革、减税降费多项相关建议上报中央有关部门，得到重视和采纳。2021年，在《以提质增效的财政政策助力新发展格局的提案》中，建议"坚持统筹发展和安全，高度警惕防范涉及财政领域的重大风险。把该减的税减下来，该降的费降到位，该压的支出压到底，该收的税费收上来。注重阶段性政策与制度性安排相结合，减税降费与完善税制相结合，惠企利民与增强财政可持续能力相结合。促进科技创新，激励市场主体加大研发强度"，体现了政协委员为人民履行民主监督之责，助力新发展格局，提升财税治理效能。

全国政协委员石文先，在《关于充分发挥注册会计师行业价值优势助力乡村振兴的提案》中，提出"应通过注册会计师作用发挥，切实弄清脱贫攻坚中支农扶农助农资金形成的资产情况，摸清乡村振兴资源的底数，激活乡村振兴资源要素，强化涉农财政资金监管使用，保障涉农财政资金安全，增强乡村振兴发展后劲，构建乡村振兴可持续发展市场化机制。"

北京市人大代表李季名，在《关于进一步推动首都科技创新券政策落地效果的建议》中，建议创新券管理政策与时俱进、因势利导，增加支持力度和普惠范围，进一步提高政策资金使用的引导性、效益性，切实帮助更多中小微企业成为将北京市建设为"国家科技中心"的生力军；在《关于全面推进财政资金成本绩效评价实施手册的制定和应用》中，建议有关部门加快制定科学的成本绩效工作手册，规范、指导、约束、监督成本绩效评价工作各方。

注册会计师行业服务国家文化建设

文化是国家的灵魂、民族的血脉，是一个民族传承和发展最根本、最深沉、最持久的力量，也是凝聚民族向心力、增强民族自信心、团结各族人民共同奋斗的坚强基石。文化事业为人民过上美好生活提供丰富精神食粮，是中国特色社会主义"五位一体"总体布局的基本要求。党的十九届五中全会提出到2035年建成文化强国的战略目标，要求坚定文化自信，坚持以社会主义核心价值观引领文化建设。诚信是中华民族的传统美德，是社会主义核心价值观的基本要素，诚信文化和社会信用体系建设是文化建设的重要内容。注册会计师行业认真贯彻习近平总书记"紧紧抓住服务国家建设这个主题和诚信建设这条主线"的重要批示精神，坚持弘扬"诚信为本、操守为重、坚持准则、不做假账"的职业精神，利用专业优势助力文化强国战略实施，服务国家文化建设。

一、专业助力诚信文化和社会信用体系建设

社会信用体系是社会主义市场经济体制和社会治理体制的重要组成部分。树立诚信文化理念、弘扬诚信传统美德是社会信用体系的内在要求。社会信用体系建设，政务诚信、商务诚信、社会诚信和司法公信建设是主要内容，诚信文化建设、建立守信激励和失信惩戒机制是重点，提高全社会诚信意识和信用水平、改善经济社会运行环境是目的。注册会计师行业不断构建完善行业诚信体系，守好行业的生命线，做诚信文化的践行者、传递者、捍卫者，

为政府、企业、社会、个人之间创造信任、嫁接信任，专业助力社会信用体系建设。

（一）服务政务诚信建设，助力提升政府公信力

政务诚信是诚信文化和社会信用体系建设的关键，各类政务行为主体的诚信水平，对其他社会主体诚信建设发挥着重要的表率和导向作用。注册会计师行业借助其自身独立第三方身份，利用专业知识、技术手段和实践经验进行分析研判、鉴证评价，将社会审计监督关口前移，事前预测项目的可行性和可能存在的潜在风险，完善政府决策机制和程序；事中促进政府部门依法行政，履职尽责，防止权力寻租；事后辅助权力问责，纠正相关主体在行使权力、廉政勤政方面存在的问题，促进政务信息公开，提升政务诚信水平。

——为财政资金提供投资评审、绩效评价等服务，助力财政资源配置，提高财政资金使用效率，把有限的财政资金"用在刀刃上"。

——提供经济责任审计、政府绩效审计等专业服务，发挥对公权力运行的审计监督作用，辅助政府部门加强权力问责、推动权力透明。

——参与公共资源交易、基础设施工程建设、政府与社会资本合作、招商引资等重点领域监督，推动政府依法诚信履约，增强社会资本投资者信心。

——提供财务咨询和审计鉴证服务，提高政府等各类公共主体的信息质量，助力政府举债融资行为依法依规、规模适度、风险可控、程序透明。

与此同时，履行行业增信增值职能，发挥审计鉴证评价信息在政策制定、资金决策、投融资监管、风险防控等方面的参考价值，推进全面、全员、全过程风险管理和内部控制，助力健全工程建设、招标投标、乡村振兴、医疗卫生、生态环保、科研、"三农"等财政资金使用重点领域的信用监督机制，发挥对政务诚信建设的支持促进作用。

案例 1

某会计师事务所制定经济责任审计操作手册，建立统一的审计质量标准

与管理流程、企业绩效评价数据库和经济责任评估系统，先后承办多家部委及多家国有企业集团委托的数百项经济责任审计项目和工程建设期审计项目。通过专业、诚信、严谨的执业态度和丰富的经济责任审计经验，助力政府等公共部门依法行政，强化监管。

📖 案例 2

公共产品产出价格，事关社会公平、事关政府改革、事关公众利益，牵一发而动全身。某会计师事务所 2021 年受托对某省 1 市 6 县的供水、污水、供热、燃气、环卫、园林、康养等领域的 12 项公共产品价格提供管理决策和成本监审咨询服务。该所梳理影响成本价格的因素，应用管理会计工具方法全面审核，发现风险缺陷，提出改进建议，并确定合理价格。如通过对某城市集中供热有限公司 2015 年 10 月至 2020 年 9 月供热成本测算，发现投资未决算、融资利率不符合标准、煤气掺烧比过高等对供热成本造成较大影响的问题，该所测算时对价格进行调整，节约政府热源购买成本近 1 000 余万元；通过对某县 2018 年 4 月至 2021 年 3 月城市供热成本测算，发现循环流化床锅炉燃烧高热质煤造成成本上升风险和煤质化验成果未应用风险，2021 年 10 月供暖启动后进行了持续改进，为 2021—2022 年供暖季节约 4 000 万元。该服务促进了政府和社会资本合作模式的推广应用，维护了政府社会资本双方的合法权益和社会公平，节约了社会成本，取得了较好经济效益。

（二）服务商务诚信建设，降低交易成本，促进交易扩张

商务诚信是诚信文化和社会信用体系建设的重点，是各类商务主体可持续发展的生存之本，也是各类经济活动高效开展的基础保障。一个诚信的商务环境，可以降低交易成本，促进交易扩张。注册会计师独立审计的产生就是为了解决所有权与经营权两权分离情况下委托人与代理人之间的利益冲突问题。因此，注册会计师独立审计日益发展成为市场监督体系重要的制度安排，注册会计师行业成为市场经济诚信链条的重要一环。注册会计师发挥审计鉴

证作用监督市场主体会计行为，为市场主体披露的会计信息增信，助力打击虚假信息和失信行为，推动市场主体增强诚信意识，营造公平诚信的营商环境。

1. 助力市场主体会计诚信建设。注册会计师的审计监督可以帮助解决企业外部利益相关者对企业财务报表、内部控制等的信心、信任和信赖问题，也在一定程度上帮助企业与外部利益相关者建立信任（信赖）关系。在为企事业单位等市场主体提供财务报表审计、资本验证、预测性财务信息审核等服务过程中，注册会计师识别、发现和纠正被审计单位编制虚假、错误财务信息的行为，粉饰财务报表的行为及潜在的合规隐患，推动经济活动各方秉持诚信原则，有效减少违背诚信、故意隐瞒财务状况或重要事实等失信、无信行为，降低市场活动风险。此外，注册会计师提供的内部控制审计、信息和网络安全审计也增强了企业外部利益相关者对企业的信心和信任。注册会计师监督作用的发挥，能够推动市场主体诚信建设，提高市场主体披露的信息质量，从而在推动诚信社会建设、提高社会资源配置效率、维护国家经济秩序、保障经济社会健康发展等方面发挥重要作用。

2. 助力市场主体诚信纳税。注册会计师行业积极为税务部门和各类市场主体提供涉税专业服务。市场主体的纳税申报、企业的税收优惠、研发费用加计扣除比例的享受等涉税行为，很多都建立在会计基础工作和会计数据基础之上；税务部门的征税和税收监管，也在很大程度上依赖于会计基础工作和会计数据。市场主体享受各类税收减免政策，通常都需要提供注册会计师签发的审计报告，以及专项信息审核报告。注册会计师通过财务报表审计和专项信息审核，夯实市场主体会计诚信行为和会计信息质量，从源头确保企业诚信纳税；利用专家资源和财税会计专业知识，提供税务法规政策解读、税收优惠宣讲、纳税填报指导等服务，助力提升市场主体和公民纳税申报信用，提升纳税人诚信意识，打击偷税漏税逃税行为，培育大批诚信经营、守信践诺的合规合法诚信纳税人；通过协助相关政府部门开展市场主体年报核查、纳税信用评价、涉税鉴证等行动，推动市场主体诚信纳税，助力健全商务诚信体系。

3. 助力金融领域诚信建设。注册会计师财务报表审计发挥增信价值，作为金融机构评价市场主体信用风险的重要参考指标，将诚实守信的市场主体筛选出来，以获得更优质的金融服务。注册会计师的增信价值，激励和促进市场主体诚信经营，市场主体信用越好，融资就越容易、融资成本就越低，否则融资就更难、融资成本就更高。这是一种基于市场原则的守信激励和失信惩戒机制，让市场在资源配置中发挥决定性作用。

注册会计师行业用专业服务为广大中小微企业和个体工商户增信，助力解决其融资难、融资贵难题，服务国家普惠金融发展战略。注册会计师行业还利用多元专业优势，研发提供数字金融分析工具等数字产品，支持金融机构运用大数据技术处理客户信用信息数据，尽早识别、监测、管理、处置市场主体的信用风险，助力防范金融市场风险。

4. 助力资本市场诚信建设。注册会计师行业作为服务资本市场的中介机构，是资本市场诚信链条的重要一环，与资本市场相关主体一起合力推动建设形成崇法守信、规范透明、开放包容的资本市场诚信生态。履行独立第三方审计鉴证职能，监督、保障各类资本市场主体会计信息质量；发挥信用增进和风险控制的专业优势，促进上市公司完善内控管理机制和信息披露质量；助力上市公司增强信用意识和契约精神，规范管理、做大做强；助力引导资金合理流动和资源有效配置，维护市场秩序和国家经济安全。

📖 案例 3

某会计师事务所受某市市场监督管理局委托，对该市 1 069 家企业开展企业年报及即时信息核查，对全市市场主体年报数据的真实性进行客观公正独立审核。受某市市场监督管理局与发展和改革局联合委托，承办该市市场主体失信信用修复培训 7 场，并通过微信小程序等向全市 4.2 万余家市场主体提供线上咨询指导。通过普法宣讲，信用政策、信用监管和信用修复宣贯，企业公示信息填报指导等活动，鼓励违法失信当事人主动纠正违法失信行为、消除不良影响、重塑良好信用，提升企业信息公示的及时性和准确性，推进市监督管理部门和税务部门监管能力现代化和线上线下一体化监管步伐。通过纳税志愿服务队，与市外商投资企业协会等各行业协会携手，借助宣讲、沙龙、培训等活动形式，结合行业经济特性，向中小企业开展相关税务政策推送、企业纳税信用评价制度的宣讲，引导合法合规纳税、倡导企业争当A级纳税人，构建良好社会信用。2021年组织税宣、信用建设类活动超过20场，对促进市场主体诚信自律，激发市场主体活力，营造良好的营商环境发挥了作用。

（三）服务社会诚信建设，促进社会和谐稳定

社会诚信是诚信文化和社会信用体系建设的基础。《民法典》第七条规定：民事主体从事民事活动，应当遵循诚信原则，秉持诚实，恪守承诺。在社会领域，注册会计师业务不断拓展，参与到社区管理、农村自治、低保补助、医疗卫生等领域，促进社会利益协调、矛盾处置。在科研领域，注册会计师通过对科研活动的财务管理诚信情况进行审核，规范科研经费支出使用情况，助力提升科研机构、科研人员诚信意识。在慈善领域，注册会计师通过为慈善组织提供审计、专项评审等服务，推动慈善组织信息公开，打击慈善领域诈捐骗捐、贪污渎职侵权等行为，提升慈善组织诚信水平和社会公信力。图1展示了注册会计师行业为慈善组织提供增信服务的作用。注册会计师行业的专业服务，在社会生活各个领域助力社会成员之间以诚相待、以信为本，支持社会诚信体系建设，促进社会和谐稳定。

（四）服务司法公信建设，促进社会公平正义

司法公信是诚信文化和社会信用体系建设的重要内容，是社会公平正义的底线。司法人员作为法律规则的执行者和诉讼纠纷的仲裁者，具有法律授予的自由裁量权，客观上存在司法不诚信、滥用权力、以权代法的可能性。司法鉴定意见具有专业性、技术性，在司法实务中，注册会计师通常为经济类犯罪案件提供司法会计鉴定意见。注册会计师恪守诚信执业底线，依据司法鉴

审计报告

会师报字[2022]第 353 号

中国红十字基金会理事会：

一、审计意见

我们审计了中国红十字基金会（以下简称贵会）财务报表，包括 2021 年 12 月 31 日的资产负债表、2021 年度的业务活动表、现金流量表以及相关财务报表附注。

我们认为，后附的财务报表在所有重大方面按照《民间非营利组织会计制度》的规定编制，公允反映了贵会 2021 年 12 月 31 日的财务状况以及 2021 年度的业务活动成果和现金流量。

二、形成审计意见的基础

我们按照中国注册会计师审计准则的规定执行了审计工作。审计报告的"注册会计师对财务报表审计的责任"部分进一步阐述了我们在这些准则下的责任。按照中国注册会计师职业道德守则，我们独立于贵会，并履行了职业道德方面的其他责任。我们相信，我们获取的审计证据是充分、适当的，为发表审计意见提供了基础。

三、理事会对财务报表的责任

中国红十字基金会理事会（以下简称理事会）负责按照《民间非营利组织会计制度》的规定编制财务报表，使其实现公允反映，并设计、执行和维护必要的内部控制，以使财务报表不存在由于舞弊或错误导致的重大错报。

四、注册会计师对财务报表审计的责任

我们的目标是对财务报表整体是否不存在由于舞弊或错误导致的重大错报获取合理保证，并出具包含审计意见的审计报告。合理保证是高水平的保证，但并不能保证按照审计准则执行的审计在某一重大错报存在时总能发现。错报可能由于舞弊或错误导致，如果合理预期错报单独或汇总起来可能影响财务报表使用者依据财务报表作出的经济决策，则通常认为错报是重大的。

在按照审计准则执行审计工作的过程中，我们运用职业判断，并保持职业怀疑。同时，我们也执行以下工作：

（1）识别和评估由于舞弊或错误导致的财务报表重大错报风险，设计和实施审计程序以应对这些风险，并获取充分、适当的审计证据，作为发表审计意见的基础。由于舞弊可能涉及串通、伪造、故意遗漏、虚假陈述或凌驾于内部控制之上，未能发现由于舞弊导致的重大错报的风险高于未能发现由于错误导致的重大错报的风险。

（2）了解与审计相关的内部控制，以设计恰当的审计程序，但目的并非对内部控制的有效性发表意见。

（3）评价管理层选用会计政策的恰当性和作出会计估计及相关披露的合理性。

（4）对管理层使用持续运营假设的恰当性得出结论。同时，根据获取的审计证据，就可能导致对中国红十字基金会持续运营能力产生重大疑虑的事项或情况是否存在重大不确定性得出结论。如果我们得出结论认为存在重大不确定性，审计准则要求我们在审计报告中提请报表使用者注意财务报表中的相关披露；如果披露不充分，我们应

中国注册会计师

中国注册会计师

图 1　某会计师事务所出具的关于中国红十字基金会的审计报告

定程序、标准和技术规范，遵守注册会计师职业道德，不断提高司法鉴定等司法服务业务质量和服务水平，助力司法机关实现信守法律、公平正义、公正裁判，助力司法公信体系建设。

二、主动为诚信文化建设提供行业探索

注册会计师行业认真贯彻习近平总书记"紧紧抓住服务国家建设这个主题和诚信建设这条主线"的重要批示精神，牢记党和国家的重托，牢记维护公众利益的重任，将行业视为诚信文化和社会信用体系建设力量的一分子，以诚立业、砥砺传承，为中国特色社会主义文化建设提供有益的探索和积极健康的养分。

（一）行业的职业文化是社会文化建设的有机组成

每个行业都有自身的文化特点，注册会计师行业也不例外。注册会计师行业作为社会主义市场经济运行的制度安排，实践和弘扬诚信文化这一行业发展的核心要素，是探索和促进社会诚信文化的重要载体。注册会计师行业恢复重建40多年以来的发展实践，反复验证了诚信就是行业安身立命之本，诚信建设是行业自身建设的根本之策。

注册会计师行业向社会各个领域提供专业服务，出具专业报告，从最底层的逻辑看，注册会计师提供的产品实际上就是"信任"。市场经济发展程度越高，社会专业分工越精细，"信任"这个产品就越重要。注册会计师行业是给公众和社会带来信心，增进不同利益相关者之间相互信任和信赖的行业。事实上，发挥好行业职能隐含着一个基本前提，就是行业首先要取得客户和公众的信任。换言之，注册会计师行业为别人提供信任，但获得别人的信任是向别人提供信任产品的基础。

注册会计师行业经过脚踏实地的不断探索，发展成为高度专业化的职业，形成以其职业道德和专业胜任能力为核心的职业精神所塑造的专业文化。注册会计师诚信、进取、专业、敬业的职业文化，是现代社会文化的重要内容，是社会文化建设的有机组成部分。

注册会计师行业不断丰富行业专业文化的职业内涵，赋予专业文化时代特色。2021年，行业发展"十四五"规划提出坚持诚信文化建设主题活动常态化，增强行业诚信自觉、诚信自信、诚信自强，促进诚信为本、和谐为轴、专业为重、务实为要的行业诚信文化的形成，实现诚信文化建设与行业发展的紧密结合。

（二）行业的诚信文化建设是社会诚信文化建设的有益探索

注册会计师行业始终将诚信看作是行业的本质属性和核心价值，看作是行业的生命线，不断构建完善行业诚信体系。行业诚信建设一直在路上，是社会诚信文化建设的有益探索。2021年，注册会计师行业深入贯彻国办发30号文精神，紧抓质量提升主线，继续强化诚信文化建设。

——党中央、国务院对行业诚信建设提出新要求。国办发 30 号文以全面提升注册会计师行业服务国家建设能力为目标，聚焦审计质量提升，针对财务审计秩序、行业管理、执业环境和能力方面存在的突出问题，采用系统思维综合施策、标本兼治，持续提升注册会计师执业能力、独立性、道德水平和行业公信力。其中，对于诚信建设提出的新要求，为"十四五"和今后一段时间行业诚信文化建设指明了方向。

——全行业开展"品牌建设年"主题活动，以诚信立品牌，以品牌促发展。紧紧围绕服务国家建设主题和诚信建设主线，大力弘扬和传递注册会计师职业精神和专业文化，引导会计师事务所构建品牌管理体系，把会计师事务所品牌建设与诚信建设、文化建设、发展战略、人才建设等相融合，坚持诚信为本的理念，重视专业服务质量提升，着力由传统审计鉴证服务向拓展增信服务和增值服务转变，在持续提供服务价值中塑造品牌，提升品牌竞争力。在全行业塑造创建品牌、树立良好信誉的行业文化，通过科学有效的品牌激励、管理和评价机制，打造高信誉度的品牌会计师事务所。修订《会计师事务所综合评价排名办法》，提升综合评价公信力和影响力，进一步发挥百家排名市场选择风向标作用，引导会计师事务所强化质量管理，以诚信立品牌，以品牌促发展。

——做好注册会计师和行业从业人员等社会信用体系建设重点人群的诚信教育。行业始终把诚信文化建设贯穿行业人才工作的各环节，列入注册会计师继续教育、行业高层次人才素养提升工程核心课程，让行业全体从业人员不断接受诚信文化的教育洗礼，做弘扬诚信文化的践行者。2021 年 11 月，行业举办"规范财务审计秩序 促进行业健康发展"知识竞赛，全行业参加竞赛答题 427 632 人次。

——进一步完善行业守信激励和失信惩戒机制。制定会计师事务所质量管理相关准则，细化明确诚信执业的质量要求；修订发布会员执业违规行为惩戒办法等 5 项行业监管工作制度，引导会计师事务所强化诚信理念、提高审计质量。持续开展执业质量检查，对存在尚不构成行业惩戒的执业违规行为，采取强制培训、责令单位会员内部问责、责令单位会员整改等自律监管措施。

三、专业服务国家文化事业和文化产业建设

党的十九届五中全会提出通过提高社会文明程度，提升公共文化服务水平，健全现代文化产业体系等举措，实现繁荣发展文化事业和文化产业，提高国家文化软实力的目标。注册会计师行业充分利用财务、审计、税务、风险管理的专业知识与成熟经验，以跨行业的视角和多维度的产业信息为基础，提供综合性的行业洞察和趋势分析，为中国文化事业和文化产业的发展和改革创新提供专业服务。

（一）服务重大文体活动和赛事，助力展示国家文化软实力

文体活动是社会文化现象，一方面，促进人类的身心健康，培育积极向上的精神力量；另一方面，作为人类的一种社会交往方式，塑造文化共同体，包括相同或接近的价值观念、友谊与信任等。重大文体活动和赛事特别是国际文体赛事，是展示国家文化软实力、促进不同文明交流互鉴、塑造文化共同体的重要途径。

重大文体活动和赛事的举办，是一项复杂的系统工程，需要方方面面的支持和配合，其中也包含注册会计师行业的专业服务。注册会计师行业提供包括财务规划、风险控制、谈判支持、预算风险管理、税务管理、招投标，甚至决策支持等方面的专业服务，不仅为文体活动和赛事的申办、组织提供专业支持，还为中长期的场馆建设、城市基础设施建设、环境保护等诸多方面提供专业建议。

📖 **案例 4**

2022 年初的北京冬奥会，向世界呈现了一届简约、安全、精彩的奥运盛

会，更以别样的中华文化魅力收获来自世界的掌声。成熟的财务管理是奥运会取得成功的重要因素之一，注册会计师行业没有缺席，从赛事申办、赛事前期筹备到赛事期间运行、赛后财务收尾，全过程提供财务会计、税务和审计专业服务，用"赛事全生命周期"的专业服务满足赛事专业需求。行业脚踏实地践行习近平总书记"坚持廉洁办奥，让冬奥会像冰雪一样纯洁干净"的重要指示精神，成功交出一份科学、严谨、务实、节俭的财务审计答卷，专业助创廉洁冬奥，专业助力中国文化、中国价值和中国力量的构筑与展示。

某会计师事务所作为北京2022年冬奥会和冬残奥会官方财务会计服务供应商，从申办阶段即深度参与，提供贯穿"赛事全生命周期"的专业服务。该所突破执业固有思维，同时结合中国国情，为北京冬奥会和冬残奥会提供财务预算管理咨询、税务筹划规划、北京冬奥组委财务内控信息系统数据核查、冬奥村运动员服务项目结算核查、现金等价物管理与核价、冬奥专项项目专家评审等优质的专业服务。注册会计师行业服务大型活动、体育赛会等的专业价值得到进一步凸显。

某会计师事务所接受北京冬奥组委委托，自2015年北京冬奥会组委成立起即为其提供财务收支审计服务；严格遵循预算管理相关规定和支出标准，对财务评审项目的完整性、必要性、可行性、合理性进行审核，为"廉洁办奥"贡献专业力量，提供专业保障，经受住了政府审计部门和国际奥委会的复核，体现了我国注册会计师的专业能力，赢得北京冬奥组委的认可和感谢。

📖 案例5

某会计师事务所受某市审计局委托，提供2022年第19届亚运会组委会财务收支跟踪审计的协审服务。2022年亚运会以"中国新时代·杭州新亚运"为定位，"中国特色、浙江风采、杭州韵味、精彩纷呈"为目标，秉持"绿色、智能、节俭、文明"的办会理念，坚持"以杭州为主，全省共享"的办赛原则。该所对亚运会组委会制度体系建立情况及执行情况、市场开发方面赞助到位情况、现金等价物（VIK）核价流程进度及使用情况、预算编制及执行情况、采购管理制度、资产与捐赠物资（资金）管理以及筹办工作重点任务完成情况等进行了深入调查和跟踪,通过审计监督,助力规范亚运会筹办过程中的财务收支行为,优化预算编制,控制筹办成本,促进亚运会组委会有效执行相关制度。同时建议合理保证筹办资金的真实、合法、有效使用,助力杭州亚运会对外展示"绿色、智能、节俭、文明"的形象。

(二)服务文化产业发展,助力提升产业发展综合效益

文化产业是国民经济的重要组成部分。《"十四五"文化产业发展规划》提出,不断提升产业链现代化水平和创新链效能,不断健全现代文化产业体系和市场体系,促进满足人民文化需求和增强人民精神力量相统一,为社会主义文化强国建设奠定坚实基础。

注册会计师行业发挥专业优势,服务文化企业改革和产业发展,积极推动国有文化企业公司制改革,建立健全体现文化企业特色的现代企业制度;推动国有文化企业法人治理结构日益完善,企业经营管理水平逐步提高;推动国有文化企业规范财务会计管理,提供财务报表审计和资产评估等专业服务,保障国有资产安全,防止国有资产流失。通过为国有文化企业提供财政投资预算评审、绩效评价、税务咨询,以及文化产业项目资金审核等专业服务,推动国有文化企业探索文化发展新业态新模式,实现社会效益和经济效益相统一,推动文化产业发展综合效益提升。

案例6

某会计师事务所受某市某区政府委托,提供"文化金三角"建设战略规划服务。该区立足全国文化中心核心承载区定位,提出打造故宫、王府井、隆福寺"文化金三角"的设想。该所从"文化金三角"基本内涵出发,通过对上位规划解读和衔接、梳理分析片区资源和现状,参考国内外典型文化标志区建设范例,为该区政府提出"文化金三角"建设实施路径和策略建议,为政府文化资源区建设提供可行性指导,为提升首都文化形象贡献行业专业力量。

注册会计师行业服务国家社会建设

社会建设，关乎民生，关乎国家长治久安。习近平总书记在党的十九大报告中指出，提高保障和改善民生水平，加强和创新社会治理。注册会计师行业作为承担经济监督职能和专业服务职能的社会组织，结合中国特色社会主义进入新时代的新形势新要求，发挥行业专业优势和社会组织桥梁纽带作用，拓展服务领域，积极服务国家社会建设。

一、专业助力民生保障和改善

百姓冷暖、民生福祉一直以来都是习近平总书记心头最大的牵挂。民生无小事，枝叶总关情，增进民生福祉是我们坚持立党为公、执政为民的本质要求。注册会计师行业牢记习近平总书记重要指示，凝聚行业智慧和力量，探索专业赋能各项基层民生保障工作。

（一）积极服务民生工程建设

注册会计师行业通过政府投资可行性分析、财政资金专项审计和绩效评价、基建工程竣工决算审计、经济责任审计等专业服务，投身重大民生工程项目建设，助力政府实现对重大民生工程从投资、建设到竣工的全流程管理和监督。据中注协不完全统计，截至 2021 年底，行业在 109 759 项基建工程竣工决算审计业务中，审定项目总金额 41 921 亿元。

案例 1

某会计师事务所受某省水利厅、财政厅委托，对该省 2018—2020 年农村饮用水达标提标工程建设及管理情况开展专项核查。该所投入百余人的核查队伍奋战三个月，开展全方位核查。核查表明，各地方政府积极将农村饮水安全列入年度为民办实事工程，强化责任担当、落实各项要素保障，三年累计投入资金 214 亿元，新增 1 054 万达标人口、超计划 803 万人的 30%，同期改善人数位居全国第一；各项主要指标如期完成，全省农村饮用水达标人口覆盖率超过 95%，城乡规模化供水人口覆盖率超过 85%，农村供水工程供水保证率超过 95%、水质达标率超过 92%，在全国率先基本实现"城乡同质饮水"目标，农村饮用水达标提标行动圆满收官。核查报告还从项目建设程序、资金管理、绩效发挥等方面提出了相关优化建议和措施，为省级主管部门后续加强项目管理的顶层设计提供有益参考。

案例 2

某会计师事务所受某市某区财政局委托，对该地区地质灾害监测及综合治理项目进行绩效评价。该地是地质灾害易发、多发地区。2017 年当地政府启动地质灾害综合治理专项行动，加强地质灾害防治工作，加快推进地质灾害避让搬迁和工程治理，努力消除地质灾害隐患，全面减少受地质灾害威胁人员数量。该所通过重点对项目目标完成情况、项目管理制度的健全性和有效性、项目实施效果、项目存在的问题进行全面评价并提出整改建议，助力地方财政部门进一步完善制度、创新机制、加强管理、强化监督，保证项目资金使用管理的规范性、安全性和有效性，助力当地政府打击非法采矿等违法行为，明确地质灾害防御治理主体责任。评价报告通过了当地有关单位的联合评审。项目主管部门和地方政府按评价报告中的项目整改建议推进整改工作，出台了《地质灾害治理工程资金使用管理暂行办法》和《关于进一步明确工程性采矿管理的有关规定（试行）》。

案例3

某会计师事务所受某市财政局委托,对该市黄河河道健身步道工程提供绩效评价服务。为了贯彻落实习近平总书记视察甘肃时的重要讲话和指示精神,该市市委、市政府制定了《做好黄河文章 建设现代化都会城市三年行动计划》。其中一个项目为在黄河两岸建设总长8 153.191米、宽4—5米的健身步道。项目计划总投资7 319.81万元,资金来源为市级财政资金,经7个月建设按期投入使用。该黄河河道健身步道工程被该市列入为民办实事项目,是一项民生工程,也是绿色工程。该所专业、全面、真实、客观地评价了项目实施情况和取得的效果,不仅增强了相关部门对预算绩效评价重要性的认识,提升了项目建设单位编制绩效目标的科学化、规范化、标准化水平,也为财政部门、项目建设单位开展绩效评价工作提供了可借鉴的经验。针对评价中指出的问题,主管部门积极整改,健全完善了制度和建设程序,加快工程结算进度,加强后期管护力度,提升改造了5处健身广场、6处空竹园和10座生态公厕。

(二)积极服务卫生健康事业

国家"十四五"规划纲要提出,把保障人民健康放在优先发展的战略位置,坚持预防为主的方针,深入实施健康中国行动,完善国民健康促进政策,织牢国家公共卫生防护网,为人民提供全方位全生命周期健康服务。注册会计师行业积极拓展民生健康保障领域相关审计鉴证和咨询服务工作,为筑牢民生健康保障防线,发挥专业优势、贡献行业力量。

1. 为卫生系统改革提供服务。随着深化医改向纵深推进,医疗卫生资源和服务数量迅速增长,医疗卫生系统的资金监管工作面临着新挑战,亟需转变管理理念,引入诸如注册会计师等外部监督力量来进一步规范和优化。

案例4

某会计师事务所受某市某区财政局委托,对该区卫健委系统下属医院、卫生院及行政事业单位截至2021年6月30日的资产、负债、净资产情况和

2020年1月1日至2021年6月30日期间的收入费用情况进行专项核查。在核查中，该所发现该区卫健委系统的应收、应付款项存在诸多问题，比如，应收医保款项不能完全确认、贷款利息或水电费支出挂账等问题。对此，该所提出如下整改建议，助力卫健委系统加强财务管理：一是卫健委管理部门制定切实可行的往来资金清理工作实施意见，使往来资金清理工作有章可循，促进及时清理历史遗留的往来款，盘活资金、减少沉淀，提高资金效益。二是加强约束，健全内部管理制度。各下属医院、卫生院及行政事业单位加强对往来款项的日常管理，建立行之有效的往来资金内部管理制度；对往来款及时清理，不得长期挂账；对呆死账履行审批处理程序，无正当理由产生坏账损失的，要追究当事人责任。根据整改建议，各下属医院、卫生院及行政事业单位及时开展往来资金清理工作，科学制订清理计划，主动与相关部门对接沟通，解决历史欠账，对确实无法收回的往来款项，查明原因、厘清责任，按规定程序审批后核销，以确保国家及单位利益不受损失，将清理任务落到实处。

2. 为医保政策落地提供服务。秉承助力医保政策落地、守护患者民心、用好老百姓"保命钱"的信念，注册会计师行业发挥专业优势，创新工作方法，升级工作方式，探索借助数字技术赋能医保政策落地，维护医保基金安全，监督各类医保项目合规赔付，为有效降低患者负担水平、规范诊疗行为和提高医保基金支付效率贡献行业价值和力量。

案例 5

某会计师事务所受某市乡村振兴局（扶贫办）委托，对"精准脱贫险"承保与赔付情况进行核查。"精准脱贫险"包括小额意外保险、大病补充保险、疾病身故保险、贫困学生重大疾病保险、农房保险、扶贫保险、家庭财产保险等。2017年起，该市各区县乡村振兴局（扶贫办）为全市农村建档立卡贫困人口购买"精准脱贫险"，利用该险种解决贫困户看病难问题，助推大病医疗保险政策落地实施。该险种通过网上"一站式平台"为贫困户入院治疗提供便利，贫困户只需提供身份证，就可以安心治病，从入院到出院的整个结算由后台进行，先与医保局、民政救助、医疗救助结算，之后扣除个人应承担部分，最后由保险兜底。该工程经过5年运行，取得了良好社会效益，惠及大量贫困人口。该所通过政策梳理、保费到位情况和赔付资金流向核查、现场走访、数据分析等方法，助力保障保险承保、赔付的合规性，保险工作的有效运行，保险资金的精准投放，确保广大基层贫困人口得到真实有效赔付，维护保障资金的安全，确保资金的使用效率。

3. 为疫情防控提供服务。地方政府发行有一定收益的公益性项目债券，在一定期限内以公益性项目产生的政府性基金收入或专项收入对债券购买者还本付息，将资金精准用于经济社会效益明显、群众期盼、早晚要干的实体项目。注册会计师行业积极融入地方政府债券发行审核工作，助力政府有效发挥债券筹集资金在处理社会公共事务、解决重大疫情防控等突发性社会问题上的作用。

案例6

某会计师事务所受某市财政局委托，对该市重大疫情救治基地建设项目进行专项债券收益与融资平衡财务评价，为申请2021年度地方政府专项债券发行提供相关材料。我国地方政府专项债券涉及的政策较多，发行时效性较强。为了助力当地政府专项债发行，该所在充分熟悉有关政策和法规的基础上，对项目风险进行评估，充分收集和了解项目的基本信息、债券资金投向、未来收益方式、时间性要求、项目地区发生风险迹象等情况，把握其中的关键信息，特别是不属于政府债券支持或禁止发行的项目，了解发行计划及变化趋势，合理配备人员，加强与项目实施单位和地方财政部门的沟通或反馈，以保证按时完成项目评价工作。该所出具的重大疫情救治基地建设项目收益与融资平衡财务评价报告，顺利地通过了省财政厅评审，保障了该专项债券及时发行。

（三）积极服务民生住房保障

实现全体人民"住有所居"、"住有宜居"是切实提升人民群众获得感、幸福感的重要举措。注册会计师行业专业助力维护民众住房权益，提升住房保障相关财政资金的使用效能，提升民众生活品质。

1. 为城镇老旧小区改造提供服务。党中央、国务院连续多年部署实施城市更新行动，推进城镇小区改造。注册会计师行业通过为老旧小区改造提供财政专项资金绩效评价和专项评审等多元服务，保障财政资金安全高效使用，助力政府探索老旧小区改革新路，提升老旧小区居住质量和居民群众的幸福感、安全感。

案例7

某会计师事务所受某市某区财政局的委托，对该区老旧小区改造配套基础设施项目进行绩效评价。该改造项目涉及38个老旧小区、7个镇、185栋楼、建筑面积64.2935万平方米，惠及居民8 442户，预算资金总额为8 692万元。其中，中央预算内资金7 706万元，区财政资金986万元。该所对老旧小区改造项目的决策、实施、效果进行全面分析评价，对群众满意度进行全方位调查，对发现的问题深入分析原因，提出改进措施与建议。评价报告认为老旧小区改造提升了居民居住环境和民众的安全感、幸福感，促进了社会和谐稳定，提高了市容市貌，延长了老旧小区的使用寿命，也为建筑原材料产业、建筑服务业、房地产行业、建筑工程业、社区物业服务、智慧社区等多个行业产业带来市场机遇，创造经济收益。注册会计师行业的专业评价服务为规范财政资金管理和使用、提高资金使用效益、完善同类项目的管理提供了参考依据。

2. 为保障性住房建设提供服务。国家"十四五"规划纲要提出，有效增加保障性住房供给，完善住房保障基础性制度和支持政策。注册会计师行业积极参与，通过提供房屋成本定价审计、存量住房资源清查、住房相关项目财政资金使用管理评价、住房市场和住房保障相关财税金融支持政策咨询等服务，助力完善住房市场体系和住房保障体系，打击住房市场违规行为，推动建立多主体供给、多渠道保障、租购并举的住房制度，让人民群众有房住、住好房。

案例8

某会计师事务所受某市发改部门委托，对某村棚户区改造项目经济适用房定价成本进行审计。该改造项目是该市保障性安居工程项目，建设过程中，部分经济适用房被开发商违规出售给不具备经济适用房购房资格的主体。该所在审计中严格按标准重新核算，"挤干"超标准、超范围拆迁安置补偿成本"水分"，准确划分经济适用房和商品房成本范围，客观体现经济适用房定价成本，正确核定项目贷款利息，合理分担利息支出。经过该所审定的经济适用房项目开发成本从申报的6.16亿元审减为1.82亿元，单位面积成本从申报的1.21万元/平方米审减为0.48万元/平方米，节约资金4.34亿元。该所出具的定价成本审计报告顺利通过市发改、规划、住建等部门共同组织的评审，成为经济适用房违规抵顶工程款差价收益上缴财政的依据。

3. 为征地动迁项目提供服务。注册会计师行业接受地方政府部门委托，依据动迁项目专项资金管理、补偿安置相关法律法规政策，利用专项资金流动和控制相关的专业知识，对财政动迁项目专项资金进行审计，助力提升财政专项资金的使用效能，有效履行社会监督职责。

案例9

某会计师事务所受某县政府委托，对某产业园区房屋征收资金的管理使用及房源安置分配情况进行专项审计。项目涉及被征收户两千多户，涉及房屋征收资金高达9亿元。该所审计发现以下问题：超面积或违规置换还建房，合计面积3 948.47平方米，按置换标准折算涉及金额551万元；违规或超标准发放奖励,涉及金额1.25万元;未严格按评估结果或违规、计算错误支付房屋征收补偿款,涉及多补偿金额948.04万元;房屋征收补偿款应付与实付金额不一致,涉及多支付金额合计2.2万元。此外,审计还发现有关部门对各村报送的房屋征收资料及有关数据审核不严谨、有关部门对第三方准入制度执行不到位、评估机构执业不严谨等情况。审计报告得到委托单位好评,审计发现的问题引起相关部门高度重视并被积极响应整改,如对未严格按评估结果或违规、计算错误支付房屋征收补偿款进行了核实修正,规避了因程序不完善导致的违法风险,有效地避免了资金资源的浪费。

4. 为物业管理提供服务。国家"十四五"规划纲要提出,加快建设现代社区,加强物业服务监管,改进社区物业服务管理。注册会计师行业积极参与,通过提供小区物业管理审计、代理记账等会计服务,帮助物业服务企业完善内部控制制度、提高财务管理水平,帮助小区业主委员会加强对物业服务公司的监督,创建小区物业管理新模式和运营新机制,助推小区物业管理进入良性循环、更好地为居民服务,加快现代社区建设。

📖 案例10

某会计师事务所受某小区业主委员会委托,对小区物业2019—2021年度的财务收支情况、本体维修资金使用情况进行审计。该所实施了访谈关键人员、查阅相关文件、审阅小区物业管理制度及合同、盘点实物、函证、抽查凭证、分析程序和符合性测试等审计程序,并根据物业管理的特点,执行了有针对性的审计程序,如确认小区管理用房的合规性、确认物业管理费收入和专项维修资金收入的完整性、核实广告费和场地租赁等收入的真实性和完整性、确认员工工资及外包费用的完整性、核实物业管理服务是否满足业务的需求等。该所在审计过程中发现部分物业管理用房改变用途、违规加建电梯、关联方占用共有资金、部分费用列支不合理等问题。该所的审计提高了小区物业管理的透明度,减少了物业管理公司与业主之间的误解,同时加强了业主委员会对物业管理公司的监督,促进了小区和谐。

（四）积极服务教育事业

国家"十四五"规划纲要指出，深化教育改革，完善学校内部治理结构，有序引导社会参与学校治理。注册会计师行业积极融入教育改革事业，助力高校不断深化教育体制改革。

案例 11

某会计师事务所受多家高校的委托，开展高校预算管理审计工作。高校预算管理审计，是提高预算管理水平和决算编制质量的重要措施，也是促进提高教育经费使用规范性、安全性和有效性的重要制度安排，主要包括预算编制与调整、预算执行和决算审计。该所提供的服务，一是帮助建立了"预算编制有目标、预算执行有监控、预算完成有评价、评价结果有反馈、反馈结果有应用"的全过程预算绩效管理机制，强化预算绩效责任，有效地提高了学校预算绩效管理水平和政策实施效果；二是帮助高校加强预算绩效管理审计结果的运用，有效地促进部门单位之间、项目实施部门单位之间形成绩效评估、目标审核、绩效跟踪监控、结果评价反馈整改机制，同时将评价结果与预算安排和政策调整挂钩，提高预算编制的科学性、精准性，为建立"全方位、全过程、全覆盖"的预算绩效管理体系奠定了良好基础；三是帮助高校在预算编制、调整和执行过程中嵌入内部控制机制，形成内部控制、风险防范同预算管理的有机统一。该所对高校预算管理审计过程中，全面梳理单位层面和业务层面的工作流程，查找重要领域、关键岗位和核心环节的风险点，制定相应的防范措施，并明确各个流程中的责任主体，形成内部分工协作、相互监督制约的运行机制，确保预算管理的刚性约束力。

二、专业助力社会治理能力创新

国家"十四五"规划纲要指出，积极引导社会力量参与基层治理，发挥群团组织和社会组织在社会治理中的作用，畅通和规范市场主体、新社会阶层、社会工作者和志愿者等参与社会治理的途径,全面激发基层社会治理活力。注册会计师行业依托自身专业优势,积极服务社会治理能力创新,为维护社会公平正义、增进社会群体和谐、构建新型社会治理格局贡献行业力量。

(一)积极服务政府职能转变

《中共中央关于深化党和国家机构改革的决定》指出,优化政府机构设置和职能配置,转变政府职能,是深化党和国家机构改革的重要任务。注册会计师行业积极参与政府购买服务项目,做好政府职能转移承接,引领会计师事务所开发承接各项社会管理性服务项目。据中注协不完全统计,2021年行业共承接政府购买服务项目57 095项,涉及各类资金21 075亿元。

1. 为海关稽查提供服务。 近年来,各地海关陆续引入会计师事务所协助开展稽查工作,探索通过购买公共服务的方式,引入会计师事务所承接事务性管理服务,提高监管服务能力与水平。注册会计师行业积极融入,助力提升海关稽查工作效能。

案例 12

据某市海关统计,2014年引入中介机构参与海关稽查,共稽查企业136家,发现问题32起;2015年引入中介机构参与海关稽查,共稽查企业142家,追补征税款3 365.5万元。随着金关工程(二期)重点项目建设投用,以及2021年底海关实施稽查业务集约化改革,当地注册会计师行业服务9个海关稽查相关业务,涉及2个稽查补税项目(均为特许权费用),7个出口企业核查和保税仓库盘点项目。

当地注册会计师行业还积极为该市海关提供整体绩效评价和会计服务。如某会计师事务所2021年参与该市海关整体绩效评价,对关内19个机构、17个隶属海关的正处级单位、4个事业单位的整体部门预算项目和转移支付项目开展绩效评价,提高预算绩效管理水平,为预算编制提供依据。如某会计师事务所为该市海关直属单位提供会计服务,为机场海关等提供进口货物价格预审核服务。

2. 为重要民生商品定价提供服务。 水电气的价格关系到"民生线"。为进一步提升重要民生商品定价的科学性、合理性和透明度，国家发改委引入注册会计师行业力量，为供水供电等具有显著基础性、先导性和自然垄断性，关系社会公众利益和人民群众生活质量的民生保障项目提供专业服务，不断提升人民群众生活水平和生活质量，增进人民福祉。

案例 13

某会计师事务所接受国家发改委委托，提供电力成本监审服务。该所积极参与跨省跨区专项输电工程成本监审、引航（移泊）服务定价成本监审等工作，同时编写完成《省级电网输配电定价成本监审规程》，为国家有关部门科学合理制定价格调控和改革政策作出积极贡献。国家发改委价格司专门致函该所表示感谢，希望该所继续关心和支持成本调查监审工作，进一步发挥注册会计师行业的"外脑"参谋助手作用，协助国家有关部门全面提升成本监管工作水平。

3. 为政府决策提供支持。 注册会计师发挥专业优势，为政府决策提供可行性论证、尽职调查等服务。

案例 14

某会计师事务所受某区海洋经济促进中心委托，对该区渔业经济体制运行情况进行尽职调查。该所选取10个乡镇20余个渔村、2家企业进行深入调研，开展系统的尽职调查，了解渔业经济发展瓶颈、渔业体制机制中存在的主要问题，走访渔业管理部门进行政策咨询，遵循绿色、科学发展理念，平衡发展和保护的关系，开拓思维，创造性提出了"地基工程"、"品牌工程"和"智慧工程"等十二项深化改革的"系统工程"，以及该区深化渔业体制机制改革实施方案。该改革方案经区工委管委决策，成为指导、推动当地深化渔业体制机制改革工作的重要文件，在该区各级政府、各类渔业经济组织中进行宣传、贯彻和实施。改革方案还规划了该区渔业经济组织上市路径，助力当地海洋生态文明综合试验区加快推进渔业体制机制改革，完善渔村集体经济分配形式，实现"资源变资产、资产变股本、渔民变股民"，推动该区渔业经济借助资本市场力量，实现换代升级、跨越发展。

（二）积极服务非营利组织建设

社会组织是国家治理体系的有机组成部分，是社会治理的重要主体，在社会治理体系中占据着重要地位。注册会计师行业发挥专业优势为非营利社会组织的各项工作提供审计鉴证和咨询服务。

案例 15

某会计师事务所受全国工商联委托，为全国工商联提供"内部控制基础管理"专业咨询服务。该所结合全国工商联单位实际，按照"以预算为主线、以资金为核心、以问题为导向、以流程为对象、以控制为手段、以制度为保障、以评价为抓手、以系统为配套"的"八位一体"方法论，协助全国工商联开展内部控制体系建设工作，完成覆盖直属单位和本级的内控体系建设，健全了内控管理制度和风险评估机制，并协助进行内控信息化评估，助力全国工商联内控制度化、流程化、表单化、信息化建设进程。

案例 16

某会计师事务所受某市工会委托，为该市各级工会组织 2019—2020 年度经费收支和管理使用情况提供全面审计，并对 2017—2018 年度审计中发现的问题是否整改落实到位提供检查服务。本次审计全面覆盖该市 11 家县（区、市）总工会、开发区工会工委。截至 2020 年 12 月 31 日，各县（区、市）总工会、开发区工会工委、直属基层工会及延伸审计工会单位涉及资产合计 24 466.43 万元，负债合计 8 551.34 万元，收入合计 12 202.94 万元，支出合计

12 978.21万元，结余10 402.24万元。本次审计共发现问题330条，提出审计建议303条。2017—2018年度审计发现的问题中，已整改落实问题110条，正在整改或未落实整改问题76条。此外，该所还协助该市总工会经费审查委员会开展工会制度及文件汇编工作，为每一个基层工会、每一名经审人员提供一本工具书，为今后开展审计工作提供依据和参考。

三、专业助力城市治理效能提升

国家"十四五"规划纲要提出，不断提升城市治理科学化精细化智能化水平，推进市域社会治理现代化。注册会计师行业贯彻党中央、国务院关于加快推进城市更新、统筹城市规划建设管理、全面提升城市品质的决策部署，积极发挥专业优势，助力提升城市治理效能，为市域社会治理、社会治安综合治理提供专业服务。

（一）积极服务市域社会治理

推进市域社会治理现代化，既是推进社会治理现代化的抓手，又是推进国家治理体系和治理能力现代化的重要内容。市域治理做得怎样，事关人民安居乐业、事关社会安定有序、事关国家长治久安。注册会计师的身影出现在市域治理领域，为维护社会稳定、保障民生福祉贡献行业力量。

案例17

某会计师事务所受某市财政局委托，对该市12345市民服务热线项目运行情况进行财政资金预算绩效评价。为畅通群众诉求渠道、解决群众困难，该市政府利用电话网及互联网资源，创新政府社会治理模式，构建以"12345"为主体的市民热线服务体系。项目采取服务外包方式，实行市场化运作，由某电信公司负责平台开发和受理人员管理，通过电话、短信、市长信箱、微博、微信、手机APP"六位一体"，24小时全年无休，受理市民对本行政区域内涉及社会治理和公共服务的咨询、求助、建议、投诉、举报等事项。该所对项目预算执行及目标完成情况、项目运行管理情况、项目实施的社会效益进行全面客观评价，针对项目运行管理中出现的问题和提高项目实施的绩效水平提出建设性的参考意见，得到项目单位高度认可。

（二）积极服务社会治安综合治理

国家大力开展社会治安综合整治专项行动，重点打击电信网络诈骗、养老诈骗、非法集资等违法犯罪活动。注册会计师行业利用会计审计专业知识储备和人才资源优势，对案件涉及的经济信息进行鉴证，助力各级司法部门打击违法犯罪活动，助力各级政府部门持续深化重点行业领域整治工作，为推动社会治安综合整治再升级，进一步打压违法犯罪空间，提升治安管控能力，消除潜在治安隐患，营造良好社会治安环境贡献专业力量。

案例 18

某会计师事务所受某市公安机关委托，对公安机关"断卡"行动过程中获取的犯罪嫌疑人出售、出租、出借银行卡及参与网络诈骗等违法犯罪活动涉及的银行账户收付情况、受害人的资金追溯情况进行鉴定。该所及时、高效、专业地完成对嫌疑人出售、出租、出借银行卡账户的资金收付的确认工作，有效阻止嫌疑人出售、出租、出借的银行卡账户继续用于违法犯罪活动，帮助公检法机关及时确认犯罪嫌疑人涉案金额并追查受害人资金去向。注册会计师行业积极参与并专业助力国家"断卡"行动，有利于及早遏制嫌疑人开卡、收卡、贩卡犯罪链条，打击大范围"两卡"（银行卡、电话卡）交易活动，避免"两卡"交易为日益更新的网络诈骗等违法犯罪活动提供"温床"。

四、专业助力社会治理智能化水平提升

国家"十四五"规划纲要提出，加快数字化发展，建设数字中国，推进网

络强国建设,加快建设数字经济、数字社会、数字政府,以数字化转型整体驱动生产方式、生活方式和治理方式变革。注册会计师行业勇于创新变革,积极投身数字中国、智慧城市和数字乡村建设,助推城乡数字化发展和治理模式创新,全面提高政府治理运行效率。据中注协不完全统计,2021年行业提供数字政府、智慧城市、数字乡村等相关业务255 231项。

(一)积极服务智慧城市建设

发展智慧城市,是促进城市高度信息化、网络化的重大举措和综合性措施。为贯彻落实国家"十四五"规划纲要关于数字化建设的工作部署,各地政府纷纷出台政策加大财政资金支持力度,进一步推进智慧城市及社会服务管理数字化建设。注册会计师行业积极投入智慧城市建设,探索开创智慧城市建设财政资金绩效评价实践。

案例19

某会计师事务所受某市财政局委托,对该市智慧城市建设项目(含在建项目、已竣工并投入使用的项目)进行绩效评价。在评价工作过程中,该所专门邀请了相关部门的信息化方面专家担任本次评价(评估)技术顾问,聘请信息工程、互联网、大数据、人工智能方面的专家作为评价工作组成员,从技术层面确保评价工作质量。评价报告对21个已竣工并投入使用的项目和13个在建项目的产出数量、成本、质量和运行效果进行了全面评价,并提出项目问题清单和整改建议,得到当地政府充分肯定。

(二)积极服务数字乡村建设

顺应数字化发展的趋势,注册会计师行业有机融入国家财政资金全过程、全链条、全方位监管体系,发挥"专业+技术+独立"优势,助力财政部门加强资金使用的动态监管,确保资金下达与监管同步"一竿子"插到基层和项目单位,全面提高资金分配、使用的规范性和有效性,进一步发挥财政资金提升数字乡村建设的实效，助力推动乡村信息基础设施建设步伐。

案例 20

某会计师事务所受某县财政局、乡村振兴局委托，为该县扶贫资金检查及扶贫资产清查提供专项服务。该所与全国知名数字科技公司合作，协助当地政府建立了扶贫资金资产监管数字平台，并将扶贫资金检查、扶贫资产清查两项服务成果及数据录入平台中，实现固化留存，以信息化的手段协助该县监督扶贫资金的精准使用，高效防范资金使用风险。同时，该所通过数字平台建设，为当地政府构建了一套运营高效、管理规范、操作精准的管理体系和运行机制，确保扶贫资产不流失、权益不悬空、监管不断线，进一步巩固提升了脱贫攻坚成果，实现了对扶贫资产后续运营维护环节的科学规范、持续高效的动态监管。

案例 21

某会计师事务所受某市商务局委托，对某电子商务公司"电子商务进农村综合示范工作标段二"项目进行财政资金专项评审。该项目主要是对该市电商物流体系和农村电商服务站体系进行建设，以电商平台为纽带，构建"服务站+电商物流"体系，打通"农产品进城"和"工业品下乡"的渠道，打破原本困扰农村经济发展的信息和物流壁垒，为该市县域内农业农村的经济发展提供新的增长点。该所出具的财政资金专项评审报告通过了当地商务局的审核，为进一步扩大当地农村电子商务、快递物流配送覆盖面，健全县乡村电子商务体系和快递物流配送体系贡献了行业力量。

注册会计师行业服务国家生态文明建设

建设生态文明是关系人民福祉、关乎民族未来的根本大计。习近平总书记强调，生态文明建设同每个人息息相关，每个人都应该做践行者、推动者。注册会计师行业深入贯彻习近平生态文明思想，在生态文明建设领域发挥信息鉴证和咨询服务的优势，拓展专业服务范围，从传统的环保资金和财务信息审计业务，拓展到环境业绩信息鉴证和咨询、绿色债券认证、自然资源资产离任审计等增信增值业务，为建设美丽中国贡献力量。

一、创新发展"双碳"相关业务，助力国家"双碳"目标实现

2021年12月8日，习近平总书记在中央经济工作会议上强调，推进碳达峰碳中和是党中央经过深思熟虑作出的重大战略决策，是我们对国际社会的庄严承诺，也是推动高质量发展的内在要求。注册会计师行业为企业绿色低碳转型提供专业咨询或鉴证服务，助力实现"双碳"目标。

（一）专业助力能源企业绿色低碳转型升级

《"十四五"现代能源体系规划》提出，"十四五"时期要加快构建现代能源体系，建设能源强国，全力保障国家能源安全，助力实现碳达峰碳中和目标，支撑经济社会高质量发展。在传统能源企业财务报表审计业务基础上，注册会计师行业积极向价值链高端领域延伸服务，探索服务能源企业绿色低碳转型升级和可持续发展解决方案等业务，助力能源企业增强竞争力，走可持续发展之路，为建设更加清洁、美丽的中国贡献专业力量。

1. 助力能源企业绿色转型融资。图1呈现了2017—2021年注册会计师行业服务我国A股能源行业上市公司的情况。从图中可以看出，2017—2021年，行业在为A股能源行业上市公司提供专业审计服务方面，服务公司数量呈稳定上升趋势，从2017年的74家上升至2021年的79家，总资产规模从2017年的6.25万亿元上升至2021年的7.32万亿元。注册会计师行业服务煤炭、石油、天然气、非石化能源企业，助力能源企业投资融资，加快技术迭代，助推能源产业基础高级化、产业链现代化，进一步激发能源企业创新发展新动能。

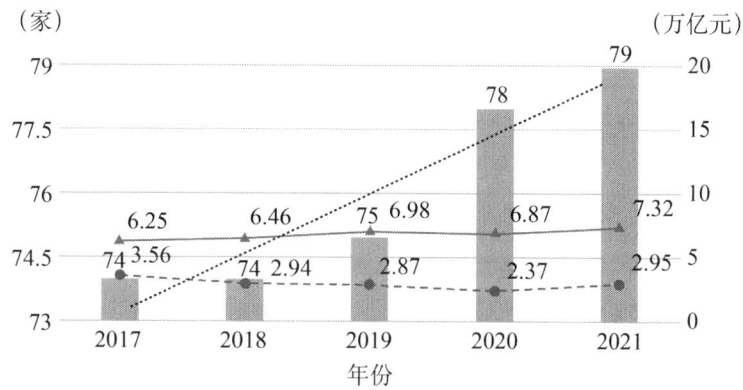

图1　2017—2021年注册会计师行业服务A股能源行业上市公司情况

数据来源：Wind金融数据库。

2. 助力能源领域绿色发展。国家"十四五"规划纲要提出，构建现代能源体系，推进能源革命，建设清洁低碳、安全高效的能源体系，提高能源供给保障能力。注册会计师行业积极融入科技支撑"双碳"行动，依托专业服务经验，积极为大亚湾核电站、秦山核电站、拉西瓦水电站等一大批国家特大型重点工程项目提供全方位、一站式专业服务，检查资金使用的合规性、结余资金的合理性。在此基础上，拓展提供战略咨询服务和可持续发展服务，协助能源企业优化供应链管理，助力能源企业绿色低碳转型。

📖 **案例1**

某会计师事务所受某核电公司委托，对某核电项目进行跟踪审计。该核电公司是国内首家引进第三代核电技术AP1000项目单位。该核电项目计划建设6台百万千瓦级核电机组,并预留两台机组扩建场地,一期工程1、2机组为1 250兆瓦AP1000核电机组,先后于2018年10月和2019年1月投入商运,投资总额约530亿元。该公司国内首个核能供热项目于2019年11月投运,开辟了我国核能发展的新路径,被评为国家级"国家能源核能供热商用示范工程"。在审计过程中,该所创造性采用多种审计方式,对企业由建设阶段转为生产阶段的生产经营管理进行审计,实现审计全覆盖。该项目被该公司作为优秀审计案例上报参评国家电投集团2021年度十大优秀审计项目。

3. 助力能源行业并购交易。为实现"双碳"目标,以高碳结构的能源企业迫切需要向以新能源为主的低碳结构转型,能源企业的并购动机强烈。2017—2021年,注册会计师行业共帮助13家A股上市能源企业完成并购交易,涉及金额1 643.46亿元。2021年国内能源行业并购交易呈现强劲复苏反弹趋势,仅上半年披露的并购交易就达到380笔,交易金额2 258亿元,同比上涨92%,创下2016年以来历史新高。风电行业、光伏行业、氢能产业和储能领域的投资、并购重组潜力巨大,注册会计师行业专业服务也有更大空间。

📖 **案例2**

某会计师事务所受某省新能源公司委托,为其重大资产重组项目提供审计服务。该所对重大资产重组项目进行审计后,客户公司顺利完成了重组任务,重组后的新能源发电业务将涵盖风力发电、光伏发电、垃圾焚烧发电和环卫一体化业务,新能源发电装机规模将超110万千瓦(含在建项目),初步形成了"新能源发电+储能"的产业布局。本次重大资产重组是该公司实施新能源发电发展战略的又一重要举措,对公司实现新能源业务再升级意义重大,一是本次重组的垃圾焚烧发电项目属于可再生能源领域,既符合国家"双碳"目标主旨,也有助于上市公司聚焦主业、扩大新能源发电业务种类和规模;二是本次重组注入的资产业务模式成熟、盈利能力稳定、整合风险较小,有助于上市公司进一步增加收入规模、提高盈利水平，将进一步夯实公司战略发展基础，提升公司综合竞争力和抗风险能力；三是公司积极发挥融资平台优势，通过资本运作助力项目落地及产业升级。

（二）助力绿色金融发展

随着我国绿色债券市场的快速发展，"碳中和"债券、可持续发展挂钩债券应运而生。注册会计师行业紧紧抓住绿色债券市场发展新机遇、新需求，积极参与绿色债券发行、项目遴选与决策、募集资金使用管理、信息披露和报告等各环节，助力绿色金融发展。

1. 助力绿色债券发行。证监会发布的《中国证监会关于支持绿色债券发展的指导意见》，鼓励发行人提交由独立专业评估或认证机构就募集资金拟投资项目属于绿色产业项目所出具的评估意见或鉴证报告。注册会计师行业通过为发行人提供绿色债券、转型债券、可持续发展债券发行前鉴证、发行后年度鉴证、投资策略咨询、绿色金融管理咨询等服务，支持国家绿色金融事业发展，助推提升绿色发展能力，丰富绿色金融产品工具和发行方式，降低绿色金融发行成本，更好地满足实体经济绿色发展的资金需求。

2021年，境内主体共发行绿色债券628只，规模合计6 040.91亿元，募集资金更多地投入实体企业和项目建设。从图2中可以看出，2017—2021年注

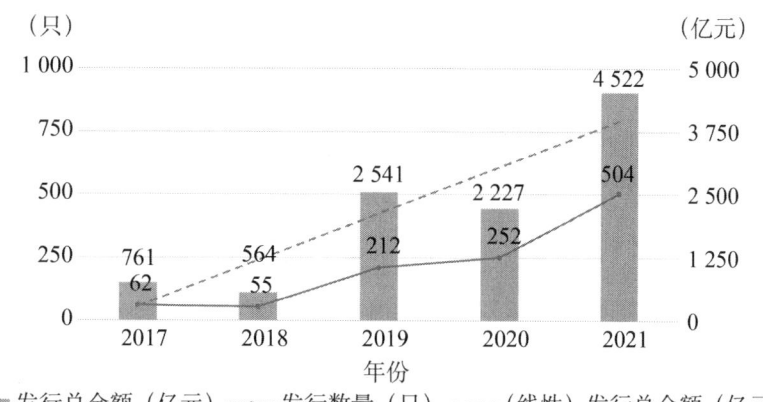

图2　2017—2021年注册会计师行业服务绿色债券发行情况

数据来源：Wind 金融数据库。

册会计师行业服务的绿色债券发行数量从 2017 年的 62 只上升至 2021 年的 504 只，发行总金额从 2017 年的 761 亿元上升至 2021 年的 4 522 亿元。这些绿色债券的成功发行，有针对性地满足实体经济资金需求，充分发挥绿色金融产品对实体经济的支持作用，尤其在扶持绿色环保产业发展方面的推动作用。

案例 3

某会计师事务所连续四年被《亚洲货币》评为最佳（国际）绿色金融认证机构。作为专业第三方认证机构，该所为某银行集团的香港分行、匈牙利分行、约翰内斯堡分行发行三笔绿色债券提供发行前认证服务，并出具发行前评估认证报告。发行募集资金主要用于可再生资源、清洁交通、可持续水资源与废水管理、绿色建筑项目等。近年来，该所还为某国有银行发行全球商业机构首支蓝色债券、某国有银行发行全球首笔金融机构公募转型债券、某国有银行香港分行发行香港首笔经第三方认证的绿色存款等提供第三方鉴证服务。

凭借在绿色债券、绿色资产证券化（ABS）、绿色基金、绿色保险、碳金融衍生品及可持续发展类金融产品等多个绿色金融领域的丰富经验，该所受某银行委托，为其发行银行间市场全国首单"碳中和"小微金融债券进行了发行前评估认证工作，并出具了发行前评估认证报告。2021 年，该银行成功发行银行间市场全国首单"碳中和"小微金融债券，发行规模 20 亿元，期限 3 年，利率 3.38%。募集资金全部用于《绿色债券支持项目目录》（2015 年版）规定的绿色产业小微企业贷款，投放项目类别涵盖清洁交通、清洁能源和资源节约与循环利用等。根据计算，本次绿色债券募集资金投放项目落地后，每年可节约标煤 14.54 万吨，减少二氧化碳排放量 34.80 万吨，减少二氧化硫排放量 409.58 吨，减少氮氧化物排放量 663.35 吨，节能减排效果明显。

案例 4

某会计师事务所利用金融业的多元服务能力和强协同效应的资源管理架

构,响应"碳中和"目标实现新要求,围绕客户需求,发布绿色金融"端到端"创新服务方案。针对气候变化与可持续发展对金融业的影响,提供贯穿战略、执行、披露的全流程服务,即为金融机构提供绿色金融战略规划,绿色金融管理体系搭建,环境与社会风险管理,气候风险压力测试,绿色金融管理系统规划、设计和实施,气候与环境信息披露等服务,帮助金融机构加强绿色金融专业能力建设,提升绿色金融管理效率,促进金融机构绿色金融业务的拓展,协助满足外部监管要求,提高环境与社会风险防范能力。基于实践,该所开发了绿色金融管理系统,共享绿色金融良好实践,汇集国内外绿色标准,构建绿色金融智能平台,大大提升银行对绿色项目的识别精准度,增强银行赤道原则项目管理及环境与社会风险管理的能力,提高工作效率及专业决策水平,助力客户节约管理成本,优化业务流程,高效服务绿色金融客户。

2. 助力提升绿色理念。"双碳"目标下,金融机构在为其客户和投资对象向"净零"目标转型提供资金、激励和支持等方面发挥重要作用。金融监管机构越来越关注气候风险对金融企业和金融稳定的潜在影响。注册会计师行业积极从第三方服务机构的全域视角,深度研究解析金融行业可持续发展问题,通过发布年度金融监管展望、金融行业可持续发展报告,宣传解读绿色金融标准、信息披露相关政策等形式,助力金融企业提升绿色理念,实现可持续发展。

(三)助力其他行业绿色低碳转型升级

"十四五"时期我国将进入新发展阶段,转型与变革同在,机遇与挑战交织,加快构建清洁低碳、安全高效的创新原材料体系的需求更为迫切。除积极助力能源产业和金融行业绿色可持续发展之外,注册会计师行业积极向科技创新推动生态文明建设领域拓展专业服务,帮助环保低碳产品产业和原材料产业通过上市融资得到更多资金支持,推动产业将资金投入环境友好型材料的研发、生产、销售全链条经营,进而助力国家"双碳"目标的落地实施和国家生态文明建设。

📖 **案例 5**

某会计师事务所受某生物技术公司委托,对其首次公开发行上市提供咨询服务。该公司是国家级高新技术企业,是全球第三家、中国第一家全产业链聚乳酸新材料生产企业。在该所专业财务咨询服务助力下,该公司利用聚乳酸的环保、低碳优势成为北京2022年冬奥会和冬残奥会的可降解餐具官方供应商。此外,该所致力于为该公司在初创期、扩张期、IPO前及上市后各阶段提供一站式投融资解决方案。特别是依托丰富的执业经验和专业人才优势,为该公司IPO提出可行性整改建议和改进思路,使公司财务核算更加规范,加快上市进度,并与公司共同努力将相关资产、业务重组纳入上市主体范围。

二、创新服务可持续发展领域,提升ESG信息披露质量

随着可持续发展理念日益得到重视,ESG信息披露成为监管者、市场主体和投资者的关注重点。加强ESG信息披露是上市公司主动践行"双碳"目标、实现自身可持续发展,助力国家经济高质量发展的重要举措和应势之举。中国上市公司协会统计数据显示,2021年,1 410家上市公司披露了ESG报告(含社会责任报告、可持续发展报告)。如图3所示,披露ESG报告的上市公司数量从2017年的886家上升至2021年的1 410家,5年间呈平稳上升趋势。这充分体现了在国家"双碳"目标和可持续发展等生态文明建设决策部署的驱动下,作为资本市场基石的上市公司越来越意识到ESG等非财务信息披露的重要性,日渐强化将ESG相关价值理念纳入公司经营管理和投资决策过程的意识,并采取相应的行动,5年来自愿单独或者在年报中合并披露ESG报告的上市公司数量呈现出日趋增长的新趋势。

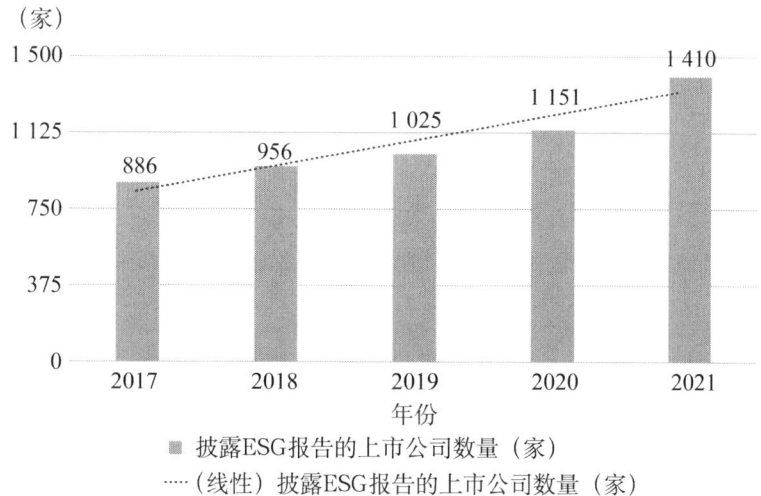

图3　2017—2021年上市公司ESG报告披露情况

数据来源：Wind金融数据库。

注册会计师行业认识到ESG信息披露对推动生态文明建设的重要意义，深入探究并积极拓展服务企业可持续性发展的新方式、新方法，为ESG信息披露提供鉴证服务，提高信息的可靠性；为企业提升ESG信息披露质量和ESG表现提供咨询服务，推动企业ESG治理机制方面的完善。据中注协不完全统计，2021年行业提供ESG报告鉴证、咨询服务项目1 828项，涉及境内外上市公司349家。

（一）提供ESG报告鉴证

如图4所示，2017—2021年平均每年约35家上市公司披露的ESG报告经过了第三方机构鉴证。其中，有相当数量的鉴证服务（年平均占比约为60%）是由会计师事务所提供的。年均近六成的占比充分说明了注册会计师行业有能力提供ESG报告鉴证业务，并正在积极发挥第三方独立鉴证的增信作用。

当前经第三方机构鉴证的上市公司ESG报告数量较低，这一现象很大程度上归因于目前我国对上市公司披露ESG报告适用自愿性披露原则，也不要求上市公司ESG报告必须经过第三方独立机构的鉴证才可对外披露。随着我国ESG评价体系的逐步建立、ESG信息披露标准和制度流程日渐规范健全，

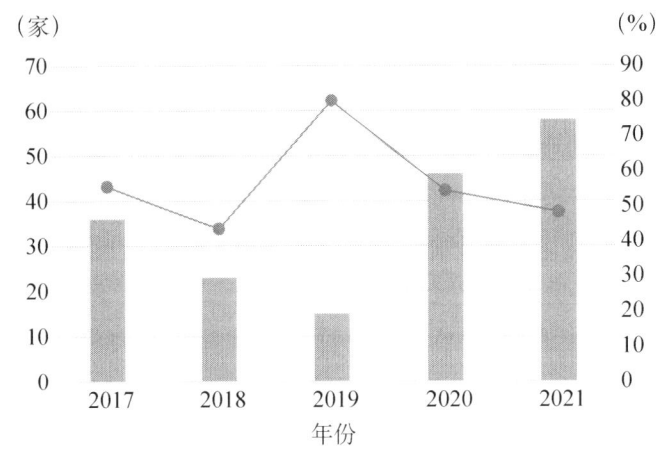

图 4 所披露的 ESG 报告经过了第三方机构鉴证的上市公司数量与会计师事务所鉴证比例

数据来源：CSMAR 数据库。

企业作为环境治理主体具有环境信息法定披露义务的制度逐步明确，企业对 ESG 的重视程度将与日俱增，注册会计师在 ESG 报告鉴证领域可发挥作用的空间也将会得到拓展。

案例6

某会计师事务所受某钨业公司委托，对其《2021年环境、社会及治理报告》中披露的关键数据进行鉴证。通过确定鉴证标准和鉴证范围，并实施访谈与分析、抽样检查与重新计算等鉴证程序，该所对报告中的温室气体排放量、废气污染物排放量、废水及废水污染物排放量、危险废弃物处置量、能源消耗量、水资源消耗量等关键数据发表鉴证结论，并出具企业管理建议书。该所的 ESG 鉴证工作提高了 ESG 报告信息披露质量，增强了报告可信度，提升了企业社会形象和资本市场评级，同时也助力企业提升了 ESG 管理水平。

（二）提供 ESG 专业咨询服务

注册会计师行业积极应对提高企业 ESG 信息披露质量、ESG 管理水平和绩效的新需求、新挑战，主动作为，通过为企业提供 ESG 有关的咨询服务或解决方案，帮助企业建立 ESG 报告体系、管理体系和监督考核机制，助力企业可持续发展。

案例 7

某会计师事务所自 2018 年起为某海运集装箱集团公司及其下属上市公司提供 ESG 咨询服务，助力该集团公司建立分层管理下的全集团 ESG 和 CSR 报告管理体系、社会责任与可持续发展管理体系和监督考核机制、ESG 文化、ESG 关键指标体系，探索形成了年度 ESG 报告编制的思路。同时，该所帮助该集团公司搭建了 ESG 数据信息化系统，覆盖了集团国内制造企业和部分海外企业，助力集团公司实现高效运作。该集团入选中国上市公司协会的《上市公司 ESG 优秀案例》，成为首批被推介的标杆企业，并连续三年获得 10 余个 ESG 和社会责任相关奖项，赢得资本市场和社会的广泛认可。

（三）提升 ESG 知识科普力度

注册会计师行业深入研究，编发 ESG 趋势展望、各行业 ESG 操作指南和路径全景图、科普文章等，推广普及 ESG 基础知识，提升企业可持续发展意识；积极助力企业重视并落实 ESG 监管举措，提升企业 ESG 信息披露的愿望和质量，帮助企业走好绿色可持续发展之路。

案例 8

某会计师事务所每年发布《全球企业报告调研》，帮助企业应对在全球企业报告中加快披露 ESG 信息所面临的挑战。2021 年该所发布的第八份报告建议：加快企业报告的变革步伐，构建增强型企业报告，通过编制和发布 ESG 报告，以提供更多的决策有用信息，更好地满足投资者对于财务信息的需求；重新思考财务部门的人才管理、高管协作方法和高级数据分析方法。2021 年上海进博会，该所联合某教育机构推出"ESG 大学生创新挑战赛"，旨在向大学生群体传播ESG理念，激发大学生创新精神，探讨个体、企业、社会共同实现可持续发展目标的举措。大赛通过创意短视频、成果演示、商业分析等方式，评选出具有可持续发展意识的商业创新青年精英。大赛还以ESG、碳中和为核心，通过"一本书"、"一次探访"、"一堂课"、"一则视频"和"一份商业计划"的方式，与广大青年学生共同探索ESG的内核，探寻实现"双碳"目标之路，来自清华大学、复旦大学等知名高校的12 000余名大学生积极参与，深入探讨绿色、可持续发展话题，为"双碳"之路的实现贡献青春智慧。

案例9

某会计师事务所从低碳发展需求出发，与石化等行业合作发布低碳发展白皮书等研究报告，并利用低碳信息化成功实施经验，开发面向不同行业的排放跟踪、低碳投资、效益评估及决策支持的专业化管理软件及工具，持续为各行业低碳转型、绿色发展提供高价值、高效能、科学化的路径指引。

某会计师事务所专门成立了碳中和课题组，基于自身积累的各行业可持续发展咨询服务经验，以及对绿色低碳转型的深入洞察和理解，通过公众号和出版物来解读碳中和，简单明了地向社会大众科普碳中和零碳生活的概念，帮助企业清晰理解碳中和战略目标对企业发展规划、市场估值、生产运营、员工管理及市场竞争等方面的潜在影响。

三、参与自然资源资产离任审计，助力环境问责制度落地

自然资源资产保护和增值是落实绿色发展理念、建设美丽中国、满足人民对美好生活需要的基础环节。党的十八届三中全会提出开展自然资源资产离任审计，以促进我国的生态文明建设。这一重大制度创新为注册会计师行业积极参与国家审计监督赋予了新的机会。注册会计师行业近年来积极参与自然资源资产离任审计领域工作，提供土地资源资产管理情况、水资源资产管理情况以及自然资源资产和生态环境保护相关资金征管用情况等方面的

审计服务,促进领导干部树立正确的政绩观,促进自然资源节约集约利用和生态环境安全,总结生态文明建设经验和成效,助力国家生态文明建设。

案例 10

某会计师事务所积极派员参与对某单位领导干部任职期间自然资源资产管理和生态环境保护责任履行情况的审计工作。通过审前调查、当面访谈、分析资料、实地调查等程序,该所对领导干部贯彻执行生态文明建设方针政策情况、遵守自然资源资产管理和生态环境保护法律法规情况、自然资源资产管理和生态环境保护重大决策情况、完成自然资源资产管理和生态环境保护目标情况、履行自然资源资产管理和生态环境保护监督责任情况、重要生态项目的资金使用和项目建设运行情况,以及履行其他相关责任情况等进行了重点审计。通过参与自然资源资产审计,该所摸清了被审计领导干部任职前后所在地区主要自然资源资产实物数量、质量的变化情况,发现严重损毁自然资源资产、重大生态破坏和环境污染等典型问题。此次审计有助于促进领导干部树立绿色发展理念和正确政绩观,认真履行自然资源资产管理和生态环境保护责任,推动解决自然资源资产和生态环境领域突出问题,切实维护生态环境安全和人民群众利益。

注册会计师行业积极利用专业优势和行业优秀人才资源,积极参与领导干部自然资源资产离任审计课题研究,从技术角度助力提升自然资源资产负债表编制和领导干部自然资源资产离任审计工作质量,推动建设科学规范的自然资源资产核算、监测、保护和决策机制,助力政府科学决策,保护自然资源资产。

案例 11

某会计师事务所与学术界专家团队合作开展"基于自然资源资产负债表的领导干部自然资源资产离任审计"课题,研究形成"基于复式记账原理和环境重置成本法的自然资源资产负债表编制方法",设计开发出了自然资源资产负债表软件系统,并在某省三个地区进行了编制试点,课题研究成果可应用于领导干部自然资源资产离任审计实践。该研究在推动建立健全科学规范的自然资源核算制度,摸清自然资源资产的家底及其变动情况等方面发挥了重要作用。尤其是自然资源资产负债表的编制,有助于对领导干部生态文明年度和终期目标任务完成情况进行量化考核,科学准确地实行自然资源资产离任审计,并为政府进行生态环境评价考核、生态补偿和科学决策提供重要支撑。该课题的成果填补了自然资源资产负债表价值量计量的国内空白,在全国具有领先优势,也为行业顺应国家经济建设发展要求,拓展新领域新业务提供了有益的探索和尝试。该课题成果已列入2018年、2021年某省政协提案和2019年全国政协提案,被建议在全国推广。

四、服务污染防治攻坚战,守护蓝天碧水净土

国家"十四五"规划纲要提出,深入打好污染防治攻坚战,建立健全环境治理体系,推进精准、科学、依法、系统治污,协同推进减污降碳,不断改善空气、水环境质量,有效管控土壤污染风险。注册会计师行业发挥专业优势,助力打好污染防治攻坚战,改善生态环境质量,推动绿色低碳发展。据中注协不完全统计,2021年,行业提供与大气、水、土壤污染防治等项目相关的服务698项,审定防治资金1 238.7亿元。

(一)专业助力打赢蓝天保卫战

为贯彻落实习近平总书记关于生态文明建设和大气污染防治重要指示要求,各地政府将大气污染综合治理作为政府重点工作。注册会计师行业积极拓展环保项目专项审计、污染防治资金和项目绩效评价等相关业务,助力各地政府打好污染防治攻坚战,改善空气质量,推动各地打赢蓝天保卫战行动计划落地实施。

📖 **案例 12**

国务院《关于印发打赢蓝天保卫战三年行动计划的通知》(国发〔2018〕22号)明确长三角地区的上海、江苏、浙江、安徽是大气污染防治的重点区域。某省高度重视,制定了打赢蓝天保卫战三年行动计划实施方案。某会计师事务所受该省财政厅委托,对大气污染防治专项资金进行绩效评价。该所的绩效评价结果帮助该省政府部门进一步完善打赢蓝天保卫战行动方案,保障大气污染防治财政资金的使用管理监督,提升财政专项资金的使用效益。

某会计师事务所受某市生态环境局委托,对某集团实施的"道路洒水抑尘项目"进行专项审计。经审计,项目到位资金132.82万元,完成投资139.41万元。该项目先由企业支付资金,经验收通过后申请省环保专项资金予以全额补助。该所为项目实施主体顺利通过项目验收、获得专项资金补助提供了专业支持。

某会计师事务所受某省财政厅委托,对该省大气污染防治资金进行绩效评价。该所共评价各级财政资金200多亿元,涉及清洁取暖、燃煤锅炉、新能源汽车、工业炉窑、焦炭产能压减、火电关停淘汰等项目。评价报告被选送该省人大常委会参阅,为当地政府大气污染治理决策提供了专业依据。

(二)专业助力打赢碧水保卫战

水安全是涉及国家长治久安的大事。习近平总书记提出"节水优先、空间均衡、系统治理、两手发力"的治水思路,把水安全上升为国家战略。注册会计师行业发挥专业优势,积极运用相关法律法规、政策规定、标准规范等知识,通过防洪减灾、水资源优化配置、水生态保护修复等领域的水利工程建设项目相关竣工决算审计,污水处理成本监审,水安全相关课题结题审计,以及政府部门污染防治攻坚战、节水型社会建设、旱作节水农业发展等相关财政资金项目专项审计或绩效评价,助力政府部门强化财政资金监管,助力国家提高水安全保障能力和水利工程建设发展,保障广大居民生活饮用水安全。

案例 13

某会计师事务所受某市水处理公司委托,对该公司某健康生物产业园污水处理项目进行成本监审。该项目属衢江流域水污染治理项目,也是建设"美丽乡村"、改善农村生态环境的重点项目之一。项目分两期建设,已完成一期建设,处理规模为1万吨/日。项目建成投入商业运营满一年后,该所接受委托作为独立第三方审计单位对污水厂进行生产成本和固定资产投资审计。该所积极对接主管部门,有的放矢实施监审程序,并学习借鉴项目单位同行定价经验,了解园区企业需求,确定"一企一价"的灵活定价方案。该所出具的污水处理成本监审报告顺利通过了开发区建设局、财政局、审计局审查,确定的定价方案得以施行。

案例 14

我国旱作耕地面积9.65亿亩,约占总耕地面积的一半。大力发展旱作农业,是建设现代农业、促进农业绿色发展的必由之路。某省为全面落实国家"一控二减三基本"和化肥零增长行动,全面推进节水型社会建设,把解决中部干旱地区和南部山区民生问题,发展旱作节水农业和特色农产品开发作为重点扶持领域。某会计师事务所受该省政府部门委托,对2018—2021年度该省农业特色优势项目——旱作节水农业技术示范推广项目进行绩效评价。该所对项目资金的管理和使用情况、项目目标任务的完成情况、项目效益情况进行了全面评价,针对发现的问题,提出了优化措施建议,并通过培训大力推广项目管理最佳经验做法,提升各项目实施单位的项目管理水平和实施效果。该所的绩效评价为该省各级财政项目预算分配提供重要依据,推动各级部门积极探索以科技创新和技术集成应用为支撑,综合运用农艺、生物、工程等措施,全面推进该省旱作节水农业发展。在行业助力下,旱作节水农业技术示范推广项目已成为该省农业特色优势项目的亮点工程。中央财政加大投入力度,2021年度,中央投入该项目的资金已提高至5 555万元,资金使用效果明显提高。

（三）专业助力打赢净土保卫战

为促进废弃电器电子产品规范回收处理，国家出台系列政策，并设立废弃电器电子产品处理专项基金，加快废旧物资回收处理规范发展和循环利用体系建设，推动家电产业发展回收、加工、利用一体化模式。注册会计师行业紧跟国家促进产业绿色高质量发展战略部署，主动作为，集中多元人才资源，积极拓展服务领域，创新特殊审计方法，扩大生态文明建设相关领域新服务种类，通过废弃电器电子产品回收拆解审核、固体垃圾循环利用项目专项资金审计，专项补贴审核及复核等专业服务，助力企业构建并应用废旧物资循环再利用一体化生产运营模式，助力政府防治废弃电器电子产品对大气、地表、土壤的污染，助力国家构建废旧物资循环利用体系，促进经济社会和生态文明建设高质量发展。

案例 15

某会计师事务所自 2014 年起成为某省省级第三方审核机构，参与该省电子废物拆解的审核工作，并自 2016 年起成为生态环境部中标的第三方审核机构，参与全国拆解企业的技术复核工作。该所业务遍布河北、内蒙古、甘肃、陕西、安徽等 18 个省、自治区，审核过的企业达 30 余家，占全国拆解企业数量的三分之一。2014—2021 年，该所累计审核电子固体废物拆解量 6 000 多万台（套），涉及财政补贴资金 40 多亿元，审减拆解量 100 多万台（套），审减资金近 1 700 万元，为国家节省了宝贵的财政资金，提高了企业经营管理水平，规范了企业拆解处置流程。2021 年底，该所 4 人入选生态环境部固体废物与化学品管理技术中心废弃电器电子产品技术复核专家库。

注册会计师行业履行社会责任

注册会计师行业除发挥专业优势服务国家建设外，还踊跃参与社会公益慈善事业，通过抢险救灾、爱心救助、志愿服务、公益帮扶、生态环境保护等多种方式履行社会责任，传递社会正能量。

一、助力疫情防控阻击战

新冠肺炎疫情发生以来，在行业基层党组织的倡议带领下，全国各地会计师事务所及广大从业人员，下沉社区协助疫情防控，踊跃参与爱心捐赠，以实际行动诠释了行业的家国情怀和社会担当，为我国疫情防控工作贡献行业力量。

（一）投身一线协助疫情防控

2021年，国内一些地区疫情防控形势严峻，行业许多从业人员积极投身防疫一线开展志愿服务工作，通过参与疫情防控知识宣传、小区出入口值守、防控物资采购分发、环境消毒整治、核酸检测志愿服务等，与社会风雨同舟，共克时艰。

案例 1

2021年6月，某市新冠肺炎疫情防控形势趋紧。当地行业党委迅速组建起一支由20多名行业党员组成的志愿者队伍，下沉社区一线开展疫情防控工作。志愿者经过培训后,协助当地街道开展核酸检测和疫苗接种工作,并维持现场秩序,做好人员信息登记等。行业党员志愿者用心用情用行动履行初心使命,筑牢疫情联防联控第一线。

2021年12月,某市启动疫情防控Ⅰ级应急响应,某会计师事务所分2批共计62名志愿者赴该市人口最多、任务最艰巨的社区开展志愿服务,连续17个小时参与核酸检测志愿服务,协助近万人完成检测,用实际行动筑起疫情防控的坚实堡垒。

(二)捐款捐物奉献行业爱心

除了投身抗疫一线外,在捐款捐物方面,行业也倾心奉献。各会计师事务所党组织积极动员广大从业人员慷慨解囊,为社区一线送去口罩、酒精、矿泉水、方便面、饼干等抗疫物资。据中注协不完全统计,2021年行业为抗疫防疫捐资捐物金额累计0.14亿元,助力抗击疫情。

案例2

2021年,某会计师事务所先后向某省慈善总会、某两家医院累计捐赠56万元,助力当地抗击疫情。

2021年,某会计师事务所向香港捐赠价值约100万港元的快速检测试剂盒、价值50万港元的防护服、10万枚口罩,以及3 000盒连花清瘟胶囊;为某市部分地区的志愿者送去防护服、防护手套、牛奶、水果等物资。

2021年10月,某两家会计师事务所积极为当地社区捐助抗疫物资,包括医用防护服40套、一次性医用口罩3 000个、N95口罩600个、免洗手消毒凝胶40瓶、消毒泡腾片100瓶、医用手套500双、酒精120瓶、牛奶100箱。

某会计师事务所组织爱心捐款共计751 713.66元,并第一时间采购防护服、口罩、酒精、矿泉水、牛奶等物资,捐赠给当地社区的防疫一线工作人员,献上基层党员的一份爱心。

二、守望相助抢险救灾

多年来,每逢国内重大自然灾害,行业广大从业人员都解囊相助、捐资捐物,并积极投身灾区一线支持救灾,与灾区人民共同战斗、共渡难关。据中注协不完全统计,2021年行业为抢险救灾捐赠资金0.45亿元,彰显了行业无私奉献、担当作为的风采。

案例3

2021年7月,河南郑州等地市遭受超历史峰值暴雨灾害。灾情发生后,注册会计师行业全体同仁心系灾区,积极助力抗洪救灾。

河南注协第一时间发布了《同心协力 众志成城——致全省注册会计师行业广大会员及全体从业人员的慰问信》,在做好行业受灾人员帮扶与困难救助之余,号召广大会员主动作为,通过捐资、捐物、提供志愿者服务等多种形式,积极参与防汛抗灾工作。按照就近快速原则,河南注协积极协调各方及时支援,安排开封、许昌注协驰援新乡市,濮阳注协驰援鹤壁市,洛阳注协驰援巩义市,三门峡、商丘注协驰援周口市和中牟县;从外省协调皮筏艇75只,抽水泵30台,星夜兼程运抵防汛第一线。

全国各地会计师事务所以各种形式向扶贫基金会、慈善总会等捐款捐物,支持河南地区抗洪救灾。如某会计师事务所向河南省慈善总会捐款100万元,并号召全体员工向灾区捐款,与河南人民共渡难关。该所郑州分所面对突发的灾情,实行合伙人轮流值班制度,逐一确认每位在豫员工的位置和安全,对因天气路况等原因无法返家的员工,安排在公司过夜,并协调物业提供餐食、饮用水等生活必需品。某会计师事务所向河南注协捐款100万元,并向河南省慈善总会捐款576 042.88元,用于救灾和灾后重建。

📖 **案例 4**

2021年10月，山西连降暴雨，多地出现洪水、内涝和地质灾害，造成部分地区受灾严重。

为驰援山西，注册会计师行业高端班学员第一时间发起了"众志成城、携手共'晋'"募捐活动。学员们积极踊跃参与捐款救灾，纷纷献出爱心。班级中党员带头，班委积极主动，其他学员不甘落后，相关单位随班学员也积极贡献力量。学员们表示，一方有难，八方支援，这是属于我们中国人的团结意志，我们希望用拳拳爱心凝聚成救助的力量，向社会传递正能量，为山西防汛救灾工作尽一份绵薄之力，帮助受灾人民早日重建家园。据统计，学员们通过山西省红十字会捐款共计82 460元，为灾区同胞渡过难关给予了力所能及的支持和帮助。

为助力山西抗洪救灾，在中注协党委号召下，中注协全体党员和干部职工向山西省红十字会捐款15 950元，为当地受灾群众奉献一份爱心。

三、公益帮扶中小微企业发展

受经济下行压力加大和新冠肺炎疫情叠加影响，众多中小微企业经营困难，国家陆续出台各项措施助力中小微企业渡过难关。注册会计师行业贯彻落实党中央、国务院重大战略部署，通过线上线下多种方式开展以公益培训辅导和政策答疑解惑为主的公益助企活动，帮助当地企业优化完善内部治理结构、财务管理制度、风险防范机制，为企业讲授政府采购、绩效管理、会计准则等专业财会知识，同时帮助企业解读助企纾困政策，挖掘国家各项政策红利，传递政府温暖，提振发展信心。

据中注协不完全统计，2021年行业公益帮扶企业金额6.03亿元，举办公益帮扶活动5 674次。其中，帮扶企业公益活动2 315次，占比41%，就业扶持公益活动956次，累计投入志愿者17 591人。

案例5

2021年，某市注册会计师行业参加市委组织的"三师助企、无微不至"专项行动，为该市54家小微企业园、3 200多家入园企业提供稳企赋能、助力化危为机的专项服务。针对企业存在的内部治理结构、财务管理制度、风险防范机制不够完善等问题，当地注册会计师行业依托数字化手段，有效对接企业诉求，开展精准财会专业服务，帮助企业纾困。

2021年，某市注册会计师行业积极参与市委两新工委统一部署的"三师助企"活动，通过"三师助企"平台在线解答企业财会相关问题。在为期半个月的活动中，包括注册会计师在内的当地"三师"服务团充分发挥专业优势，走访服务企业45家，提供各类政策、法律咨询21次，解决企业各类问题17个，帮助企业获得信贷支持2 000万元。

案例6

2021年7月，中国注册会计师行业代表人士服务团暨青年专家服务团在浙江省嘉兴市开展"弘扬红船精神 走在时代前列"主题活动。本次活动面向20家拟上市企业召开咨询会，围绕企业发展与改制过程中遇到的租赁、研发费用、股权激励等问题提供咨询服务。同时，服务团深入当地基层企业，实地考察调研，针对企业财务方面问题提供了较多建设性意见建议。

"送智援教"公益培训是行业落实乡村振兴战略的重要举措。截至2021年，行业已在云南永胜县、湖南平江县举办4期培训班，受众1 000余人。其中，中注协联合中国财会资产评估人才交流开发中心、永胜县人民政府，举办永胜县"送智援教"公益培训班。培训内容综合考虑了政府和企业两类培训对象的需求，聚焦永胜县域经济发展模式、财政资金管理、企业投融资和财税风险等难点痛点。

2021年，某省注册会计师行业开展公益服务品牌系列活动，从当地注册会计师中遴选出300名专家，组成公益服务团，深入全省各大产业园区、重点行业、国有企业、党政机关事业单位、农村社区等基层一线，充分发挥行业专业优势，围绕产业链、价值链、供应链，开展公益授课和专家咨询，为"三高四新"战略落地见效提供专业支持。

为帮助某市高新技术开发区企业拓展发展空间,加强内部管理,2021年7月,当地注册会计师行业党总支立足行业工作实际,充分发挥行业专业特长,组织当地行业党员干部赴开发园区宣传财税金融政策和财经法规纪律,帮助企业拓展投融资渠道,共同谋划企业发展,并就目前与企业关系密切的财税热点问题,同企业负责人深入交流。

四、以人为本关爱员工发展

注册会计师行业是智力密集型行业,"人合"是行业最鲜明的特征,人力资本是行业最大的生产力。注册会计师行业始终坚持"以人为本"理念,积极引导会计师事务所完善人才培养晋升机制和薪资分配机制,做好行业人才队伍"选、育、管、用、留"工作,同时注重员工权益保护和人文关怀,提升员工发展能力和保障水平,体现对员工的责任担当。

据统计,2021年,行业工资薪酬支出合计382.58亿元,较上年增加33.01亿元,占行业成本费用总支出的39.68%。大型会计师事务所和中型会计师事务所的工资薪酬支出分别为226.21亿元和62.74亿元,同比增幅均超10%。2021年,行业人才培养支出近5.00亿元,同比上升24.19%。

案例7

某会计师事务所坚持"以人为本"的理念,建立从新员工入职到成长成才的"全生命周期"培养体系;在实践中不断探索,大胆创新,设立"讲政治、守道德、精业务、会沟通、肯奉献、知感恩"十八字选人用人标准;创建比岗位"固定一块"、比付出"绩效一块"、比幸福"保障一块"、比技能"奖励一块"、比奉献"津贴补助一块"、比业绩"劳动分红一块"、比成果"股利干红一块"的科学薪酬体系;确立定岗升档升级考核、绩效工时业绩考核的公正考核体系;强化"依靠70后、发展80后、培养90后"的人才梯队建设和明确的技术岗位、职务、股东、社会管理等晋升渠道；建立岗位考核劝退、职业道德否决、股东强制退出等合理退出机制；坚持党建文化引领企业文化，党建品牌提升企业形象，实现事务所内部治理与转型发展共进双赢。该所先后被授予"全国文明单位"、"全国创先争优先进基层党组织"、"全国职工职业道德建设先进单位"、"全国先进会计师事务所党支部"、"全国模范职工之家"、"全国青年文明号"、"全国巾帼文明岗"、"全国三八红旗集体"等17项国家荣誉。

案例 8

2021年，某省注协、省评协联合某保险经纪公司推出行业关爱计划，对原有的职业责任保险统保项目进行升级，推出从业人员健康安全综合险项目。行业关爱计划统筹机构职业安全和人员健康安全，探索构建了富有当地特色、共创共建共享的风险保障机制，包括行业职业责任保险统保升级项目和从业人员健康安全综合险项目，既巩固了机构的职业安全，提高了风险管理能力和市场竞争力，又强化了员工职业的归属感和安全感，体现了对广大从业人员健康安全的关爱。

案例 9

某会计师事务所党委多举措解决员工医疗、住房、养老等实际困难。该所积极探索实施养老金补充制度，为在职员工办理补充养老保险，并为已退休多年的困难员工补发补充养老金；成立员工购房借款基金，为有需求的员工提供无息贷款，解决青年员工购房难的问题；设立大病救助基金，保障员工及其直系亲属病有所医。

某会计师事务所探索建立"传帮带"辅导制度，帮助新员工尽快融入团队；发起设立"人才基金"，鼓励员工参加注册会计师考试，对考取全科合格证的员工给予奖励；组织开展青年联谊交友活动，切实帮助单身青年解决婚恋交友难题；举办员工生日会、组织员工户外拓展、开办员工食堂等，不断提升人文关怀，增强员工的获得感、幸福感。

五、积极助力大学生就业

党的十九届六中全会强调,要实施就业优先政策,推动实现更加充分、更高质量就业。注册会计师行业积极贯彻落实国家就业优先政策,多举措搭建大学生就业桥梁,创建大量带薪实习基地,拓展行业就业渠道和就业空间,助力大学生就业。

(一)多举措搭建就业桥梁

为助力解决高校大学生"就业难"和会计师事务所"用工难"的困境,行业通过实施大学生就业战略合作、组织大学生就业签约、举办专场招聘会、搭建人才招聘平台等方式多举措搭建就业桥梁,为毕业生挖掘更多岗位资源、提供更多就业机会。截至2021年底,行业与高校合作举办行业特色宣讲会1 452次,提供就业岗位13 020个。

📖 案例 10

2021年9月,中注协在北京国家会计学院举办助力大学生就业战略合作签约仪式,注册会计师专业方向院校代表和会计师事务所代表现场签约。此次助力大学生就业行动是行业服务中心大局,支持"六稳"工作、落实"六保"任务的全新举措,更是行业聚焦主责主业、发挥桥梁纽带作用、引导会计师事务所与高校形成互补共赢发展格局的生动体现。

2021年,注册会计师行业多举措助力大学生就业,全力支持稳就业。湖北、四川、重庆、新疆举办多场校园专场招聘会;湖南在"湘会通"APP增加行业人才交流子模块,为会计师事务所搭建人才招聘平台。

2021年3月,某会计师事务所同某高校签订了为期三年的校企合作协议,发挥校企优势,实现资源共享,建立长期人才培养和供需合作,为更好服务地方经济社会高质量健康发展开辟新途径。该所通过校企合作,积极开展社会实践课程教学活动,使青年学子了解行业发展前景、感受现代会计审计专业服务、聆听行业专家讲授相关实践课程，支持了地方高校教学改革实践活动，为地方经济发展生力军的成长成才作出了贡献。

（二）帮助大学生提升就业能力

多年来，注册会计师行业大力创建大学生实习基地，为高校数万名应届毕业生提供带薪实习机会。经过行业实习培养的高校毕业生在工作岗位上竞争优势明显，获得用人单位的重点培养和高度赞誉。截至2021年底，行业共创建会计师事务所大学生实习基地4 268个，推荐888家会计师事务所共1 292名高端人才为大学生提供学习和就业指导。

案例11

某会计师事务所在建设大学生就业实训基地方面成果丰硕，不断吸引全国各地的优秀高校生源。2021年，该所招录各类见习生2 500多人，录用应届毕业生900多人，连续三年成为当地接收高校应届毕业生人数最多的单位之一。2021年，该所被当地有关部门授予"省级就业见习示范基地"称号，连续四年获评某市见习基地示范单位，还被多家大学授予"专业品牌建设基地"、"最受欢迎用人单位"等称号。

某会计师事务所多年来注重深度校企合作、深化师资合作，积极搭建网络培训平台，与高校开展科研课题合作，获得当地有关部门联合颁发的某省企业实习实训基地称号。该所还分别与该省部分高校建立校外创新创业实践基地，帮助大学生丰富实训经验。

某省注协推荐会计师事务所参与某财经大学"校企共育人才培养基地"工程，实现行业与高校优势互补、资源共享。

六、为群众办实事办好事

建党百年之际，注册会计师行业党委深化党史学习教育，发起"我为群众办实事"、"我为行业添光彩"行动倡议，号召全行业积极献爱心、做公益，共完成执业机构"我为群众办实事"清单任务 6 000 项、"我为行业添光彩"清单任务 5 016 项。

行业通过公益捐赠、爱心帮扶等方式，积极参与巩固脱贫攻坚成果工作，为困难地区的群众、企业等排忧解难；积极参与乡村医疗服务改革项目，助力解决乡村群体看病难的问题；广泛开展多种捐资助学项目，用于贫困生资助、学校教学设备改善等。同时，行业还积极致力于社区志愿服务，为构建安全幸福的社区生活环境贡献行业力量。

据中注协不完全统计，2021 年行业共捐资捐物 7.27 亿元。其中，爱心助学捐赠资金 0.53 亿元，扶贫助困捐赠资金 0.47 亿元。

案例 12

某省注册会计师行业通过加强对口帮扶、专业助扶、结对共建，连续三年积极参与省民政厅组织的东西部扶贫协作工作，捐助帮扶资金 116.54 万元，认领陕西和新疆 3 个公益项目。

某省注协组织 28 家会计师事务所，成立 5 个产业扶贫公益服务联队，深入市县开展点对点、嵌入式的产业扶贫公益帮扶，围绕产业扶贫资金管理全流程，提供管理咨询、风险评估、建账核算、财务培训等专业服务，助力市县提高产业扶贫资金使用效益。

某会计师事务所多年来一直开展捐资助学和消费帮扶活动。2021 年，该所资助当地某中学 3 名初二学生学杂费，并帮助当地果农销售黄桃近 2 000 斤。该所还专门成立某市中小企业服务中心，为当地中小企业提供企业采购、税务咨询、财务会计等方面的公益服务。

某会计师事务所为帮助当地患重大疾病村民卖掉自家的柑皮和陈皮存货，联合社工机构帮助该村民拓宽销售渠道，得到了广大爱心人士的积极认购。最后共售出柑皮和陈皮 144 斤，筹得款项约 4 万元，为该村民解了燃眉之急。该所通过某慈善会为抗疫捐款 2 万元，为残疾人事业健康发展捐款 2 万元。该所在春节、端午节、中秋节等重大节日为困难群众赠送慰问物资及慰问金合计14余万元,被当地有关部门授予"退役军人党员结对帮扶爱心企业"和"粤桂扶贫协作先进民营企业"称号。

案例13

2021年,某市注册会计师行业积极响应该市市委统战部号召,助力该市推进"同心卫生室"提质增效。当地行业捐赠150万元善款启动"乡村医疗服务车更新项目",在原有105家"同心卫生室"的基础上,引导公益基金向提升基层医疗服务能力聚焦,购置17辆乡村医疗服务车,对运行10年以上、车况难以满足偏远山区巡诊需求、需要报废的车辆进行更新。更新车辆为该市4个区17个乡镇的百姓提供移动诊疗服务,体现了行业助力该市疫情防控、助力该市健康乡村建设的爱城之心和重要贡献。

某会计师事务所在了解到当地贫困山区老人就医困难的情况后,积极投入资金助力老有所养、病有所医,2021年出资帮助当地某镇452名困难家庭老年人参加医疗保险,切实减轻贫困老年人就医负担。

案例14

某会计师事务所在全国16所高校设立奖(助)学金、在某少数民族地区设立助学金,帮助高校优秀学子以及少数民族优秀贫困大学生;向某省三个贫困县捐款近200万元,用于资助贫困生、改善学校教学设备和医院基础设施;资助西南部分地区建设学校图书室;赴偏远地区小学开展"让爱照亮梦想"爱心支教活动,捐赠书籍、文体教学用品等物资。

某会计师事务所为当地中学设立奖学金,并捐赠教学仪器和设备,累计捐赠近120万元,资助贫困残疾学生的生活和学习;实地赴新疆某县开展"援疆助学",为当地捐资捐物60万元。2021年,该所和首席合伙人联合出资1 000万元,成立某教育基金会,助力推动当地教育事业高质量发展。20余年来,该所累计捐款捐物达2 300多万元,受资助群众达上万人次,用实际行动生动展现新时代注册会计师行业为国为民的"硬核担当"和"责任使命"。

某会计师事务所作为中国扶贫基金会多年的合作伙伴，近10年累计资助150名贫困高中生完成学业，助力心怀梦想、奋发有为的青年学子实现大学梦。凭借在教育扶贫项目中的突出贡献，该所连续多年获得中国扶贫基金会授予的"年度扶贫爱心奖"。此外，该所还通过筹资组建爱心图书室、为听障儿童提供语训康复服务、助力社区困境青少年健康成长、专职支教陪伴学生成长等实际行动践行"扶贫先扶智"。

某会计师事务所2021年启动了某助学项目（2021—2025年计划）。该项目已累计为25名困难职中生和5名困难应届毕业生提供了支持，资助金额合计189 000元，一定程度上缓解了受助生及其家庭的经济压力。此外，该所还通过某慈善总会捐款14 477元，帮助当地小学改善教学条件，让孩子们接受良好的义务教育。

某会计师事务所2013年发起成立慈善基金会。截至2021年底，在爱心助学、扶危济困、敬老助残、赈灾救灾、公益环保等方面，该所已累计捐赠1 040余万元，受助对象5 000余人次，受到社会各界的好评。

案例 15

某会计师事务所连续多年关爱社区老人和困难老同志生活。该所主动与当地街道办事处结成共建对子，成立志愿服务队，将社区孤寡老人及困难党员列为重点帮扶对象。该所坚持将志愿服务常态化，在各部门设立服务梯队，积极参与各项志愿服务工作。2021年，该所先后组织志愿者参加"学雷锋"社区清洁、灭火器巡检、小广告清理、慰问走访等志愿服务活动10余次，充分发扬"奉献、友爱、互助、进步"的志愿精神，在全社会传递向上向善的道德力量。

某会计师事务所积极走访慰问当地老党员、退休老教师，为困难老人、企业残疾员工发送补助慰问金、生活必需物资；连续四年志愿服务阳光语训中心，助力听障儿童语言康复，通过"爱心驿站"为聋哑儿童学校捐赠物资；联合某市慈善机构发起"夏日送清凉"活动，为烈日下的环卫工人等户外工作者赠送防暑降温套装、藿香正气口服液、凉茶、手持小风扇等清凉用品；积极参与志愿服务,在西湖、大运河、周恩来纪念馆、鲁迅故里等地捡拾垃圾,倡导垃圾分类和绿色出行,助力杭州亚运。

七、以身作则践行生态环境保护

注册会计师行业除了利用自身专业技能服务国家生态文明建设外,还坚持以身作则,从行业自身做起,倡导绿色办公、绿色低碳、勤俭节约等工作生活方式,并积极参与投资造林、再生农业和森林保护等,为国家实现"双碳"目标发挥带头、示范作用,为社会环境保护贡献行业力量。

案例 16

某会计师事务所作为绿色可持续发展的积极倡导者和践行者,一直致力于推进自身的"去碳化"进程。截至2021年底,该所在全球实现"碳中和"及负碳排放目标,并承诺到2025年将碳排放减少40%。该所在全球各地与气候解决方案提供商合作,投资于通过重新造林、再生农业、生物炭和森林保护来抵消或消除碳排放的全球性项目。包括中国贵州项目在内的六个新项目帮助该所在2021财年消除或抵消34%的碳足迹,从而实现负碳排放目标。该所通过垃圾分类管理、推广双面打印、减少纸杯使用及使用饮水机等举措,共减少235.62吨碳排放,相当于种植了13 090棵树木。

案例 17

某会计师事务所积极参加当地有关部门组织的"践行两型理念,从植绿爱绿护绿做起"等社区志愿活动。因勇于担当、积极作为的社会责任感和实践行动,该所团支部获得某省五四红旗团支部称号。

为助力文明城市创建,2021年11月,某市注册会计师资产评估行业党委组织开展环境卫生大整治志愿服务活动。来自当地会计师事务所和资产评估机构的14名党员、团员志愿者走进当地某社区,为净化社区环境积极贡献力量。

附 录

附录一　2021年发布的注册会计师行业重要法规制度目录

（2021年1月1日至2021年12月31日发布）

行业发展

1. 中国注册会计师协会关于印发《注册会计师行业发展规划（2021—2025年）》的通知（会协〔2021〕13号，2021年4月8日）
2. 国务院办公厅关于进一步规范财务审计秩序 促进注册会计师行业健康发展的意见（国办发〔2021〕30号，2021年7月30日）
3. 财政部关于印发《会计改革与发展"十四五"规划纲要》的通知（财会〔2021〕27号，2021年11月24日）

行业管理

（一）机构

4. 中国注册会计师协会关于印发《中国注册会计师协会团体标准管理暂行办法》的通知（会协〔2021〕10号，2021年3月19日）
5. 中国注册会计师协会关于印发《会计师事务所综合评价排名办法》（修订稿）的通知（会协〔2021〕22号，2021年5月20日）

（二）人才

6. 中国注册会计师协会关于印发《注册会计师行业高端人才使用管理暂行办法》的通知（会协〔2021〕8号，2021年3月15日）

7. 中国注册会计师协会关于印发《中国注册会计师协会会员培养（高端班）项目学员考核管理暂行办法》的通知（会协〔2021〕17号，2021年4月26日）

8. 中国注册会计师协会关于修订印发《中国注册会计师继续教育制度》和《中国注册会计师协会非执业会员继续教育制度》的通知（会协〔2021〕46号，2021年12月8日）

9. 财政部关于印发《会计行业人才发展规划（2021—2025年）》的通知（财会〔2021〕34号，2021年12月23日）

（三）行业监管

10. 关于印发《第三方机构预算绩效评价业务监督管理暂行办法》的通知（财监〔2021〕4号，2021年4月29日）

11. 中国注册会计师协会关于修订印发《上市公司年报审计监管工作规程》的通知（会协〔2021〕56号，2021年12月30日）

12. 关于修订印发《中国注册会计师协会会员执业违规行为惩戒办法》、《中国注册会计师协会惩戒委员会工作规则》和《中国注册会计师协会申诉委员会工作规则》的通知（会协〔2021〕57号，2021年12月30日）

13. 关于修订印发《中国注册会计师协会执业质量检查人员管理办法》的通知（会协〔2021〕58号，2021年12月30日）

（四）行业信息化

14. 中国注册会计师协会关于印发《注册会计师行业信息化建设规划（2021—2025年）》的通知（会协〔2021〕14号，2021年4月8日）

15. 财政部关于印发《会计信息化发展规划（2021—2025年）》的通知（财

会〔2021〕36号，2021年12月30日）

执业准则

16. 中国注册会计师协会关于印发《中国注册会计师审计准则问题解答第16号——审计报告中的非无保留意见》的通知（会协〔2021〕4号，2021年2月2日）

17. 中国注册会计师协会关于印发《〈会计师事务所质量管理准则第5101号——业务质量管理〉应用指南》等三项应用指南的通知（会协〔2021〕39号，2021年11月1日）

18. 关于印发《中国注册会计师审计准则第1601号——审计特殊目的财务报表的特殊考虑》等三项准则的通知（财会〔2021〕31号，2021年12月9日）

19. 关于印发《〈中国注册会计师审计准则第1601号——审计特殊目的财务报表的特殊考虑〉应用指南》等三项应用指南的通知（会协〔2021〕50号，2021年12月17日）

实务指引

20. 财政部关于印发《银行审计函证数据标准（试行版）》的通知（财会便〔2021〕7号，2021年2月2日）

附录二 2021年上市公司审计情况分析报告

自 2011 年以来，中注协根据《上市公司年报审计监管工作规程》要求，在年报审计期间密切跟踪上市公司年报审计情况和审计机构变更情况，编发分析报告。2021 年，中注协修订了《上市公司年报审计监管工作规程》，要求深入分析上市公司年报审计情况和非标准无保留意见审计报告情况，全面反映年报审计工作的情况与问题，并针对发现的共性问题和不当执业倾向，向行业发布有针对性的专业指导和风险提示意见。

本报告以上市公司 2021 年年报审计快报和会计师事务所业务变更报备信息为基础，对上市公司 2021 年度财务报表审计、内部控制审计以及审计市场情况进行分析，重点关注上市公司年报关键审计事项、公司持续经营能力、审计报告意见类型等。

截至 2022 年 4 月 30 日，上海、深圳、北京等三家证券交易所共有上市公司 4 816 家，较 2021 年同期净增 514 家，增幅为 11.95%。其中，4 805 家上市公司于 2022 年 4 月 30 日前披露了经审计的 2021 年年报，有 8 家上市公司于 2022 年 7 月 2 日前披露了经审计的 2021 年年报，另有 3 家上市公司未披露经审计的 2021 年年报。

53 家会计师事务所为 4 813 家上市公司出具了 2021 年度财务报表审计报告。47 家会计师事务所为 2 526 家上市公司出具了 2021 年度内部控制审计报告。

一、财务报表审计情况分析

（一）数据分析

1. 财务报表审计意见类型情况。 2021 年 4 813 份财务报表审计报告中，标准无保留意见 4 556 份，带强调事项段或带持续经营事项段的无保留意见 108 份；保留意见 101 份，无法表示意见 47 份，否定意见 1 份（见表 1）。2021 年非无保留意见（指保留意见、无法表示意见、否定意见）占比 3.10%，2020 年为 3.39%，2019 年为 4.54%。2021 年非标准无保留意见（指非无保留意见或带有解释性说明的无保留意见，以下简称非标准意见）占比 5.34%，2020 年为 5.83%，2019 年为 7.03%。

表1　　　　　　2017—2021 年度审计意见类型分布　　　　　单位：份

审计意见类型		2017 年度	2018 年度	2019 年度	2020 年度	2021 年度
无保留意见数量		3 452	3 485	3 640	4 156	4 664
非无保留意见数量	保留意见	37	82	126	110	101
	无法表示意见	23	40	46	36	47
	否定意见	0	0	1	0	1
	小计	60	122	173	146	149
合计		3 512	3 607	3 813	4 302	4 813

2. 非无保留意见涉及上市公司板块和行业分类。 会计师事务所出具非无保留意见，表明上市公司财务报表存在重大错报，或会计师事务所因审计范围受限，无法获取充分适当的审计证据，是上市公司财务报表存在重大风险的信号。

从上市板块看，149 份非无保留意见审计报告的上市公司分布于所有的上市板块（见表 2 和图 1）。科创板和北交所上市公司非无保留意见比例较低，分别为 0.71% 和 1.11%；主板上市公司非无保留意见比例较高，为 3.73%，高于总体非无保留意见比例 3.10%。

表2　　　　　　　　2021年度非无保留意见的上市板块分布

审计意见类型	主板	创业板	科创板	北交所	合计
保留意见数量（份）	85	13	2	1	101
无法表示意见数量（份）	32	14	1	0	47
否定意见数量（份）	1	0	0	0	1
非无保留意见小计（份）	**118**	**27**	**3**	**1**	**149**
上市公司数量（家）	3 162	1 141	420	90	4 813
非无保留意见占比（%）	3.73	2.37	0.71	1.11	3.10

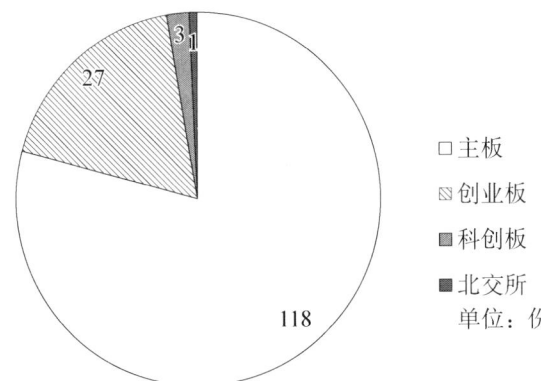

图1　2021年度非无保留意见的上市板块分布

从证监会新行业分类来看，149家被出具非无保留意见上市公司分布于15个行业，仅"交通运输、仓储和邮政业"、"教育"、"居民服务、修理和其他服务业"、"综合"4个行业没有上市公司被出具非无保留意见。从数量上看，"制造业"、"信息传输、软件和信息技术服务业"2个行业被出具非无保留意见的上市公司数量较多，分别为82家和22家。从所占比例上看，"卫生和社会工作"、"住宿和餐饮业"、"房地产业"、"租赁和商务服务业"等4个行业被出具非无保留意见上市公司的占比相对较高，分别为20.00%、11.11%、7.76%、7.25%。制造业由于上市公司数量最多，被出具非无保留意见的比例并不高，且低于全部上市公司的平均水平（见表3和图2）。

表3　　　　　　　　　　各行业非无保留意见情况

行业	非无保留意见数量（份）	上市公司数量（份）	非无保留意见占比（%）
卫生和社会工作	3	15	20.00
住宿和餐饮业	1	9	11.11
房地产业	9	116	7.76
租赁和商务服务业	5	69	7.25
信息传输、软件和信息技术服务业	22	398	5.53
文化、体育和娱乐业	3	62	4.84
水利、环境和公共设施管理业	4	93	4.30
农、林、牧、渔业	2	48	4.17
金融业	4	128	3.13
电力、热力、燃气及水生产和供应业	4	130	3.08
建筑业	3	109	2.75
批发和零售业	5	188	2.66
制造业	82	3 135	2.62
采矿业	1	80	1.25
科学研究和技术服务业	1	96	1.04
交通运输、仓储和邮政业	0	110	0.00
教育	0	12	0.00
居民服务、修理和其他服务业	0	1	0.00
综合	0	14	0.00
合计	149	4 813	3.10

3. 审计报告中涉及持续经营问题的情况。持续经营假设是会计基本假设之一，是指被审计单位在编制财务报表时，假定其经营活动在可预见的将来会继续下去，不拟也不必终止经营或破产清算，可以在正常的经营过程中变现资产、清偿债务。在实务中，若公司存在巨额亏损或持续亏损、营运资金为负数或债务逾期或经营活动产生的现金流量净额为负数、资不抵债、主营业务萎缩或计划重组等状况，则通常表明持续经营能力存在重大不确定性。

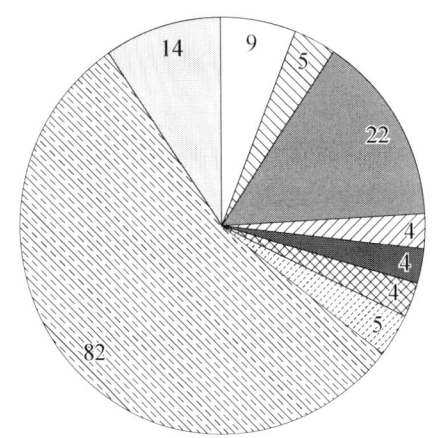

图 2　各行业非无保留意见情况

根据《中国注册会计师审计准则第 1324 号——持续经营》，如果运用持续经营假设是适当的，但存在重大不确定性，且财务报表对重大不确定性已作出充分披露，注册会计师应当发表无保留意见，并在审计报告中增加以"与持续经营相关的重大不确定性"为标题的单独部分。该事项并不影响发表的审计意见。经统计，257 份非标准意见审计报告中有 78 份包含"与持续经营相关的重大不确定性"事项段（见表 4）。

表4　　　　　　　　　　持续经营事项段分布情况　　　　　　　　单位：份

意见类型		非无保留意见的形成基础中包含持续经营重大不确定性	单独的持续经营事项段	涉及持续经营重大不确定性的审计报告份数
无保留意见数量		0	49	49
非无保留意见数量	保留意见	11	28	38*
	无法表示意见	30	1	31
	否定意见	1	0	1

*由于某份审计报告在保留意见形成基础中涉及"与持续经营假设重大不确定性相关的改善措施未能充分披露"，同时使用单独的持续经营事项段披露与持续经营相关的重大不确定性，因此涉及持续经营重大不确定性的审计报告份数与前两列加计数相差 1。

非无保留意见审计报告中，有 42 份报告审计意见的形成基础部分包括持续经营能力存在重大不确定性。其中，保留意见 11 份，无法表示意见 30 份，否定意见 1 份。

119 家被审计上市公司涉及"持续经营能力存在重大不确定性"问题，占全部上市公司的 2.47%，占非标准意见的 46.30%（见表 5 和图 3）。其中，占比较高的行业有"综合"、"住宿和餐饮业"、"农、林、牧、渔业"、"房地产业"、"租赁和商务服务业"，其占比分别为 14.29%、11.11%、10.42%、10.34% 和 10.14%。

表 5　　各行业持续经营重大不确定性情况

行业	涉及持续经营能力存在重大不确定性上市公司数量（家）	上市公司数量（家）	占比（%）
综合	2	14	14.29
住宿和餐饮业	1	9	11.11
农、林、牧、渔业	5	48	10.42
房地产业	12	116	10.34
租赁和商务服务业	7	69	10.14
教育	1	12	8.33
卫生和社会工作	1	15	6.67
建筑业	5	109	4.59
信息传输、软件和信息技术服务业	13	398	3.27
文化、体育和娱乐业	2	62	3.23
采矿业	2	80	2.50
金融业	3	128	2.34
电力、热力、燃气及水生产和供应业	3	130	2.31
水利、环境和公共设施管理业	2	93	2.15
批发和零售业	4	188	2.13
科学研究和技术服务业	2	96	2.08
制造业	54	3 135	1.72
合计	119	4 813	2.47

4. 审计报告中关键审计事项情况。关键审计事项是当期财务报表审计中较为重要的事项。自 2017 年起，审计报告增加了关键审计事项，披露会计师事务所审计中的个性化信息，增加了审计报告的信息含量和相关性、提高了审计透明度，有效帮助投资者和社会公众了解上市公司更多信息。

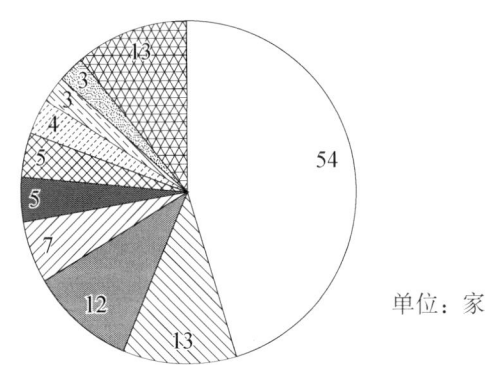

图3 各行业持续经营重大不确定性情况

2021年度,除47份无法表示意见和1份否定意见外,4 765家上市公司的审计报告中披露了9 409个关键审计事项,平均每家上市公司披露1.97个,较2020年的1.91个有所上升。需要说明的是,在对审计报告涉及的关键审计事项进行分析时发现,个别审计报告"关键审计事项"部分列示的关键审计事项数量不规范,如有的将应收账款坏账准备、存货跌价准备、长期资产减值统一作为"资产减值"1个关键审计事项,因其分别描述了"事项情况"和"审计应对",为便于分析,本报告将其作为3个关键审计事项进行分析(见表6)。

表6 披露关键审计事项的上市公司情况 单位:家

关键审计事项数量	2017年度	2018年度	2019年度	2020年度	2021年度
1	592	578	663	1 122	945
2	2 419	2 423	2 406	2 470	3 059
3	651	667	622	606	704
4	82	100	64	63	52
5	12	8	9	4	4
6	3	0	1	0	1
合计	3 759	3 776	3 765	4 265	4 765

从行业分布看,平均每家上市公司披露关键审计事项较多的行业有5个,

分别为"金融业"、"房地产业"、"批发和零售业"、"水利、环境和公共设施管理业"、"租赁和商务服务业",平均的关键审计事项数量分别为 2.42 个、2.21 个、2.09 个、2.08 个、2.05 个。

5. 保留意见涉及事项有关情况。101 份保留意见审计报告中,"形成保留意见的基础"部分共涉及 182 个事项,平均每份报告 1.80 个(见表 7)。

表7　　　　　导致发表保留意见的事项分类统计　　　　单位:个

	涉及财务报告项目或事项	审计报告涉及相关事项数量
资产减值	金融资产可收回性及坏账准备计提的合理性	35
	商誉等长期资产减值损失计提的合理性、准确性及披露的恰当性	14
或有事项	未决诉讼	13
	对外违规担保事项	7
	监管机构或监察机关立案调查	13
商业合理性	其他交易事项的合理性	13
	预付账款取证和资金往来及交易的合理性	12
	资金占用	15
	重要子公司审计受限或失去控制	14
	持续经营能力存在重大不确定性	11
	关联方关系及其交易披露的真实性、准确性和完整性	6
	收入确认存疑	5
	其他	24

6. 无法表示意见涉及事项有关情况。47 份无法表示意见审计报告中,"形成无法表示意见的基础"部分共涉及 166 个事项,平均每份报告 3.53 个(见表 8)。

表8　　　　导致发表无法表示意见的事项分类统计　　　　单位:个

	涉及财务报告项目或事项	审计报告涉及相关事项数量
	持续经营能力存在重大不确定性	30
或有事项	对外违规担保事项	15
	未决诉讼	5
	监管机构或监察机关立案调查	8

续表

	涉及财务报告项目或事项	审计报告涉及相关事项数量
资产减值	金融资产可收回性及坏账准备计提的合理性	16
	商誉等长期资产减值损失计提的合理性、准确性及披露的恰当性	7
	重要子公司审计受限或失去控制	21
	收入确认存疑	12
	资金占用	9
商业合理性	其他交易事项的合理性	3
	预付账款取证和资金往来及交易的合理性	3
	关联方关系及其交易披露的真实性、准确性和完整性	4
	其他	33

7. 保留意见和无法表示意见涉及事项行业分布有关情况。 从保留意见和无法表示意见形成基础涉及事项在各行业分布来看,"制造业"上市公司数量均为最多,其次是"信息传输、软件和信息技术服务业",与被出具非无保留意见上市公司的行业分布保持一致(见表9和表10)。

表9　　　　　保留意见涉及事项数量前三的行业情况

涉及事项	保留意见涉及事项数量前三的行业		
	第一	第二	第三
资产减值	制造业	信息传输、软件和信息技术服务业	房地产业；建筑业；水利、环境和公共设施管理业
或有事项	制造业	房地产业；科学研究和技术服务业；农、林、牧、渔业	
商业合理性	制造业	信息传输、软件和信息技术服务业	房地产业
资金占用	制造业	建筑业；农、林、牧、渔业；卫生和社会工作；文化、体育和娱乐业；租赁和商务服务业	
重要子公司审计受限或失去控制	制造业	信息传输、软件和信息技术服务业	建筑业；批发和零售业；电力、热力、燃气及水生产和供应业
持续经营能力存在重大不确定性	制造业	房地产业	金融业；文化、体育和娱乐业

续表

涉及事项	保留意见涉及事项数量前三的行业		
	第一	第二	第三
关联方关系及其交易披露的真实性、准确性和完整性	制造业	房地产业；租赁和商务服务业	
收入确认存疑	信息传输、软件和信息技术服务业	制造业；建筑业；卫生和社会工作	

表10　无法表示意见涉及事项数量前三的行业情况

涉及事项	无法表示意见涉及事项数量前三的行业		
	第一	第二	第三
持续经营能力存在重大不确定性	制造业	信息传输、软件和信息技术服务业	租赁和商务服务业
或有事项	制造业	信息传输、软件和信息技术服务业	租赁和商务服务业
资产减值	制造业	租赁和商务服务业	电力、热力、燃气及水生产和供应业
重要子公司审计受限或失去控制	制造业	信息传输、软件和信息技术服务业	租赁和商务服务业
收入确认存疑	制造业	住宿和餐饮业	信息传输、软件和信息技术服务业
资金占用	制造业	租赁和商务服务业	
商业合理性	制造业	信息传输、软件和信息技术服务业	
关联方关系及其交易披露的真实性、准确性和完整性	制造业	租赁和商务服务业	

（二）分析结论

1. 非无保留意见审计报告数量和比例有所下降，但仍处于近年来的历史高位。无论范围较大的非标准意见，还是范围较小的非无保留意见，两项反映财务报表"不干净"指标的比例近两年均持续降低。如图4所示，2012年以来的上市公司年报审计情况分析报告发现，非无保留意见数量及比例仍然处于历史较高水平。会计师事务所在上市公司2021年年报审计中，贯彻落实国办发 30 号文，遵循审计准则、严守职业道德、保持职业谨慎，坚持原则底线，敢于说"不"，确保了上市公司定期报告的信息披露质量。

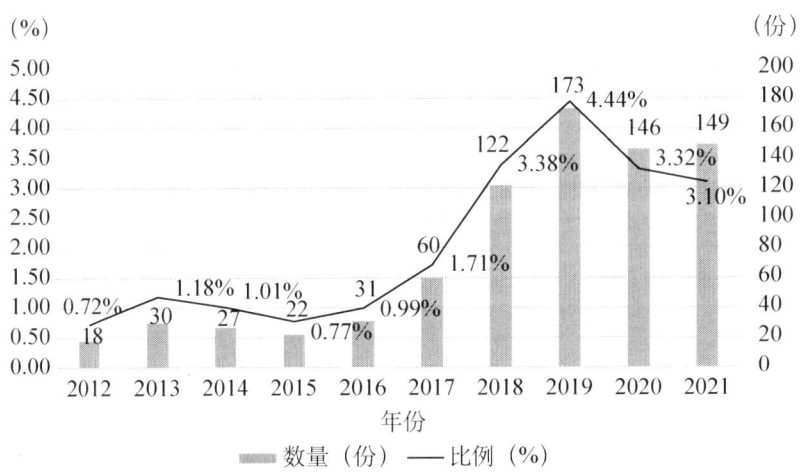

图 4　2012—2021 年非无保留意见数据对比

2. 上市公司经营困难、未决诉讼和短期偿债压力较大是导致持续经营能力存在重大不确定性的主要原因。2021 年度，119 家上市公司审计报告中含有持续经营相关内容。经统计，共涉及 241 个持续经营相关事项，典型表现包括存在逾期借款、净利润和未分配利润为负、流动资产小于流动负债、未决诉讼等（见表 11）。

表 11　　　　　　　　持续经营相关内容的具体情况　　　　　　　　单位：个

涉及事项	事项数量
存在逾期借款	45
净利润和未分配利润为负	88
流动资产小于流动负债	44
未决诉讼	51
其他	13
合计	241

3. 上市公司关键审计事项数量较为稳定，涉及领域逐渐集中。从关键审计事项的数量看，2017—2021 年度，分别有 3 759 家、3 776 家、3 765 家、4 265

家、4 765家上市公司披露了7 789个、7 865个、7 648个、8 152个、9 409个关键审计事项，平均关键审计事项数量分别为2.07个、2.08个、2.03个、1.91个、1.97个。

从关键审计事项具体内容看，涉及领域出现逐渐集中的趋势。其中，收入确认、应收款项、商誉和存货等高风险审计领域仍是关键审计事项最为集中的领域，2017—2021年度，相关关键审计事项数量分别为5 616个、5 820个、5 762个、6 531个和7 747个，合计占比均超过70%，并且呈逐年上升的趋势，2021年度比例达到82%（见表12）。

表12　　　　　　　　　　关键审计事项主要分布领域

涉及领域	2017年度	2018年度	2019年度	2020年度	2021年度
收入确认（个）	2 575	2 628	2 708	3 375	4 096
应收款项（个）	1 391	1 367	1 313	1 520	1 825
商誉（个）	850	1 047	988	890	882
存货（个）	800	778	753	746	944
小计（个）	5 616	5 820	5 762	6 531	7 747
当年合计（个）	7 789	7 865	7 648	8 152	9 409
占比（%）	72	74	75	80	82

有5家上市公司的关键审计事项数量超过了4个，分别是福田汽车（与北京宝沃相关的资产减值、北京宝沃抵债固定资产减值准备的计提、北京宝沃股权投资减值计提、应收股权转让款坏账准备的计提、收入确认）；光大证券（合并财务报表中商誉减值、结构化主体的合并、金融工具公允价值的评估、预期信用损失的评估、预计负债的确认）；三湘印象（商誉减值测试、房地产销售收入确认、持有待售资产的分类和计量、文化演艺制作收入确认、长期股权投资减值测试）；金莱特（商誉减值、存货账面价值的确认、家电业务的收入确认、工程业务的收入和成本的确认、预期信用减值损失的确认）和通鼎互联（处置子公司、处置长期资产、存货跌价准备、应收款项坏账准备、收入确认、长期资产减值）。

4. 出具否定意见的基础涉及上市公司的持续经营能力、其他应收款的可回收性、收入成本确认。出具否定意见代表会计师事务所认为发现的错报单独或汇总起来，对财务报表的影响重大且具有广泛性，即上市公司披露的财务报表不具可信性，提示其存在财务报表重大风险。会计师事务所出具否定意见，往往需要顶住来自各方面的巨大压力，反映出注册会计师能够坚守底线，发挥独立鉴证作用。

北京兴昌华会计师事务所对*ST圣莱2021年度财务报表出具了否定意见的审计报告。这是时隔2年后，证券审计市场再次出现否定意见审计报告。此前，我国证券审计市场发展史上，会计师事务所共对4家上市公司年度财务报表出具了5份否定意见审计报告。

会计师事务所对*ST圣莱发表否定意见的基础如下。

（1）持续经营。圣莱达公司2021年度归属于母公司的合并净利润为3 698.45万元，截至2021年12月31日止，圣莱达公司累计亏损37 098.37万元，归属于母公司股东的期末净资产为2 342.15万元；圣莱达公司子公司宁波圣莱达电气设备有限公司电力配电行业成套设备制造未取得行业相关生产资质；连同财务报表附注十（二）所示的圣莱达公司投资者索赔事项，表明存在可能导致对圣莱达公司持续经营能力产生重大疑虑的重大不确定性。

（2）对外合作事项。如财务报表附注十一（二）所述，2020年1月，圣莱达公司子公司宁波圣汇美商贸有限公司（以下简称圣汇美）与内蒙古态和共生农牧业发展有限公司（以下简称态和共生公司）签署合作贸易协议，合作进行肉牛养殖产业链贸易业务，圣汇美预付合作款2 000.00万元，期末其他应收款账面余额1 970.00万元。对于上述其他应收款，实施了检查合同和付款凭证、函证、检查工商登记信息、查阅态和共生公司银行流水等审计程序，但无法就上述其他应收款是否按协议约定执行获取充分、适当的审计证据，也无法确定上述其他应收款能否收回。

（3）收入确认、成本结转事项。圣莱达公司2021年度财务报表收入111 584 734.43元、成本100 148 038.44元。收入主要来源于电力配电行业成套设备的销售，共有项目88个，截至审计报告日，走访了其中28个项目现场，不能进一步获取充分适当的审计证据,以证明收入、成本的真实性、完整性。

5. 形成保留意见的基础主要为资产减值、或有事项、商业合理性和资金占用等。101 份保留意见审计报告中,形成保留意见的基础主要为资产减值、或有事项、商业合理性、资金占用等未能获取充分适当的审计证据。典型的形成保留意见基础如下。

(1)涉及资产减值的保留意见审计报告有 49 份。

涉及**金融资产可收回性及坏账准备计提的合理性的保留意见审计报告** 35 份。例如,某公司导致保留意见的形成基础之一为,"2021 年度,公司向 5 家客户合计销售 3 050 台服务器和 550 套保密数据链储存终端,上述交易计入本期营业收入 80 012 920.35 元、营业成本 72 268 169.55 元、资产处置收益 1 765 486.09 元,形成期末应收账款 36 264 500.00 元和其他应收款 21 918 750.00 元。注册会计师未能实施必要的审计程序获取充分、适当的审计证据,因此无法确认上述交易的商业实质及其真实性,亦无法确认应收账款余额、其他应收款余额的存在性和可收回性"①。

涉及**商誉等长期资产减值损失计提的合理性、准确性及披露的恰当性的保留意见审计报告** 14 份。例如,某公司导致保留意见的形成基础之一为,"针对预付游戏推广费,注册会计师以更正后的数据实施了获取公司与供应商的对账单、向供应商进行函证、访谈等审计程序,但多数供应商未予确认对账单金额,也未回函或者回函不符,注册会计师无法判断该等差错更正的恰当性,以及对前期和本期财务报表的影响。针对商誉减值,公司基于预付游戏推广费更正计入相关会计期间后,重新对商誉减值进行了测试,并调整更正了前期商誉减值金额。由于受前述预付游戏推广费差错更正恰当性的影响,注册会计师无法判断商誉更正的合理性,以及对前期和本期财务报表的影响"。

(2)涉及或有事项的保留意见审计报告有 33 份。

涉及**未决诉讼的保留意见审计报告** 13 份。例如,某公司导致保留意见的形成基础之一为,"公司因资金短缺未能偿还到期债务、因收到中国证监会对

---

① 引用的审计报告中涉及的上市公司及相关敏感信息已作技术性删除,下同。

公司及相关责任人处以警告和罚款的行政处罚等,引发多起中小投资者对公司诉讼。截至 2021 年 12 月 31 日,公司已对诉讼判决的 512 起中小投资者诉讼案件计提预计负债 4 683.45 万元。但由于诉讼事项的复杂性及其结果的不确定性,如诉讼事项的影响金额、违约金(或赔偿金)的影响金额、诉讼事项的完整性等,注册会计师无法获取充分、适当的审计证据,以确认诉讼事项对公司财务报表可能产生的影响"。

涉及对外违规担保事项的保留意见审计报告 7 份。例如,某公司导致保留意见的形成基础之一为,"公司收到法院送达的对外担保的诉讼文件,涉及诉讼本金 20 000.00 万元。实际控制人以公司名义签订的最高额保证合同,该担保未经董事会及股东大会审批。注册会计师无法获取充分、适当的审计证据以判断公司是否还存在其他潜在纠纷,以及前述担保事项对财务报表可能产生的影响"。

涉及监管机构或监察机关立案调查的保留意见审计报告 13 份。例如,某公司导致保留意见的形成基础之一为,"公司收到了中国证券监督管理委员会《立案告知书》,因涉嫌信息披露违法违规,根据《中华人民共和国证券法》、《中华人民共和国行政处罚法》等法律法规,中国证监会决定对公司立案。截至报告批准报出日止,由于立案调查尚未有最终结论,注册会计师无法判断立案调查结果对公司财务报表可能产生的影响"。

(3)涉及商业合理性的保留意见审计报告有 25 份。

涉及其他交易事项合理性的保留意见审计报告 13 份。例如,某公司导致保留意见的形成基础之一为,"2021 年 4 月 26 日,公司就收购某公司 100%股权签订股权转让协议,作价为税后 18 000 万元,某公司主要资产为处于法院查封状态的 102.504 亩商服用地。公司于 2021 年 4 月 28 日办理了对应 99%股权的工商变更手续,并于 2021 年 11 月 23 日支付 14 000 万元股权转让款。注册会计师执行了问询、检查等审计程序,但受限于访谈、流水核查等重要的审计程序未得到有效执行,无法就该交易的商业合理性及实际资金流向获取充分、适当的审计证据,不能确定该交易事项列报于合并报表中的无形资产是否恰当"。

涉及预付账款取证和资金往来及交易合理性的保留意见审计报告 12 份。例如，某公司导致保留意见的形成基础之一为，"公司存在 1—2 年的长期预付款 0.95 亿元，同时其他应收款中有与预付设备款退回相关的应收款项 1.58 亿元及处置某股权相关的应收款项 0.62 亿元。就上述事项注册会计师执行了检查、函证、向预付对象访谈等审计程序，但无法执行进一步的审计程序，无法就上述款项相关的商业合理性及可收回性获取充分、适当的审计证据，也无法确定是否有必要对这些金额进行调整"。

（4）涉及资金占用的保留意见审计报告有 15 份。

例如，某公司导致保留意见的形成基础之一为，"截至 2021 年 12 月 31 日，公司应收控股股东非经营性资金占用 119 679.00 万元（本息及相关费用），已计提坏账准备 59 839.50 万元；为控股股东及其他关联方借款担保金额 77 443.63 万元（不含利息等）。截至本财务报告批准报出日，虽然控股股东就资金占用和违规担保向公司出具了承诺函，注册会计师仍无法获取充分、适当的审计证据对控股股东资金占用的可收回性及违规担保的预计损失作出合理的判断，其结果存在不确定性"。

（5）涉及重要子公司审计受限或失去控制的保留意见审计报告有 14 份。

例如，某公司导致保留意见的形成基础之一为，"2020 年某控股子公司拒绝配合整改，拒不交接公章、证照、账册等资料，从而导致公司无法参与子公司日后的经营管理。故公司已对控股子公司的管理失去有效控制。公司管理层认为在丧失控制权之日的公允价值与账面价值之间的差额计入当期损益。因此在 2020 年合并报表中确认股权投资损益-16 724.61 万元，导致对 2020 年度财务报表发表保留意见。由于该事项对本期数据和对应数据的可比性存在影响或可能存在影响，注册会计师对本期财务报表发表了保留意见"。

（6）涉及持续经营能力存在重大不确定性的保留意见审计报告有 11 份。

例如，某公司导致保留意见的形成基础之一为，"受多重不利因素叠加影响，公司 2021 年发生债务违约。截至 2021 年 12 月 31 日，公司逾期金融债务本金 229.05 亿元，包括金融机构、合作方在内的部分债权人通过司法程序向公司相关经营主体和债务主体追偿逾期债务，导致公司经营出现困难，为偿还债务进行的资产处置和存货跌价等因素形成公司 2021 年度归属于母公司股东净亏损为 138.34 亿元、经营活动现金流量为净流出 1.08 亿元。以上信息表明存在导致对公司持续经营能力产生重大疑虑的事项或情况。公司在其 2021 年度财务报告中披露了该持续经营重大疑虑，但未能充分披露部分尚在论证和报批过程中的对公司持续经营假设合理性有重大影响的改善措施"。

（7）涉及关联方关系及其交易披露的真实性、准确性和完整性的保留意见审计报告有 6 份。

例如，某公司导致保留意见的形成基础之一为，"公司及子公司部分交易对手多家单位与该公司原大股东及其关联方存在直接或间接的资金往来，且原大股东存在占用上市公司资金的情况。由于缺少相关资料及公司的内控缺陷，注册会计师无法就公司与上述公司之间交易的真实性、公允性及原大股东及其关联方资金占用的完整性获取充分、适当的审计证据"。

（8）涉及收入确认存疑的保留意见审计报告有 5 份。

例如，某公司导致保留意见的形成基础之一为，"公司 2021 年度营业收入 118 502 383.83 元，注册会计师无法获取充分、适当的审计证据，确认在 2021 年度是否存在不具有商业实质的收入；无法获取充分、适当的审计证据识别所有的关联方，因此无法确认该公司 2021 年度关联交易收入的真实性、完整性"。

6. 形成无法表示意见的基础主要为持续经营能力存在重大不确定性、或有事项、资产减值、重要子公司审计受限或失去控制等。47 份无法表示意见审计报告中，形成无法表示意见的基础主要为持续经营能力存在重大不确定性、或有事项、资产减值、重要子公司审计受限或失去控制等未能获取充分适当的审计证据。典型的形成无法表示意见基础如下。

（1）涉及持续经营能力存在重大不确定性的无法表示意见审计报告有 30 份。

例如，某公司形成无法表示意见的基础之一为，"公司 2021 年度发生净亏损 72 135.32 万元，截至 2021 年末累计亏损 403 760.09 万元，归属于母公司的净资产-21322.18万元，经营性现金流为负数。部分重要子公司业务停止，报告期出现流动性困难，银行借款、供应商货款逾期，多个银行账户因诉讼被冻结，多起诉讼已进入强制执行阶段。2018年度至2021年度连续四个会计年度经审计的净利润为负值，且2019年开始，连续三年年末净资产为负值，公司生产经营进一步恶化。虽然公司已在财务报表附注二中披露了拟采取的改善措施，但我们仍无法判断该等措施的有效性，无法对公司自报告期末起未来12个月内的持续经营能力作出明确的判断，以及基于持续经营假设编制的2021年度财务报表是否恰当公允"。

（2）涉及或有事项的无法表示意见审计报告有28份。

涉及**对外违规担保的无法表示意见审计报告**15份。例如，某公司形成无法表示意见的基础之一为，"公司披露自查涉及违规担保事项的公告称，截至2022年3月10日，公司及子公司存在定期存单违规质押担保，合计金额37300万元，共为14家第三方累计提供16笔担保。对于上述对外担保事项，公司均未按规定履行相应的董事会决策程序，也未及时予以披露。其中，两笔担保单笔金额超过公司上一年度经审计净资产的10%，已达到股东大会审议标准，但公司也未履行股东大会决策程序"。

涉及**未决诉讼的无法表示意见审计报告**5份。例如，某公司形成无法表示意见的基础之一为，"截至2021年12月31日公司存在债务逾期不能偿还、违规对外担保等事项已构成违约并涉及诉讼，涉及诉讼（仲裁）、裁定、资产保全案件186起，账面已计提预计负债103048.09万元，因公司未提供必要的相关资料，注册会计师无法获取充分、适当的审计证据，以合理估计部分案件需承担的或有负债的准确性，也无法判断是否还存在其他未经披露的诉讼（仲裁）事项以及对财务报表可能产生的影响"。

涉及**监管机构或监察机关立案调查的无法表示意见审计报告**8份。例如，某公司形成无法表示意见的基础之一为，"公司及实际控制人2021年7月13日收到中国证券监督管理委员会下发的《调查通知书》，因涉嫌信息披露违法违规，根据《中华人民共和国证券法》的有关规定，决定对公司及实际控制人进行立案调查。截至本审计报告出具日，公司尚未收到中国证券监督管理委员会就上述立案调查事项的结论性意见或决定，注册会计师无法判断立案调查结果对公司财务报表的影响程度和范围"。

（3）涉及资产减值的无法表示意见审计报告有 23 份。

涉及**金融资产可收回性及坏账准备计提合理性的无法表示意见审计报告** 16 份。例如，某公司形成无法表示意见的基础之一为，"公司合并报表应收账款余额 6.01 亿元，计提预计信用损失 4.88 亿元。其中，23 户单项计提预计信用损失 4.42 亿元；其他应收款余额 23.87 亿元，计提预计信用损失 21.76 亿元。其中，9 户单项计提预计信用损失 19.44 亿元，公司未能提供上述信用损失计提的依据，注册会计师也无法获取债务人的财务信息及其他资料，无法对上述应收款项计提的信用损失的合理性进行判断"。

涉及**商誉等长期资产减值损失计提的合理性、准确性及披露的恰当性的无法表示意见审计报告** 7 份。例如，某公司形成无法表示意见的基础之一为，"公司现有在建工程账面余额 27.47 亿元，在建工程均已停工，且权属受限，未能按预期形成生产能力，对于上述可能出现减值迹象的自建工程，公司未对此进行减值测试，注册会计师也未能获取有关进行减值测试的相关资料，无法判断这些在建工程发生减值的金额及对财务报表的影响"。

（4）涉及重要子公司审计受限或失去控制的无法表示意见审计报告有 21 份。

例如，某公司形成无法表示意见的基础之一为，"重要子公司审计由于组成部分注册会计师未能按时完成审计工作，注册会计师无法就纳入合并范围的重要子公司 2021 年度的财务数据获取充分、适当的审计证据，无法确定是否有必要对财务报表相关金额及披露作出调整"。

（5）涉及收入确认存疑的无法表示意见审计报告有 12 份。

例如，某公司形成无法表示意见的基础之一为，"由于公司部分特定业务相关的客户和供应商无法联系，导致与特定业务相关的函证、访谈客户和供应商等必要的审计程序无法实施，也无法实施其他有效的替代程序。注册会计师无法根据已取得的审计证据作出判断特定业务的商业实质、相关收入确认的合理性和准确性、相关往来款项性质及其余额形成的原因及合理性、相关信用减值损失计提的合理性和充分性"。

（6）涉及资金占用的无法表示意见审计报告有 9 份。

例如，某公司形成无法表示意见的基础之一为，"截至 2021 年 12 月 31 日，公司控股股东及关联方资金占用净额 74 324.29 万元（资金占用余额 165 305.02 万元，已计提坏账准备 90 980.73 万元）；公司向控股股东及关联方提供违规担保尚有担保余额 174 008.73 万元，已计提预计负债 43 278.96 万元。由于公司资金管理、关联方往来及对外担保等方面内部控制失效，且未提供必要的相关资料，注册会计师无法获取充分、适当的审计证据，以判断公司为控股股东及其关联方提供资金及担保金额的完整性以及合理估计其可收回性，也无法判断是否还存在其他未披露的控股股东及其关联方资金占用、对外担保事项以及对财务报表可能产生的影响"。

（7）涉及商业合理性的无法表示意见审计报告有 6 份。

涉及其他交易事项的合理性的无法表示意见审计报告 3 份。例如，某公司形成无法表示意见的基础之一为，"2021 年 1 月 21 日上市公司与某公司签订《综合咨询顾问服务协议》，约定由某公司解决公司包括非经营性占用资金等面临的退市风险问题。截至 2021 年 12 月 31 日，公司共支付服务费合计 2 400.00 万元。2021 年 11 月、12 月某公司出具咨询顾问成果完结确认函并提供 2 400 万元增值税普通发票，双方交易结束。针对此次咨询服务费交易事项，注册会计师执行了合同及凭证检查、询问相关人员、银行账户资金流水查阅、交易对手背景信息查询及发函确认等审计程序，但无法就该交易的真实性及商业合理性实施满意的审计程序，以获取充分、适当的审计证据"。

涉及预付账款取证和资金往来及交易的合理性的无法表示意见审计报告 3 份。例如，某公司形成无法表示意见的基础之一为，"公司在 2021 年度与 13 家单位发生多笔大额资金往来，款项以预付合同款支付，以合同终止退回，2021 年度累计支付金额为 102 575 万元、退回金额为 39 021.89 万元，截至 2021 年 12 月 31 日上述大额预付款尚未收回金额为 63 553.11 万元。注册会计师未能获取充分、适当的审计证据,无法判断上述预付及其他应收款的商业合理性及可收回性"。

(8)涉及关联方关系及其交易披露的真实性、准确性和完整性的无法表示意见审计报告有 4 份。

例如,某公司形成无法表示意见的基础之一为,"公司 2020 年度和 2021 年度日常关联交易预计总金额分别为 46.56 亿元和 44.66 亿元,实际发生日常关联交易总金额分别为 37.71 亿元和 39.15 亿元。连续两年日常关联交易未获股东大会审议通过,违反股东大会决议仍进行了关联交易,该事项对财务报表可能产生的影响重大且具有广泛性。注册会计师无法获取充分、适当的审计证据,就未获得股东大会授权的日常关联交易违反《上海证券交易所股票上市规则(2020 年修订)》等相关规定对财务报表的影响作出判断"。

7. 中注协年报审计约谈效果明显。自上市公司 2021 年年报审计工作开展以来,中注协发挥自律监管作用,严密监控上市公司年报审计质量,通过定期发布预警提示信息、跟踪监测、及时约谈、全面分析等方式,引导会计师事务所切实履行资本市场监督职责。2021 年年报审计期间,中注协联合财政部有关司局,对新备案首次承接上市公司审计业务的 12 家会计师事务所开展了联合约谈,并以可能触发股票退市条件、境外业务占比较高、可能存在持续经营相关的重大不确定性、临近年报披露日承接和互联网行业业绩大幅波动等 5 个主题开展书面约谈,累计约谈 18 家会计师事务所,涉及 21 家上市公司。

从被约谈会计师事务所涉及的 21 家上市公司看,有 4 家上市公司被出具保留意见,6 家上市公司被出具无法表示意见,10 家上市公司被出具无保留意见,1 家上市公司至今未出具审计报告。从比例来看,被出具非无保留意见的比例高达 47.62%,远高于全部上市公司的 3.1%,表明通过约谈提示相关审计项目可能面对的重大风险领域以及相关质量控制可能存在的问题,相关会计师事务所的风险意识显著增强。

8. 退市新规凸显注册会计师审计价值。2020 年底,沪深交易所发布的退市新规,按照退市情形类别分为交易类、财务类、规范类、重大违法类等 4 类强制退市类型以及主动退市情形。其中,财务类强制退市的情况包括财务指标相关的要求以及被出具无法表示意见或否定意见的审计报告。

截至 2022 年 7 月底，共有 46 家上市公司退市。从退市原因来看，3 家为重组退市，1 家为主动退市，1 家为触及交易类退市指标，2 家为重大违法强制退市，其余 39 家均为触及财务类退市指标。从触及财务类退市指标的公司来看，有 17 家触及"营业收入+扣非前后净利润"财务类组合指标，11 家触及净资产为负的指标，27 家被出具非标准审计意见。此外，从年报审计结果看，年报发布后新增特别处理或风险警示的上市公司为 65 家。

上述情况表明，从严监管、从严执法的监管压力已经有效传导至会计师事务所，增强了从业人员对相关上市公司的风险领域及审计失败后果的认识，审计意见作用进一步凸显，相关会计师事务所更加关注上市公司财务真实性、规避财务类退市情形等相关事项，风险意识显著提高、执业较为谨慎。

（三）存在的问题

1. 部分上市公司财务报告质量有待提高。从上市公司财务报表审计报告意见类型看，4 664 家被出具了无保留意见（其中，108 家被出具带强调事项段或带持续经营事项段的无保留意见），101 家被出具了保留意见，47 家被出具了无法表示意见，1 家被出具了否定意见。与 2020 年年报审计的非无保留意见 146 家（占比 3.39%）相比，2021 年年报非无保留意见的比例略有下降（占比 3.10%）。但从历年数据看，近三年会计师事务所出具非无保留意见的数量和比例仍处于历史高位。

出具非无保留意见的原因，主要为上市公司收入确认合理性存疑、应收账款合理性及计价准确性存疑、持续经营能力存在重大不确定性、存在未决诉讼等，表明这些上市公司的财务报告质量不高，会计基础工作亟待加强。

2. 部分会计师事务所的审计质量有待提高。在审阅并分析审计报告时，发现还存在以强调事项段代替持续经营事项段或者在关键审计事项中披露持续经营能力产生重大疑虑并得到消除的情形，以及用"其他事项"段披露强调事项的情形。

（1）以强调事项段代替持续经营事项段的情形。

如某公司的审计报告"强调事项"段标题下描述如下内容："截至 2021 年 12 月 31 日，公司尚有银行借款 583 467 317.37 元，均为一年内到期，且于 2021 年 12 月 31 日，公司流动负债高于流动资产总额 360 187 529.65 元，其短期偿债压力较大。同时我们关注到公司期后与某市政府、某新能源公司签订战略合作协议，协议具体内容详见财务报表附注十二、2 之说明。上述事项对公司的生产经营将产生重大影响。本事项是否可以按照协议约定履行对公司生产经营及偿债能力产生重大影响。本段不影响已发表的审计意见。"

又如某公司的审计报告"强调事项"段标题下描述如下内容："我们提醒财务报表使用者关注，如财务报表附注十四、3 所述，公司已经连续三年发生亏损，存在部分债务未能按期偿还，未决诉讼，部分资产、银行账户等已被冻结的情况。公司已实施应对计划，积极与债权人沟通协商解决方案，同时拟通过引入战略投资者，加大应收账款清欠力度，盘活非流动资产，明确业务板块战略规划及强化经营管理及内控管理等措施。上述应对措施正在积极推进中并已经取得初步成效。该事项不影响已发表的审计意见。"

再如某公司的审计报告"强调事项"段标题下描述如下内容："我们提醒财务报表使用者关注，如财务报表附注所述，公司截至本报告期末，借款逾期 82 053.88 万元，偿债压力较大，持有的主要子公司股权因借款逾期被冻结，该事项未对公司正常经营造成影响。本段内容不影响已发表的审计意见。"

根据《中国注册会计师审计准则第 1324 号——持续经营》的相关规定，如果运用持续经营假设是适当的，但存在重大不确定性，且财务报表对重大不确定性已作出充分披露，注册会计师应当发表无保留意见，并在审计报告中增加以"与持续经营相关的重大不确定性"为标题的单独部分，而不是以强调事项的方式，提醒财务报表使用者关注。

（2）以"其他事项"段披露强调事项的情形。

如某公司审计报告的"其他事项"段的内容为："我们提醒财务报表使用者关注，截至 2021 年 12 月 31 日止，控股股东关联公司占用公司资金余额总计 425.20 万元，截至审计报告日均未收回，已全额计提坏账损失。本段内容不影响已发表的审计意见"。

《中国注册会计师审计准则第 1503 号——在审计报告中增加强调事项段和其他事项段》规定,强调事项段,是指审计报告中含有的一个段落,该段落提及已在财务报表中恰当列报的事项,且根据注册会计师的职业判断,该事项对财务报表使用者理解财务报表至关重要。其他事项段,是指审计报告中含有的一个段落,该段落提及未在财务报表中列报的事项,且根据注册会计师的职业判断,该事项与财务报表使用者理解审计工作、注册会计师的责任或审计报告相关。经查阅该公司的年度财务报告,该等应收关联方款项全额计提减值准备事项,已经在财务报表附注中详细披露。

前述各类情形中的相关披露方式不符合审计准则的相关规定,表明相关注册会计师未能全面准确理解审计准则的上述规定。

二、内部控制审计报告分析

(一)数据分析

47 家会计师事务所为上海、深圳、北京等三家证券交易所的 2 526 家上市公司出具了 2021 年度内部控制审计报告。其中,沪市主板 1 605 家,科创板 251 家;深市主板 641 家,创业板 26 家;北交所 3 家。出具意见情况有关数据分析如下。

1. 内部控制审计报告意见类型有关情况。如果认为内部控制存在一项或多项重大缺陷,除非审计范围受到限制,注册会计师会对内部控制发表否定意见,同时确定该意见对财务报表审计意见的影响。如果审计范围受到限制,注册会计师应当解除业务约定或出具无法表示意见的内部控制审计报告。从审计报告意见类型看,2 471 家被出具了无保留意见审计报告(其中,49 家被出具带强调事项段的无保留意见),3 家被出具了无法表示意见审计报告,52 家被出具了否定意见审计报告,非无保留意见占比约为 2.18%。近五年内部控制审计报告意见类型见表 13 和图 5。

表13　　　　2017—2021年内部控制审计意见类型分布　　　　单位：份

审计意见类型		2017年	2018年	2019年	2020年	2021年
无保留意见		1 730	1 889	1 915	2 021	2 471
非无保留意见	无法表示意见	0	0	2	2	3
	否定意见	37	53	68	54	52
合计		1 767	1 942	1 985	2 077	2 526

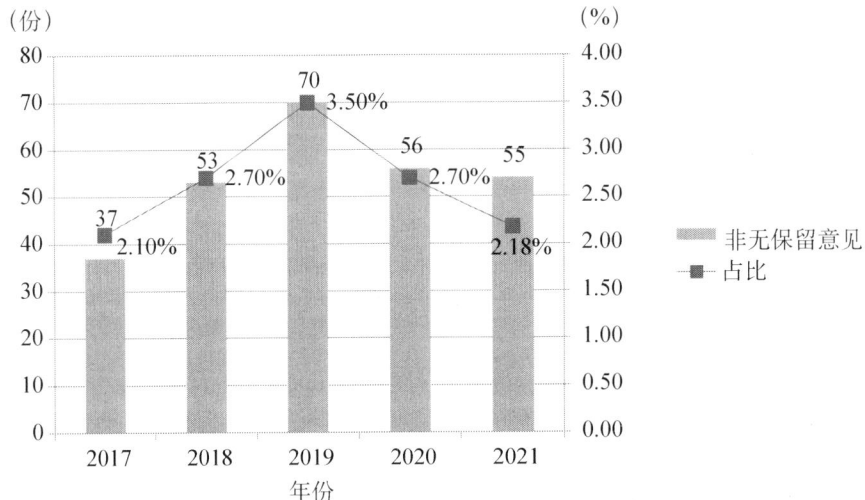

图5　2017—2021年非无保留内部控制审计意见数据对比

2. 非无保留内部控制审计意见涉及的上市公司板块和行业分类。从证券交易所上市板块看，上交所上市公司出具内部控制审计报告比例较高，非无保留意见占比较低。而深交所上市公司执行内控审计的公司相对较少，非无保留意见占比较高（见表14和图6）。

表14　　　　　　　　各上市板块内控审计情况

交易所	板块	上市公司总数（家）	执行内控审计公司数（家）	非无保留意见数（家）	执行内控审计公司占比（%）	非无保留意见占比（%）
北交所		90	3	0	3.33	0.00
上交所		2 089	1 856	29	88.85	1.56
	科创板	420	251	3	59.76	1.20
	主板	1 669	1 605	26	96.17	1.62

续表

交易所	板块	上市公司总数（家）	执行内控审计公司数（家）	非无保留意见数（家）	执行内控审计公司占比（%）	非无保留意见占比（%）
深交所		2 634	667	26	25.32	3.90
	创业板	1 141	26	1	2.28	3.85
	主板	1 493	641	25	42.93	3.90
总计		4 813	2 526	55	52.48	2.18

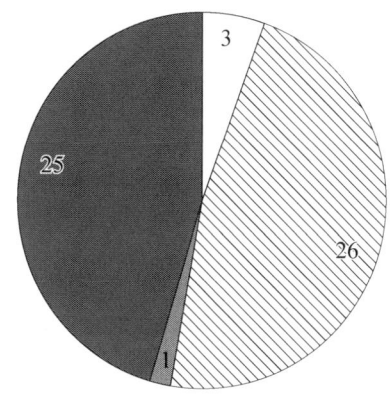

图6 各上市板块非无保留内控审计意见情况

从行业分布看，55 份非无保留意见内控审计报告分布于 11 个行业。其中，非无保留意见比例较高的行业有"卫生和社会工作"、"住宿和餐饮业"、"租赁和商务服务业"，比例分别为 28.57%、12.50%、11.43%（见表 15 和图 7）。

表15 各行业非无保留内控审计意见情况

行业	非无保留意见数量（份）	内控审计报告数量（份）	非无保留意见占比（%）
卫生和社会工作	2	7	28.57
住宿和餐饮业	1	8	12.50
租赁和商务服务业	4	35	11.43
信息传输、软件和信息技术服务业	9	140	6.43
房地产业	4	103	3.88
建筑业	2	67	2.99
科学研究和技术服务业	1	34	2.94

续表

行业	非无保留意见数量（份）	内控审计报告数量（份）	非无保留意见占比（%）
电力、热力、燃气及水生产和供应业	3	114	2.63
文化、体育和娱乐业	1	39	2.56
水利、环境和公共设施管理业	1	40	2.50
金融业	2	115	1.74
制造业	24	1 493	1.61
批发和零售业	1	131	0.76
采矿业	0	65	0.00
交通运输、仓储和邮政业	0	96	0.00
教育	0	5	0.00
农、林、牧、渔业	0	23	0.00
综合	0	11	0.00
总计	55	2 526	2.18

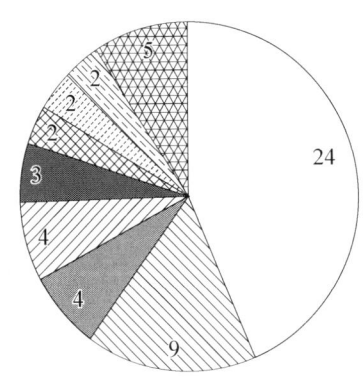

单位：份

图 7　各行业非无保留内控审计意见情况

3. 非无保留内部控制审计意见涉及事项有关情况。55 份非无保留内部控制审计报告共涉及 98 个事项。其中，25 个涉及"投资活动"相关舞弊和错报的风险与控制，19 个涉及"资金资产"相关舞弊和错报的风险与控制，16 个涉及"关联交易"相关舞弊和错报的风险与控制，涉及"收入"、"成本费用"、"重要风险业务和重大风险事件"相关舞弊和错报的风险与控制的各 6 个，5

个涉及"财务报告编制"相关舞弊和错报的风险与控制（见表16）。

表16　　　　　导致发表非无保留意见的事项分类统计　　　　单位：个

内控审计报告涉及内部控制重点领域	相关事项数量
投资活动相关舞弊和错报的风险与控制	25
资金资产相关舞弊和错报的风险与控制	19
关联交易活动相关舞弊和错报的风险与控制	16
收入相关舞弊和错报的风险与控制	6
成本费用相关舞弊和错报的风险与控制	6
重要风险业务和重大风险事件相关舞弊和错报的风险与控制	6
财务报告编制相关舞弊和错报的风险与控制	5
其他	15

4. 内控审计意见与财报审计意见对比。 55家被出具非无保留意见内部控制审计报告的上市公司中，有5家的财务报表审计报告为无保留意见（其中4家为带强调事项段或持续经营事项段的无保留意见）；50家的财务报表审计报告为非无保留意见。其中，25家为保留意见，24家为无法表示意见，1家为否定意见。

149家财务报表被出具非无保留意见审计报告的上市公司中，有69家未进行内部控制审计，30家被出具了无保留意见的内部控制审计报告（其中16家为带强调事项段的无保留意见），3家被出具了无法表示意见的审计报告，47家被出具了否定意见的内部控制审计报告（见表17）。

表17　　　2021年度财务报表被出具非无保留意见审计报告
　　　　　　上市公司的内部控制审计意见情况　　　　　　单位：份

财务报表被出具非无保留审计意见具体类型	内控审计报告意见类型					
	未进行内部控制审计	标准无保留意见	带强调事项段的无保留意见	否定意见	无法表示意见	小计
保留意见	49	13	14	24	1	101
无法表示意见	20	1	2	22	2	47
否定意见	0	0	0	1	0	1
合计	69	14	16	47	3	149

(二）分析结论

1. 2019—2021年内部控制非无保留意见的数量和比例呈现下降的趋势。2019—2021年，内控审计报告被出具非无保留意见的数量分别为70家、56家和55家，比例分别为3.50%、2.70%和2.18%，呈逐年下降趋势。

4 813家上市公司中，2020年被出具非无保留意见内部控制审计报告的有49家（未含7家2020年被出具非无保留意见内部控制审计报告并在2021年退市的上市公司）。其中，2021年有26家企业被出具无保留审计意见的内控审计报告，21家被出具否定意见的内控审计报告，有2家属于可不再出具内部控制审计报告的情形。2020年被出具无保留意见内部控制审计报告的有2 018家。其中，2021年有1 908家企业被出具无保留审计意见的内控审计报告，24家被出具否定意见的内控审计报告，2家被出具无法表示意见的内控审计报告。

2022年3月，财政部、证监会联合发布了《关于进一步提升上市公司财务报告内部控制有效性的通知》，针对上市公司财务报告内部控制有效性的7个重点领域，要求上市公司科学、客观认定内部控制缺陷，并要求会计师事务所在开展财务报表审计时，如拟信赖上市公司控制运行的有效性，应当设计和实施控制测试，获取与审计相关的内部控制在整个拟信赖期间运行有效的审计证据，同时要保持职业怀疑，高度关注由舞弊导致的重大错报风险和管理层凌驾于控制之上的风险。上述规定加强了对上市公司实施企业内部控制规范的管理、指导和监督，在一定程度上完善和规范了公司内部控制的执行，上市公司治理层、管理层遵纪守法的意识也在不断增强；同时该规定对内部控制审计行为提出了严格的规范要求，会计师事务所执行内部控制审计更加谨慎，有效发挥了内部控制审计的鉴证作用。

2. 导致出具非无保留意见的内部控制审计报告主要涉及投资活动、资金资产、关联交易相关舞弊和错报的风险与控制。从表16可以看出，导致出具非无保留意见的内部控制审计报告主要涉及投资活动、资金资产、关联交易相关舞弊和错报的风险与控制。典型的内部控制缺陷有以下几种情形。

（1）涉及投资活动相关舞弊和错报的风险与控制的事项有25个。

涉及**对外投资或担保的事项**有14个。例如，某公司导致否定意见的事项为,"因实际控制人未经审批将公章带出用印,导致公司发生未经董事会、股东大会批准且未及时进行公告的对外违规借款及担保事项,其中涉及借款本金共计20 000万元、涉及担保本金共计20 000万元。实际控制人在未经过公司正常内部审批流程的情况下,以公司的名义提供对外借款或担保,不符合公司章程中的相关规定,与之相关财务报告内部控制运行失效"。

涉及**对重要子公司失去控制或无法实施有效控制的事项**有11个。例如,某公司导致否定意见的事项为,"对所投资的部分子公司和联营企业未能实施有效的投后管理,未能对部分子公司和联营企业实质性履行股东权利,致使内部控制监督无效。由于存在该项控制缺陷,导致对部分子公司无法实施有效控制,其收入的完整性无法得到保证;导致未能获取部分联营企业2021年度的财务资料,从而无法准确核算对该部分联营企业的长期股权投资和投资收益"。

(2)涉及资金资产相关舞弊和错报的风险与控制的事项有19个。

涉及**往来款项或资产减值的事项**有16个。例如,某公司导致否定意见的事项为,"公司于2022年1月26日发布了《2021年度业绩预告》,预计2021年度归属于上市公司股东的净利润为盈利10 000万—14 800万元。根据公司董事会审议通过的2021年度财务报表,经审计的归属于上市公司股东的净亏损为50 911万元。公司在商誉减值测试时未充分考虑标的公司2021年度未完成业绩承诺事项,商誉减值测试不审慎,商誉减值计提不充分,导致2021年度财务报表与业绩预告出现重大偏差"。

涉及**货币资金占用的事项**有3个。例如,某公司导致否定意见的事项为,"公司出现多次大额资金被占用事项,截至2021年12月31日,被占用未偿还本金余额共计152 269万元,相关责任人每月提供伪造的银行对账单核对账目及编制余额调节表,导致负责内部稽核的财务相关人员、内外部审计人员长期未能发现资金已被占用的事实,相关内部控制失效"。

(3)涉及关联交易相关舞弊和错报的风险与控制的事项有16个。

例如,某公司导致否定意见的事项为,"至2021年12月31日,公司实际控制人及控股股东对公司的非经营性资金占用本金及利息余额为 96 547 899.02 元；经营性占用余额为应收账款 12 147 203.22 元及合同资产 36 705 829.67 元。因公司在执行内控制度过程中，实际控制人凌驾于内控制度之上，各内控关键控制节点的人员未按内控制度执行，导致内控失效，出现控股股东及实际控制人资金占用情况。截至 2021 年 12 月 31 日，关联方资金占用尚未整改到位"。

（4）涉及收入相关舞弊和错报的风险与控制的事项有 6 个。

例如，某公司导致否定意见的事项为，"公司的销售与收款业务在收入确认时点上财务部门缺少对业务信息进行必要的审验和监督流程，影响营业收入及营业成本和费用确认的准确性，合同资产、应收账款及存货等财务报表项目的计价，与之相关的财务报告内部控制设计和运行失效"。

（5）涉及成本费用相关舞弊和错报的风险与控制的事项有 6 个。

例如，某公司导致否定意见的事项为，"公司计算融资借款利息时，未考虑法院的判决结果、展期协议的时效性、原借款协议的利率条款，此外，公司在认定借款利息资本化、费用化金额时缺乏适当的施工资料作为认定依据。上述事项，影响财务报表中存货、应付利息、财务费用相关科目的列报认定"。

（6）涉及重要风险业务和重大风险相关舞弊和错报的风险与控制的事项有 6 个。

例如，某公司导致否定意见的事项为，"2021 年 11 月公司与若干签约方签订相关服务协议。合同订立前，公司未能进行充分的审慎调查，并就重大合同成立谈判小组参与谈判，也未能对合同约定的权利义务和业务内容的商业实质等予以充分关注；合同订立后，对合同履行情况未能实施有效监控，在合同管理上存在重大缺陷"。

3. 财务报表审计意见为非无保留意见时，会在一定程度上导致非无保留内部控制审计意见。 统计并分组分析 2021 年度上市公司的内部控制审计意见和财务报表审计意见差异，发现它们之间虽然存在相关性，但并非一一对应。

一般来说，当财务报表审计意见为非无保留意见时，也会在一定程度上导致非无保留内部控制审计意见，而当内部控制审计意见为非无保留意见时，不一定会导致财务报表的非无保留意见。

（三）存在的问题

1. 上市公司内部控制和管理有待加强，内部控制审计被出具否定意见的上市公司数量仍然较多。内部控制特别是财务报告内部控制，是加强财会监督、遏制财务造假、提高上市公司会计信息质量的重要基础。内部控制审计是对上市公司内部控制的外部监督机制。按照现行规定，沪深主板上市公司要求每年执行内部控制审计，原中小板自2022年开始每年执行内部控制审计，科创板上市公司上市满2年后每年执行，未对创业板和北交所上市公司内部控制审计作出规定。

从2021年上市公司内部控制审计看，4 813家上市公司中有2 526家被出具了内部控制审计报告，由47家会计师事务所审计。共2 471家被出具无保留意见审计报告（其中，49家被出具带强调事项段的无保留意见）；55家被出具非无保留意见审计报告（3家为无法表示意见，52家为否定意见）。出具"不干净"内部控制审计意见占比为4.05%，非无保留意见占比为2.18%，与2020年（占比2.70%）相比略有下降。

出具内部控制审计非无保留意见，表明上市公司内部控制存在一个或多个重大缺陷，显示这些上市公司存在对内部控制重视程度不够、内部控制缺陷标准不恰当、内部控制评价及整改不到位等问题。同时，也表明这些上市公司的公司治理和管理亟待加强，发挥控制关口前移、提升披露透明度、保护投资者权益等方面仍有较大提升空间，对上市公司实施企业内部控制规范的管理、指导和监督仍需加强。

2. 对会计师事务所内部控制审计的规范及监管仍需加强。在审阅并分析内部控制审计报告时，存在个别会计师事务所发现上市公司重大内部控制缺陷，但发表无法表示意见的内部控制审计报告的情形。

三、年报审计市场情况分析

（一）数据分析

1. 新备案从事上市公司财务报表审计的会计师事务所家数显著增加。 新《证券法》对从事证券服务业务的会计师事务所不再实施资格管理，改为备案制。2021年度，53家会计师事务所为4 813家上市公司出具年报审计报告。其中，有15家新备案会计师事务所为43家上市公司出具年报审计报告。47家会计师事务所为2 526家上市公司出具内部控制审计报告。其中，有9家新备案会计师事务所为16家上市公司出具内部控制审计报告。新备案会计师事务所中，出具报告数量最多的为上市公司出具了19份财务报表审计报告和4份内部控制审计报告。

15家新《证券法》实施后新备案的会计师事务所中，有11家为今年首次承接上市公司年报审计业务，这11家新备案会计师事务所共承接15家上市公司年报审计业务，客户数最多3家，最少1家。

53家会计师事务所2021年度上市公司审计客户数量和收入总额情况见表18。其中，收入总额依据上市公司财务报表披露的数据加总计算。

表18　各会计师事务所审计客户数量和财报审计收费情况
（按上市公司客户数量排序）

序号	会计师事务所	财务报表审计意见类型具体分布						财报审计收费金额（万元）
		客户数量（家）	标准无保留意见数量（份）	带强调事项段或持续经营事项段的无保留意见数量（份）	保留意见数量（份）	无法表示意见数量（份）	否定意见数量（份）	
1	立信	640	625	5	7	3		85 203
2	天健	604	584	8	12			81 392
3	大华	444	419	13	9	3		55 360
4	信永中和	358	352	2	3	1		48 193
5	容诚	321	317	2	2			39 780

续表

序号	会计师事务所	财务报表审计意见类型具体分布						财报审计收费金额（万元）
		客户数量（家）	标准无保留意见数量（份）	带强调事项段或持续经营事项段的无保留意见数量（份）	保留意见数量（份）	无法表示意见数量（份）	否定意见数量（份）	
6	致同	231	225	5	1			29 554
7	天职国际	218	212	4	2			29 724
8	大信	196	190	2	3	1		23 968
9	中审众环	180	166	10	3	1		21 008
10	中汇	136	134	1	1			11 394
11	安永华明	119	117	2				83 633
12	普华永道中天	108	106	1	1			93 214
13	中兴华	95	78	4	7	6		12 159
14	天衡	87	85	1	1			9 049
15	华兴	76	74	2				8 257
16	中兴财光华	76	48	13	13	2		10 571
17	众华	75	72	1		2		9 110
18	毕马威华振	72	72					50 435
19	公证天业	62	59	2	1			5 543
20	德勤华永	61	60		1			48 761
21	上会	55	52	1	2			6 105
22	亚太（集团）	55	39	7	7	2		7 111
23	中天运	51	49		1	1		4 158
24	和信	50	45	1	3	1		6 385
25	四川华信	44	41	2	1			4 989
26	中喜	41	34	1	2	4		4 669
27	中审亚太	37	26	5	2	4		3 932
28	希格玛	34	30	1		3		3 833
29	永拓	34	28	3	1	2		3 262
30	苏亚金诚	33	28	4	1			4 641
31	中勤万信	30	29	1				2 620

续表

序号	会计师事务所	财务报表审计意见类型具体分布						财报审计收费金额（万元）
		客户数量（家）	标准无保留意见数量（份）	带强调事项段或持续经营事项段的无保留意见数量（份）	保留意见数量（份）	无法表示意见数量（份）	否定意见数量（份）	
32	立信中联	28	27		1			4 153
33	利安达	28	23	1	3	1		2 636
34	中审华	27	27					3 492
35	北京兴华	22	19	1	2			1 888
36	广东司农	19	19					2 166
37	中准	17	14		2	1		1 185
38	中证天通	16	15		1			1 822
39	天圆全	9	9					1 155
40	北京兴昌华	3			1	1	1	120
41	鹏盛	3				3		568
42	尤尼泰振青	3	1	1	1			360
43	重庆康华	3	2		1			223
44	深圳久安	2			1	1		318
45	深圳旭泰	2				2		90
46	北京中天华茂	1		1				150
47	广东诚安信	1	1					157
48	广东亨安	1	1					100
49	广东中职信	1	1					98
50	湖南容信	1			1			160
51	深圳广深	1				1		115
52	浙江天平	1				1		180
53	中瑞诚	1	1					65
	总计	4 813	4 556	108	101	47	1	829 212

2. 上市公司财务报表审计市场集中度情况。赫芬达尔—赫希曼指数（Herfindahl-Hirschman Index，简称 HHI 指数）是一种测量产业集中度的综合

指数。它是指一个行业中各市场竞争主体所占行业总收入或总资产百分比的平方和，用来计量市场份额的变化，即市场中厂商规模的离散度。2021年度，按照上市公司客户数量和年报审计收入计算的 HHI 指数分别为 643 和 646，表明上市公司年报审计市场属于竞争型市场。

如图 8 所示，承接超过 100 家上市公司 2021 年度财务报表审计业务的会计师事务所共有 12 家，平均每家会计师事务所审计了 296 家上市公司，显著高于总体平均水平 91 家。从总量上看，这 12 家会计师事务所共为 3 555 家上市公司提供了年报审计业务，即 22.6%的会计师事务所承揽了上市公司年报审计市场中 73.86%的业务。如图 9 所示，上市公司年报审计收费前 12 名会计师事务所收取的年报审计费用为 669 217 万元，占全部上市公司年报审计收费的 80.71%，共为 3 372 家上市公司提供了年报审计服务，平均每家上市公司审计收费为 198.46 万元，高于 172.29 万元的平均水平。大型会计师事务所客户集中度趋于稳定，新备案会计师事务所增加并未对证券审计市场造成重大负面影响。

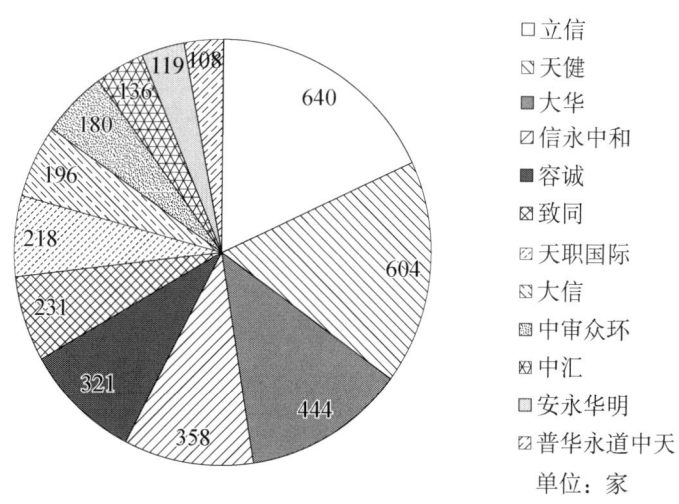

图8　客户数量前12的事务所上市公司客户数量情况

3. 审计机构变更有关情况。2021 年，共有 449 家上市公司变更了审计机构，占全部上市公司 9.33%，变更审计机构的上市公司数量和比例都较 2020 年度（408 家，比例为 9.48%）略有下降。

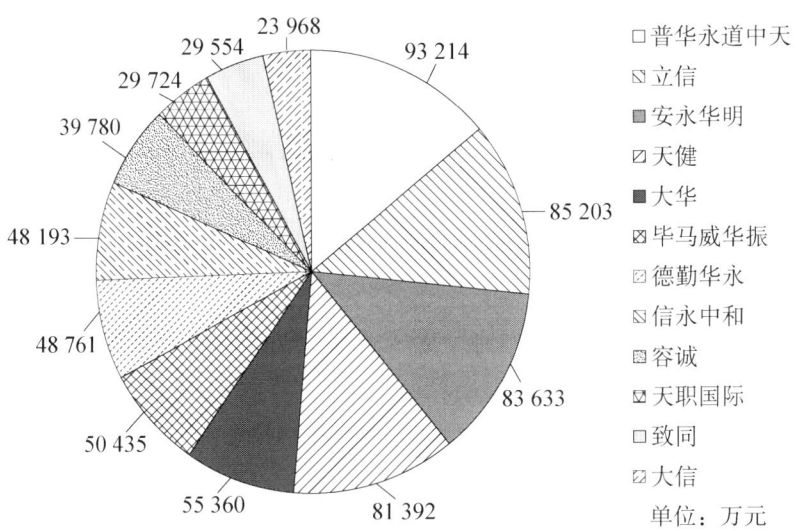

图9 上市公司年报审计收费前12的会计师事务所收费情况

如表19所示,449家变更审计机构的上市公司中,196家变更前后的审计机构均为前十二大所(按照年报审计收费排序),53家由其他会计师事务所变更为前十二大所,99家由前十二大所变更为其他会计师事务所,101家变更前后的审计机构均为其他会计师事务所。超过65%的上市公司在国内十二大内部变动和其他会计师事务所内部变动,上市公司客户结构相对稳定。

表19　　　　　　　　上市公司客户在会计师事务所之间流向

上市公司客户流向	上市公司数量（家）	占比（%）
国内十二大内部变动	196	43.65
流向国内十二大	53	11.80
由国内十二大流出	99	22.05
其他会计师事务所内部变动	101	22.49
合计	**449**	**100**

4. 变更审计机构上市公司行业相对集中。变更审计机构的上市公司行业相对集中,"居民服务、修理和其他服务业"变更审计机构的比例最高,为100%(按证监会新行业分类该行业仅1家上市公司);其次为金融业,21.88%的上市公司变更了审计机构;再次是"电力、热力、燃气及水生产和供应业""房地产业""水利、环境和公共设施管理业""采矿业"(见表20)。

表20　　变更审计机构上市公司行业情况

行业	变更审计机构家数（家）	上市公司家数（家）	占比（%）
居民服务、修理和其他服务业	1	1	100.00
金融业	28	128	21.88
电力、热力、燃气及水生产和供应业	21	130	16.15
房地产业	17	116	14.66
水利、环境和公共设施管理业	13	93	13.98
采矿业	11	80	13.75
卫生和社会工作	2	15	13.33
租赁和商务服务业	9	69	13.04
农、林、牧、渔业	6	48	12.50
信息传输、软件和信息技术服务业	42	398	10.55
文化、体育和娱乐业	6	62	9.68
建筑业	10	109	9.17
交通运输、仓储和邮政业	10	110	9.09
教育	1	12	8.33
科学研究和技术服务业	8	96	8.33
制造业	251	3 135	8.01
批发和零售业	13	188	6.91
合计	449	4 813	9.33

（二）分析结论

1. 头部会计师事务所市场占有率较高，审计收费增长较快。 2021年，上市公司审计客户数量超过100家的12家会计师事务所共承接3 555家上市公司年报审计业务，占上市公司总数的73.86%，市场占有率较高；2020年，上市公司审计客户数量超过100家的12家会计师事务所共承接3 198家上市公司年报审计业务，占比74.06%。

上市公司审计收费排名前12家会计师事务所的财务报表审计收费合计669 217万元，占上市公司审计收费总额的80.71%，市场占有率更高；2020年上市公司审计收费排名前 12 家会计师事务所的财务报表审计收费合计 567 693 万元,占上市公司审计收费总额的 80.53%,共为 3 020 家上市公司提供了年报审计服务,平均每家上市公司审计收费为 187.97 万元。

与 2020 年相比,头部会计师事务所市场占有率仍较高,审计收费总额增长较快,平均审计收费也有所增长。

2. 头部会计师事务所聚集了优质上市公司,审计生态发生良性变化。 沪深 300 指数成分股公司全部被出具了标准无保留意见的审计报告。沪深 300 指数成分股公司客户数量最多的前 12 家会计师事务所与审计收费前 12 家的会计师事务所重合,共审计了 259 家沪深 300 指数成分股公司,占比 86.33%(见表21)。

表21　　　　　　　　　沪深300审计市场情况

序号	沪深300客户数量前12的会计师事务所	客户数量（家）	上市公司年报审计收费前12的会计师事务所	客户数量（家）	审计收费（万元）
1	安永华明	37	普华永道中天	108	93 214
2	普华永道中天	37	立信	640	85 203
3	立信	27	安永华明	119	83 633
4	天健	26	天健	604	81 392
5	毕马威华振	25	大华	444	55 360
6	德勤华永	24	毕马威华振	72	50 435
7	信永中和	23	德勤华永	61	48 761
8	大华	15	信永中和	358	48 193
9	容诚	14	容诚	321	39 780
10	致同	13	天职国际	218	29 724
11	天职国际	12	致同	231	29 554
12	大信	6	大信	196	23 968
	小计	259	小计	3 372	669 217
	全部	300	全部	4 813	829 212
	占比	86.33%	占比	70.06%	80.71%

中证 1000 指数成分股公司中,有 987 家被出具了标准无保留意见的审计报告,8 家被出具了带强调事项段或持续经营事项段的无保留意见审计报告,

5 家被出具了保留意见的审计报告，被出具非无保留意见的比例为 0.5%，远低于全部上市公司的平均水平。中证 1000 指数成分股公司客户数量最多的前 11 家会计师事务所与所有上市公司客户数量前 11 的会计师事务所重合，共审计了 755 家中证 1000 指数成分股公司，占比 75.5%（见表 22）。

表 22　　　　　　　　　　　中证 1000 审计市场情况

序号	中证 1000 客户数量前 12 的会计师事务所	客户数量（家）	客户数量前 12 的会计师事务所	客户数量（家）	审计收费（万元）
1	立信	169	立信	640	85 203
2	天健	128	天健	604	81 392
3	大华	113	大华	444	55 360
4	信永中和	70	信永中和	358	48 193
5	容诚	55	容诚	321	39 780
6	致同	52	致同	231	29 554
7	天职国际	50	天职国际	218	29 724
8	大信	40	大信	196	23 968
9	中审众环	34	中审众环	180	21 008
10	安永华明	23	中汇	136	11 394
11	中汇	21	安永华明	119	83 633
12	天衡	20	普华永道中天	108	93 214
	小计	775	小计	3 555	602 423
	全部	1 000	全部	4 813	829 212
	占比	**77.50%**	占比	**73.86%**	**72.65%**

自新《证券法》实施以来，证券违法违规成本显著提高，审计机构法律责任被进一步压实，头部会计师事务所进一步强化风险源头把控，声誉机制使优质上市公司向头部会计师事务所聚集，同时随着股票发行注册制的深入推进，头部会计师事务所通过 IPO 新增优质客户，收窄审计风险敞口，实现从业绩导向向质量为先的转变，审计生态发生良性变化。

3. 新备案证券所承接的上市公司业务以有风险警示的公司为主，非无保留审计意见比例较高。2021 年度为上市公司出具年报审计报告的有 15 家新备案会计师事务所，承接的 43 家上市公司中有 15 家为退市风险警示或其他风险警示。43家上市公司的审计报告中，26家为标准无保留意见，2家为带强调事项段或持续经营事项段的无保留意见，5家为保留意见，9家为无法表示意见，1家为否定意见，非无保留意见的比例为34.88%，显著高于平均水平。

4. 变更审计机构后有超过一半的上市公司审计收费并未上涨，大多审计费用涨跌幅在20%以内。变更审计机构的上市公司中，有38.92%的上市公司审计收费有所增长，30.66%的与上年持平，30.42%的有所下降，未上涨的占61.08%。考虑到会计师事务所新承接业务需要进行业务承接、风险评估等程序，还需要对期初数和比较期间的数据进行核对和审计，变更审计机构的上市公司审计收费有偏低之嫌。

从审计收费变动幅度看，上涨20%以内的上市公司占22.41%，上涨20%至50%之间的上市公司占9.67%，上涨超过50%的上市公司占6.84%；下降20%以内的上市公司占19.34%，下降20%至50%之间的上市公司占9.20%，下降超过50%的上市公司占1.88%，涨跌幅在20%以内的公司居多。

5. 变更审计机构上市公司整体非标准意见占比较高，大多数变更审计机构上市公司审计意见未变化。变更审计机构上市公司中，54家公司被出具非标准意见，占换所公司总数的12.03%，远高于上市公司总体非标准意见占比。换所公司中379家公司审计意见未变化，占比84.41%，另有43家公司意见加重，27家公司意见减轻（见表23）。以上情况说明通过变更审计机构购买审计意见的情况可能性较低。

表23　　变更审计机构上市公司审计意见类型变化情况　　单位：家

2021年＼2020年	标准无保留意见	带强调事项段或持续经营事项段的无保留意见	保留意见	无法表示意见	否定意见	总计
标准无保留意见	349	8	9	3	0	369
带强调事项段或持续经营事项段的无保留意见	11	8	3	4	0	26
保留意见	9	4	13	0	0	26
无法表示意见	3	7	8	9	0	27
否定意见	0	0	1	0	0	1
总计	372	27	34	16		449

6. 个别上市公司变更审计机构信息披露质量有待提升。上市公司变更审计机构相关公告显示，主要系公司实际控制人变更、审计团队流动、与前任审计机构存在分歧等相关变更审计机构的情形显著增加导致。其中因自身发展需要换所的大部分公司未能详细披露发展需要的具体信息，变更审计机构信息披露质量有待提升。

此外，变更审计机构的上市公司中，1家于2022年2月份披露年报，112家3月份披露年报，其他336家上市公司均在4月份披露年报，占比74.83%，特别是其中超过一半的变更审计机构上市公司都在4月26日以后披露年报。这种情况一方面是由于一些业绩较差、经营困难、受到监管机构处理处罚或曾发现重大会计差错等问题的上市公司，聘请后任会计师事务所进展缓慢；另一方面新承接的上市公司，需要花费较多的时间和资源评估风险、开展审计业务。

（三）存在问题

户均上市公司审计收费有所下降，客观导致审计投入减少，势必影响审计质量。

审计收费是审计复杂性和风险的指标。高风险审计需要更多的审计资源投入，以将审计风险降低到可接受的低水平。2021年，会计师事务所收取上市公司财务报表审计费用85亿元，扣除2022年以来新上市公司审计收费数据后为76亿元，按此计算的户均上市公司审计收费为162.21万元，较2020年户均收费（166万元）下降1.8%。

与之相对应的是，2021年上市公司平均资产、收入和利润总额分别较2020年增长9%、19%和20%。随着上市公司规模和盈利水平增长，审计难度和工作量也随之提升，审计收费不升反降，在一定程度上制约了会计师事务所审计资源投入，一直为行业内外所诟病，长此以往，势将影响上市公司审计质量。

就乐视网财务造假案件，证监会对某会计师事务所未勤勉尽责作出行政处罚，据披露对当年市值达1 600亿元乐视网的审计收费仅为75万元。畸低的审计收费难以保证会计师事务所投入必要的审计人员和时间，客观上导致会计师事务所难以发现系统性财务造假。

四、政策建议

（一）应当压实上市公司会计工作主体责任

上市公司是执行会计准则制度、确保会计信息质量的主体，大量财务造假和审计失败案例表明，会计审计信息失真的源头是公司及其实际控制人财务造假，建议多措并举进一步压实上市公司会计工作主体责任。一是加快修订《会计法》，细化单位负责人、会计工作负责人、会计人员、参与会计活动的相关人员等行为人的会计责任，加大对会计违法行为的处罚和责任追究力度，营造人人懂法尊法守法护法的法治环境。二是持续完善会计准则制度体系，提高国家统一的会计制度的权威性和执行力，优化信息披露相关规则，督导上市公司严格执行会计准则并持续提升信息透明度。三是坚持源头治理，通过立法方式，强化上市公司建立并有效实施内部控制的法定义务，明确相关披露义务和法律责任，完善上市公司内部控制的相关规则，加强对上市公司实施企业内部控制规范的管理、指导和监督。

（二）应当进一步发挥注册会计师审计监督职责

注册会计师对上市公司进行独立审计，是确保上市公司会计信息真实准确完整的外部监督机制，承担着"不拿国家工资的经济警察"的职责，通过以查促建，督促上市公司持续提高会计信息质量和管理水平，并能够协助监管部门及时发现违法违规问题线索、防范重大系统性风险，有效发挥财会监督重要职责，建议进一步强化会计师事务所审计监督职责。一是充分利用"不干净"审计意见，"靶向"监管相关上市公司，增强监管震慑作用，增强会计师事务所外部审计的权威性和独立性。二是强化会计师事务所内部控制审计职责，将强制实施内部控制审计的范围扩大到全部上市公司，要求所有上市公司披露经会计师事务所审计的年度内部控制报告，充分发挥内部控制外部审计的监督作用，督促上市公司持续完善公司治理和内部控制体系。**三是**持续加强会计师事务所审计质量监管，全面贯彻落实《会计师事务所监督检查办法》，坚持抓早抓小、抓细抓实，坚持从严监管、惩教结合，督导会计师事务所不断提升业务能力、职业操守和执业质量，充分发挥审计鉴证功能。

（三）应当完善上市公司会计师事务所选聘机制

科学合理的上市公司会计师事务所选聘机制，是审计质量的基本保障。目前的会计师事务所选聘机制存在"价低者得"、公司管理层实际选聘等问题，因低价竞争导致审计资源投入不足影响审计质量甚至损害注册会计师独立性的情况时有发生，建议进一步完善上市公司会计师事务所选聘机制。**一是**坚持以审计质量为导向，压实上市公司审计委员会和独立董事责任，防范公司管理层选聘会计师事务所，杜绝购买审计意见。**二是**建立审计收费动态调整机制，允许会计师事务所根据消费者物价指数、社会平均工资水平、业务规模变化等对审计收费进行合理调整，指导会计师事务所加强项目工时管理和成本控制，完善业务项目成本管理政策和程序，自觉抵制不正当低价竞争行为。**三是**完善上市公司选聘会计师事务所的监管，遏制低价恶性竞争，维护审计市场平稳运行，为提高注册会计师审计质量提供制度保障。

附录三 2021年注册会计师行业业务收支分析报告

2021年,按照含统一经营的其他专业机构业务收入确认口径统计,全行业实现业务收入1 282.89亿元,较上年增加113.95亿元,同比增长9.75%;按照以会计师事务所为纳税主体的2021年增值税纳税申报表"年度业务收入"(减去"理财收益"、"代扣代缴手续费收入"、"固定资产处置收入")确认口径统计,全行业实现业务收入1 057.30亿元,同比增长10.42%。本报告中关于2021年有关业务收入数据分析口径均基于后者[①]。

一、行业业务收入情况

2021年,注册会计师行业实现业务收入**1 057.30亿元**,较2020年增收99.78亿元,同比增长**10.42%**,行业业务收入总规模保持稳定增长,小幅领先同期国内生产总值增长率(GDP增长率8.1%)。

2017年至今,行业业务收入水平始终保持高速增长,领先同期GDP增长水平(见表1和图1)[②]。

[①] 本报告统计数据取自截至2022年6月30日行业管理信息系统财务管理子系统的相关数据。
[②] 2017年中注协调整了业务收入口径(不再包含统一经营的其他专业机构收入)。统计口径调整后,行业业务收入自2018年起实现稳定增长。

表1　　　　2017—2021年行业业务收入与GDP增长趋势

项目	2017年	2018年	2019年	2020年	2021年
行业业务收入（亿元）	711.35	792.54	876.57	957.52	1 057.30
行业业务收入增长率（%）	−10.14	11.41	10.60	9.23	10.42
GDP增长率[①]（%）	6.90	6.60	6.10	2.30	8.10

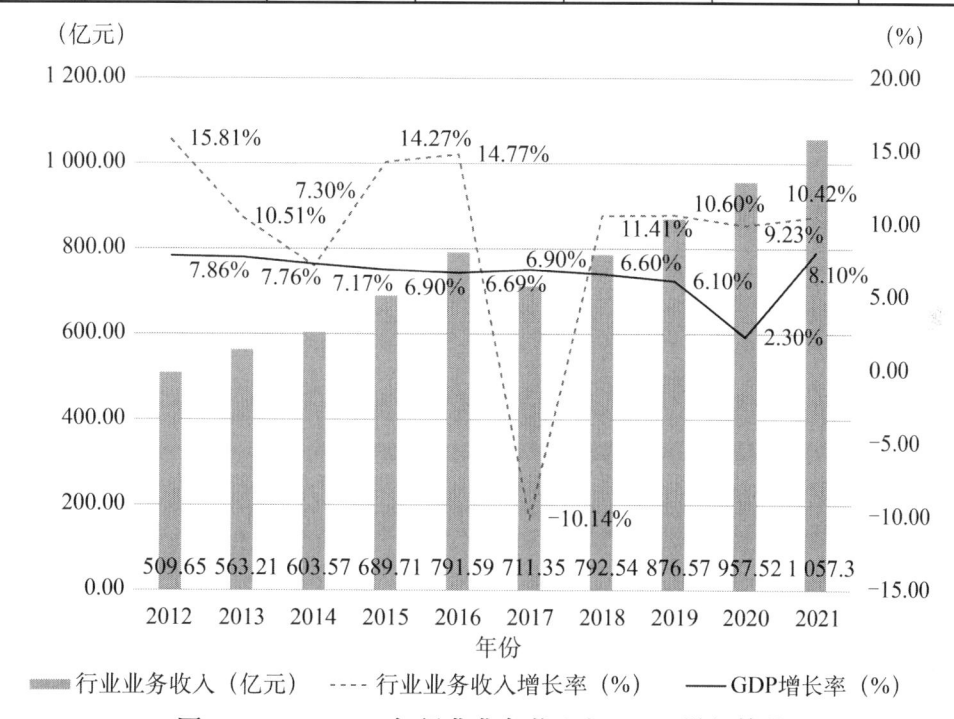

图1　2012—2021年行业业务收入与GDP增长趋势

（一）业务收入结构情况

2021年，审计类业务收入与非审计类业务收入占行业总收入的比重为81∶19，与上年基本持平。2021年，审计类业务收入总量为853.33亿元，同比增长10.00%，增速未超行业业务收入增长水平（10.42%）；非审计类业务收入总量为203.97亿元，同比增长12.23%，增速领先行业业务收入增长水平。

审计类业务中，财务报表审计（含年报审计和中报审计）、专项审计和内

---

① GDP增长率数据来源于国家统计局官方公布数据。

部控制审计收入分别达到 508.49 亿元（同比增长 4.83%）、271.49 亿元（同比增长 22.16%）和 9.63 亿元（同比增长 7.13%）。财务报表审计、专项审计和内部控制审计三项收入共占审计类业务收入总量的 92.53%，占行业总收入的 74.68%。专项审计业务收入增速较快。

非审计类业务中，会计服务和咨询服务收入持续增加。其中，咨询服务收入首次突破 120 亿元，同比增长 14.18%，占非审计类业务收入的 61.60%。资产评估收入下降 37.16%，主要是资产评估业务逐渐从会计师事务所剥离，相关业务由专业从事资产评估的机构承接。

2017—2021 年，行业非审计类业务收入年均增长速度（9.75%）高于审计类业务收入年均增长速度（7.91%）。非审计类业务收入占比较 2017 年小幅增加，但在行业总收入中占比仍然偏低。

审计类业务中，涉税鉴证收入、专项审计收入、其他鉴证类业务收入年均增速高于行业平均水平。传统财务报表审计收入年均增速为 4.99%，呈下降趋势，但就绝对数而言，传统财务报表审计收入在行业总收入中占比仍然较高，2021 年末占比仍达到 48.09%。

非审计类业务中，其他收入①、咨询服务收入、会计服务收入年均增速均高于行业平均水平。资产评估收入和税务服务收入持续下降（见表 2）。

表2　　2021年审计类与非审计类业务收入构成明细表

业务类型	2021年收入（亿元）	2017—2021年年均增速（%）	2021年占总收入比重（%）	比重较2017年变动（%）
审计类业务	853.33	7.91	80.71	−1.29
财务报表审计	508.49	4.99	48.09	−26.82
专项审计	271.49	11.71	25.68	25.68
内部控制审计	9.63	5.04	0.91	−0.15
验资	7.94	0.25	0.75	−0.35
涉税鉴证	3.07	14.94	0.29	0.08
工程预决算审核	25.46	7.72	2.41	−0.06

① 主要包括总所或地方注协向事务所拨付的扶持补贴或事务所之间发生的协作收入等。

续表

业务类型	2021年收入（亿元）	2017—2021年年均增速（%）	2021年占总收入比重（%）	比重较2017年变动（%）
其他鉴证业务	27.25	11.33	2.58	0.34
非审计类业务	**203.97**	**9.75**	**19.29**	**1.29**
资产评估	0.64	−12.25	0.06	−0.11
会计服务	23.64	11.11	2.24	0.27
税务服务	4.12	−13.07	0.39	−0.78
咨询服务	125.64	14.86	11.88	3.05
其他非鉴证业务	33.85	−4.09	3.20	−2.66
其他	16.08	36.88	1.52	1.52
合计	**1 057.30**	**8.25**	**100.00**	—

（二）各地区业务收入情况

从业务收入规模看，2021年，业务收入排名前10位的地区其业务收入规模均超过20亿元。北京、上海两地业务收入规模均超过150亿元。其中，北京以业务收入219.68亿元蝉联第1位；上海（176.67亿元）位列第2位；广东（123.33亿元）继续位列第3位；浙江、江苏、山东、四川、湖北、湖南和河南分别位列第4—10位。业务收入排名前10位的地区收入总量占行业总收入的78.26%，与上年（77.85%）基本持平。2021年，有6个地区的排名呈上升趋势，海南（第23位）上升5位，福建（第13位）上升2位，浙江（第4位）、湖南（第9位）、安徽（第11位）、天津（第17位）业务收入排名上升1位。

通观2017—2021年，排名前10位的地区比较稳定，分别为北京、上海、广东、浙江、江苏、山东、四川、湖北、湖南和河南。

从业务收入增幅看，2017—2021年，全国31个地区业务收入均呈增长趋势。其中，17个地区的业务收入年均增速超过**全国行业年均增长水平（8.25%）**。特别是西藏和海南业务收入年均增速达21.18%和17.35%；此外，内蒙古、江苏、浙江、安徽、江西、湖南、四川、青海、新疆9个地区业务收入年均增速超过 10%。

从业务收入结构看，2021 年，全国 31 个地区中，非审计类与审计类业务收入比例高于行业平均水平（19∶81）的有 14 个地区。其中，四川、河北、山西、吉林、江西、西藏 6 个地区的非审计类业务收入占全省业务收入的 25% 以上（见表 3 和表 4）。

表3　2021年行业业务收入规模、结构与地方经济总量对比情况

地区	2021年行业业务收入规模					2021年地区生产总值（GDP）[①]		
	排名	业务收入（亿元）	增幅（%）	占总收入比重（%）	收入结构	排名	GDP总量（亿元）	增幅（%）
北京	1	—	219.68	12.20	20.78	82∶18	13	40 269.6	8.50
上海	2	—	176.67	12.22	16.71	83∶17	10	43 214.9	8.10
广东	3	—	123.33	7.25	11.67	82∶18	1	124 369.7	8.00
浙江	4	↑1	74.60	14.45	7.06	86∶14	4	73 515.8	8.50
江苏	5	↓1	73.97	12.84	7.00	76∶24	2	116 364.2	8.60
山东	6	—	44.76	10.09	4.23	77∶23	3	83 095.9	8.30
四川	7	—	37.58	10.10	3.55	73∶27	6	53 850.8	8.20
湖北	8	—	28.71	12.61	2.72	79∶21	7	50 012.9	12.90
湖南	9	↑1	24.46	6.83	2.31	79∶21	9	46 063.1	7.70
河南	10	↓1	23.54	1.17	2.23	69∶31	5	58 887.4	6.30
安徽	11	↑1	19.36	16.20	1.83	89∶11	11	42 959.2	8.30
陕西	12	↓1	18.60	8.23	1.76	77∶23	14	29 801.0	6.50
福建	13	↑2	16.57	11.51	1.57	84∶16	8	48 810.4	8.00
河北	14	—	16.25	8.02	1.54	75∶25	12	40 391.3	6.50
辽宁	15	↓2	16.18	2.41	1.53	81∶19	17	27 584.1	5.80
重庆	16	↓1	15.87	12.35	1.50	85∶15	16	27 894.0	8.30
天津	17	↑1	15.12	2.14	1.43	81∶19	24	15 695.1	6.60
云南	18	—	14.73	7.29	1.39	83∶17	18	27 146.8	7.30
山西	19	—	14.14	8.21	1.34	72∶28	20	22 590.2	9.10
内蒙古	20	—	10.70	3.99	1.01	77∶23	21	20 514.2	6.30

① 地区生产总值（GDP）来源于国家统计局官方公布数据。

续表

地区	2021年行业业务收入规模					2021年地区生产总值（GDP）		
	排名		业务收入（亿元）	增幅（%）	占总收入比重（%）	收入结构	排名	GDP总量（亿元）	增幅（%）
广西	21	—	9.30	4.88	0.88	87：13	19	24 740.9	7.50
吉林	22	—	9.19	-1.01	0.87	73：27	26	13 235.5	6.60
海南	23	↑5	8.76	67.44	0.83	82：18	28	6 475.2	11.20
新疆	24	↓1	8.61	6.48	0.81	83：17	23	15 983.7	7.00
贵州	25	—	8.01	9.60	0.76	90：10	22	19 586.4	8.10
江西	26	↓2	7.62	-2.63	0.72	73：27	15	29 619.7	8.80
甘肃	27	↓1	6.95	5.76	0.66	87：13	27	10 243.3	6.90
黑龙江	28	↓1	6.26	6.26	0.59	78：22	25	14 879.2	6.10
青海	29	—	3.26	9.78	0.31	85：15	30	3 346.6	5.70
宁夏	30	—	2.61	4.22	0.25	88：12	29	4 522.3	6.70
西藏	31	—	1.92	-6.15	0.18	75：25	31	2 080.2	6.70
合计			1 057.30	10.42	100.00	81：19		1 137 744	8.1

表4　　2017—2021年行业业务收入规模情况

地区	2021年（亿元）	2017—2021年年均增速（%）	2021年占总收入比重（%）	比重较2017年变动（%）
北京	219.68	7.87	20.78	-0.37
天津	15.12	4.76	1.43	-0.25
河北	16.25	8.74	1.54	0.03
山西	14.14	8.94	1.34	0.04
内蒙古	10.70	11.22	1.01	0.13
辽宁	16.18	4.69	1.53	-0.28
吉林	9.19	5.74	0.87	-0.11
黑龙江	6.26	6.78	0.59	-0.04
上海	176.67	6.92	16.71	-1.06
江苏	73.97	10.61	7.00	0.72
浙江	74.60	11.02	7.06	0.84
安徽	19.36	11.05	1.83	0.22

续表

地区	2021年（亿元）	2017—2021年年均增速（%）	2021年占总收入比重（%）	比重较2017年变动（%）
福建	16.57	6.59	1.57	−0.13
江西	7.62	11.40	0.72	0.10
山东	44.76	7.91	4.23	−0.07
河南	23.54	7.15	2.23	−0.12
湖北	28.71	9.90	2.72	0.20
湖南	24.46	12.14	2.31	0.37
广东	123.33	6.84	11.67	−0.79
广西	9.30	8.45	0.88	0.01
海南	8.76	17.35	0.83	0.28
重庆	15.87	8.53	1.50	0.02
四川	37.58	10.90	3.55	0.40
贵州	8.01	6.84	0.76	−0.05
云南	14.73	5.84	1.39	−0.17
西藏	1.92	21.18	0.18	0.08
陕西	18.60	9.16	1.76	0.07
甘肃	6.95	3.69	0.66	−0.16
青海	3.26	10.38	0.31	0.03
宁夏	2.61	7.63	0.25	−0.01
新疆	8.61	10.11	0.81	0.07
合计	1 057.30	8.25	100.00	

从地理区域划分看，2021年，华东和华北地区的业务收入总量占全国总收入的65.20%，五年来持续占据绝对优势。其中，**华东**地区占39.11%，**华北**地区占26.09%。**华南**地区业务收入总量占全国总收入的13.37%，**西南**和**华中**地区业务收入总量分别占全国总收入的7.39%和7.26%，而西北和东北地区业务收入总量仅占全国总收入的6.78%，是华东和华北地区业务收入总量的1/10且呈下降趋势（见图2）。

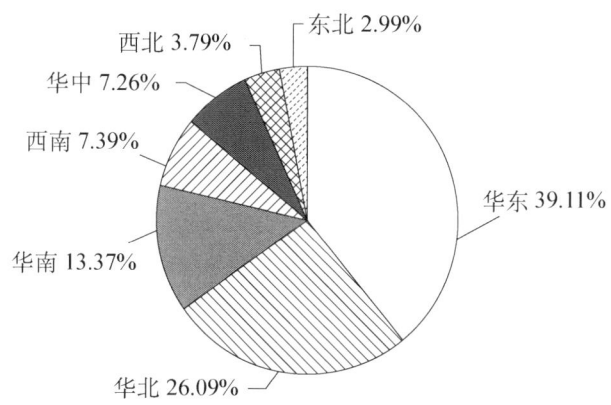

图 2　2021 年地理区域收入占比情况

2017—2021 年，全国 7 个区域收入悬殊且已形成相对稳定态势，华东、西南、华中、西北 4 个区域业务收入年均增速高于全国平均水平。就年均增速而言，华中、西南地区增速较快，华东、西北地区略高于全国平均增速，华北、华南和东北地区增速低于全国平均水平，尤其是东北地区增速仅为 5.39%（见表 5）。

表 5　2017—2021 年行业业务收入区域增长对比

区域	2021 年（亿元）	2017—2021 年年均增速（%）	2021 年占总收入比重（%）	比重较 2017 年变动（%）
华东（沪、浙、苏、鲁、徽、闽、赣）	413.55	8.59	39.11	0.61
华北（京、津、冀、晋、蒙）	275.88	7.90	26.09	-0.42
华南（粤、桂、琼）	141.39	7.44	13.37	-0.51
西南（云、贵、川、渝、藏）	78.10	9.11	7.39	0.29
华中（湘、鄂、豫）	76.71	9.66	7.26	0.46
西北（陕、甘、宁、新、青）	40.04	8.26	3.79	0.00
东北（黑、吉、辽）	31.62	5.39	2.99	-0.43
合计	1 057.30	8.25	100.00	—

（三）不同规模会计师事务所（总所合计）业务收入情况

从不同规模会计师事务所的收入总额看，2017—2021 年，业务收入超过 1 亿元的大型会计师事务所，业务总收入由 436.02 亿元增长至 659.33 亿元，年均增速 8.62%，占总收入比重较 2017 年上升 1.07%；业务收入为 1 000 万元至 1 亿元的中型会计师事务所，业务总收入由 108.93 亿元增长至 184.93 亿元，年均增速 11.17%，占总收入比重较 2017 年上升 2.18%；业务收入在 1 000 万元以下的小型会计师事务所，业务总收入由 166.40 亿元增长至 213.04 亿元，年均增速 5.07%，占总收入比重较 2017 年下降 3.24%（见表 6）。

从不同规模会计师事务所的收入结构看，2021 年，大中小型会计师事务所财务报表审计收入占行业总收入比重均较 2018 年有所下降[①]，但就业务收入的金额来看，传统审计类业务仍然是各类规模会计师事务所的主要收入来源，且该领域大型会计师事务所仍然保持强大的市场竞争力。此外，近年来不同规模会计师事务所专项审计收入均呈上升趋势。非审计类业务中，大中小型会计师事务所管理咨询业务收入保持较高速增长，占总收入比重相较 2017 年保持上升态势，在一定程度上体现出会计师事务所的转型趋势。

2017—2021 年，大中小型会计师事务所非审计类业务收入增速均高于审计类业务收入增速，中型会计师事务所无论审计类业务收入还是非审计类业务收入增速均高于行业平均水平（见表 7 至表 9）。

从业务收入规模前 100 家看，2017—2021 年，排名前 100 家会计师事务所年均业务收入增速达 8.38%，高于行业平均水平（8.25%）。其中，2021 年其业务收入达到 692.57 亿元，占行业总收入的 65.50%，较上年增加 75.45 亿元，同比增长 12.23%（见表 10 和表 11）。

[①] 因 2017 年之前财务报表审计收入与专项审计收入是合并统计的，从 2018 年起开始分别统计。下同。

附录三 2021年注册会计师行业业务收支分析报告

表6 2017—2021年不同规模会计师事务所收入金额统计

规模	2017年			2018年			2019年			2020年			2021年		
	收入（亿元）	增长率（%）	比重（%）	收入（亿元）	增长率（%）	比重（%）	收入（亿元）	增长率（%）	比重（%）	收入（亿元）	增长率（%）	比重（%）	收入（亿元）	增长率（%）	比重（%）
大型所	436.02	—	61.29	477.64	9.55	60.27	532.39	11.46	60.74	588.96	10.62	61.51	659.33	11.95	62.36
中型所	108.93	—	15.31	138.09	26.77	17.42	155.07	12.30	17.69	164.91	6.35	17.22	184.93	12.14	17.49
小型所	166.40	—	23.39	176.81	6.26	22.31	189.11	6.96	21.57	203.65	7.69	21.27	213.04	4.61	20.15
合计	711.35	—	100.00	792.54	11.41	100.00	876.57	10.60	100.00	957.52	9.23	100.00	1 057.3	10.42	100.00

表7　2017—2021年大型会计师事务所各类业务收入构成明细表

业务类型	2017年 收入(亿元)	2017年 增长率(%)	2017年 比重(%)	2018年 收入(亿元)	2018年 增长率(%)	2018年 比重(%)	2019年 收入(亿元)	2019年 增长率(%)	2019年 比重(%)	2020年 收入(亿元)	2020年 增长率(%)	2020年 比重(%)	2021年 收入(亿元)	2021年 增长率(%)	2021年 比重(%)
审计类业务	373.28	—	85.61	411.66	10.28	86.19	456.79	10.96	85.80	499.97	9.45	84.89	559.57	11.92	84.87
财务报表审计	350.89	—	80.48	304.27	-13.29	63.70	334.66	9.99	62.86	362.21	8.23	61.50	385.91	6.54	58.53
专项审计	—	—	0.00	82.20	—	17.21	93.25	13.44	17.52	103.85	11.37	17.63	137.17	32.09	20.80
内部控制审计	5.59	—	1.28	6.31	12.88	1.32	6.95	10.14	1.31	6.99	0.55	1.19	7.47	6.89	1.13
验资	4.08	—	0.94	2.77	-32.11	0.58	2.73	-1.44	0.51	4.82	76.53	0.82	5.57	15.57	0.84
涉税鉴证	0.18	—	0.04	0.58	222.22	0.12	0.27	-53.45	0.05	0.32	20.20	0.06	0.54	66.39	0.08
工程预决算审核	5.01	—	1.15	5.76	14.97	1.21	7.20	25.00	1.35	8.61	19.59	1.46	8.97	4.17	1.36
其他鉴证业务	7.53	—	1.73	9.77	29.75	2.05	11.73	20.06	2.20	13.17	12.25	2.24	13.94	5.87	2.11
非审计类业务	62.74	—	14.39	65.98	5.16	13.81	75.60	14.58	14.20	88.99	17.71	15.11	99.76	12.10	15.13
资产评估	0.34	—	0.08	0.39	14.71	0.08	0.61	56.41	0.11	0.19	-69.35	0.03	0.19	1.62	0.03
会计服务	3.57	—	0.82	4.80	34.45	1.00	5.59	16.46	1.05	6.57	17.47	1.11	6.45	-1.78	0.98
税务服务	6.17	—	1.42	3.99	-35.33	0.84	2.15	-46.12	0.40	1.62	-24.86	0.27	1.42	-12.10	0.22
管理咨询	28.02	—	6.43	38.88	38.76	8.14	47.64	22.53	8.95	51.09	7.24	8.67	57.77	13.07	8.76
其他非鉴证业务	24.64	—	5.65	14.13	-42.65	2.96	14.78	4.60	2.78	17.90	21.08	3.04	19.14	6.95	2.90
其他	—	—	0.00	3.79	—	0.79	4.83	27.44	0.91	11.63	140.87	1.98	14.79	27.13	2.24
总计	436.02	—	100.00	477.64	9.55	100.00	532.39	11.46	100.00	588.96	10.62	100.00	659.33	11.95	100.00

附录三 2021年注册会计师行业业务收支分析报告

表8 2017—2021年中型会计师事务所各类业务收入构成明细表

业务类型	2017年 收入(亿元)	2017年 增长率(%)	2017年 比重(%)	2018年 收入(亿元)	2018年 增长率(%)	2018年 比重(%)	2019年 收入(亿元)	2019年 增长率(%)	2019年 比重(%)	2020年 收入(亿元)	2020年 增长率(%)	2020年 比重(%)	2021年 收入(亿元)	2021年 增长率(%)	2021年 比重(%)
审计类业务	83.99	—	77.10	106.15	26.38	76.87	119.52	12.60	77.07	124.90	4.50	75.74	137.24	9.88	74.21
财务报表审计	70.22	—	64.46	45.52	-35.18	32.96	49.91	9.64	32.19	51.17	2.52	31.03	52.31	2.23	28.29
专项审计	—	—	0.00	43.02	—	31.15	50.56	17.53	32.60	54.80	8.39	33.23	63.94	16.68	34.58
内部控制审计	1.26	—	1.16	1.59	26.19	1.15	1.23	-22.64	0.79	1.22	-0.60	0.74	1.4	14.51	0.76
验资	0.82	—	0.75	0.90	9.76	0.65	0.73	-18.89	0.47	0.63	-13.31	0.38	0.7	10.61	0.38
涉税鉴证	0.69	—	0.63	0.75	8.70	0.54	0.89	18.67	0.57	0.99	11.33	0.60	1.14	15.06	0.62
工程预决算审核	7.28	—	6.68	9.41	29.26	6.81	9.68	2.87	6.24	10.33	6.68	6.26	10.84	4.97	5.86
其他鉴证业务	3.72	—	3.42	4.96	33.33	3.59	6.52	31.45	4.20	5.76	-11.60	3.49	6.91	19.89	3.74
非审计类业务	24.94	—	22.90	31.94	28.07	23.13	35.55	11.30	22.93	40.01	12.55	24.26	47.69	19.19	25.79
资产评估	0.52	—	0.48	0.48	-7.69	0.35	0.43	-10.42	0.28	0.60	40.51	0.37	0.23	-61.93	0.12
会计服务	2.98	—	2.74	4.25	42.62	3.08	4.94	16.24	3.19	5.47	10.72	3.32	6.11	11.71	3.30
税务服务	0.94	—	0.86	1.39	47.87	1.01	1.04	-25.18	0.67	1.25	20.31	0.76	1.29	3.10	0.70
管理咨询	14.01	—	12.86	19.51	39.26	14.13	23.69	21.42	15.28	25.77	8.78	15.63	32.70	26.90	17.68
其他非鉴证业务	6.49	—	5.96	6.02	-7.24	4.36	5.22	-13.29	3.37	6.33	21.20	3.84	6.81	7.64	3.68
其他	—	—	0.00	0.29	—	0.21	0.23	-20.69	0.15	0.59	156.81	0.36	0.55	-6.88	0.30
总计	108.93	—	100.00	138.09	26.77	100.00	155.07	12.30	100.00	164.91	6.35	100.00	184.93	12.14	100.00

表9 2017—2021年小型会计师事务所各业务收入构成明细表

业务类型	2017年 收入(亿元)	2017年 增长率(%)	2017年 比重(%)	2018年 收入(亿元)	2018年 增长率(%)	2018年 比重(%)	2019年 收入(亿元)	2019年 增长率(%)	2019年 比重(%)	2020年 收入(亿元)	2020年 增长率(%)	2020年 比重(%)	2021年 收入(亿元)	2021年 增长率(%)	2021年 比重(%)
审计类业务	126.01	—	75.73	133.14	5.66	75.30	140.26	5.35	74.17	150.91	7.59	74.10	156.52	3.72	73.47
财务报表审计	111.79	—	67.18	68.67	-38.57	38.84	70.76	3.04	37.42	71.70	1.32	35.21	70.27	-1.99	32.98
专项审计	—	—	0.00	49.09	—	27.76	54.44	10.90	28.79	63.59	16.81	31.23	70.38	10.68	33.04
内部控制审计	0.68	—	0.41	0.67	-1.47	0.38	0.56	-16.42	0.30	0.78	38.86	0.38	0.76	-2.27	0.36
验资	2.94	—	1.77	2.46	-16.33	1.39	2.00	-18.70	1.06	1.80	-10.22	0.88	1.67	-6.99	0.78
涉税鉴证	0.66	—	0.40	1.02	54.55	0.58	1.03	0.98	0.54	1.26	22.21	0.62	1.39	10.43	0.65
工程预决算审核	5.26	—	3.16	5.66	7.60	3.20	5.23	-7.60	2.77	5.19	-0.76	2.55	5.65	8.86	2.65
其他鉴证业务	4.68	—	2.81	5.57	19.02	3.15	6.24	12.03	3.30	6.60	5.82	3.24	6.4	-3.08	3.00
非审计类业务	40.39	—	24.27	43.67	8.12	24.70	48.85	11.86	25.83	52.73	7.95	25.90	56.52	7.18	26.53
资产评估	0.37	—	0.22	0.42	13.51	0.24	0.25	-40.48	0.13	0.23	-9.08	0.11	0.22	-3.21	0.10
会计服务	7.41	—	4.45	8.40	13.36	4.75	9.26	10.24	4.90	10.12	9.29	4.97	11.08	9.48	5.20
税务服务	1.19	—	0.72	1.20	0.84	0.68	1.18	-1.67	0.62	1.23	4.02	0.60	1.41	14.88	0.66
管理咨询	20.83	—	12.52	26.20	25.78	14.82	30.71	17.21	16.24	33.18	8.03	16.29	35.17	6.01	16.51
其他非鉴证收入	10.59	—	6.36	6.95	-34.37	3.93	6.81	-2.01	3.60	7.39	8.44	3.63	7.90	6.97	3.71
其他	—	—	0.00	0.50	—	0.28	0.64	28.00	0.34	0.60	-6.46	0.29	0.74	23.61	0.35
总计	166.40	—	100.00	176.81	6.26	100.00	189.11	6.96	100.00	203.65	7.69	100.00	213.04	4.61	100.00

表10 2017—2021年收入排名前100家会计师事务所业务收入增长情况

项目	2017年	2018年	2019年	2020年	2021年	年均增速
全行业业务收入	711.35亿元	792.54亿元	876.57亿元	957.52亿元	1 057.30亿元	8.25%
前100家会计师事务所业务收入	463.16亿元	507.24亿元	562.92亿元	617.12亿元	692.57亿元	8.38%
前100家会计师事务所业务收入增长率	—	9.52%	10.98%	9.63%	12.23%	—
占总收入比重	65.11%	64.00%	64.22%	64.45%	65.50%	

表11 2017—2021年收入排名前25家会计师事务所名称统计情况

排名	2017年	2018年	2019年	2020年	2021年
1	普华永道中天	普华永道中天	普华永道中天	普华永道中天	普华永道中天
2	德勤华永	德勤华永	安永华明	安永华明	安永华明
3	立信	安永华明	德勤华永	德勤华永	德勤华永
4	安永华明	立信	毕马威华振	立信	立信
5	毕马威华振	毕马威华振	立信	毕马威华振	毕马威华振
6	瑞华	瑞华	天健	天健	天健
7	天健	天健	信永中和	大华	大华
8	大华	致同	天职国际	信永中和	信永中和
9	致同	大华	大华	天职国际	天职国际
10	信永中和	天职国际	致同	致同	致同
11	大信	信永中和	瑞华	中审众环	容诚
12	天职国际	大信	大信	容诚	中审众环
13	中审众环	中审众环	中审众环	大信	大信
14	中兴财光华	中兴华	中兴华	中兴华	中兴华
15	中兴华	中兴财光华	中兴财光华	中兴财光华	中兴财光华
16	北京兴华	容诚	容诚	亚太（集团）	亚太（集团）
17	容诚	中天运	亚太（集团）	中审华	中汇
18	中审华	北京兴华	中审华	中天运	北京兴华
19	亚太（集团）	中审华	北京兴华	北京兴华	中审华
20	中汇	亚太（集团）	中天运	中汇	中天运
21	中天运	中汇	中汇	瑞华	天衡

续表

排名	2017年	2018年	2019年	2020年	2021年
22	广东正中珠江	广东正中珠江	众华	天衡	上会
23	众华	众华	天衡	上会	中审亚太
24	天衡	天衡	广东正中珠江	众华	众华
25	上会	中勤万信	希格玛	中审亚太	希格玛

从从事证券服务业务会计师事务所收入规模情况看，截至2021年末，备案从事证券服务业务会计师事务所数量为80家，较上年增加26家。2021年，80家会计师事务所创造业务收入664.18亿元（所均创收8.30亿元），非证券所创造收入393.12亿元。2017—2021年，收入规模前100家会计师事务所中，备案从事证券服务业务的会计师事务所收入保持高速增长，收入占比总体上升，牢牢占据行业主导地位（见表12）。

表12 2017—2021年备案从事证券服务业务的会计师事务所收入增长情况

项目		2017年	2018年	2019年	2020年	2021年
备案证券所数量（家）		40	40	40	54	80
证券所	收入（亿元）	427.12	465.25	507.24	577.82	664.18
	增速（%）	-12.16	8.93	9.03	13.91	14.95
前100家中证券所	收入（亿元）	427.12	465.25	507.24	577.55	659.43
	增速（%）	-12.16	8.93	9.03	13.86	14.18
前100家中非证券所	收入（亿元）	36.04	41.99	55.68	39.57	33.14
	增速（%）	-22.59	16.51	32.60	-28.93	-16.25
前100家中证券所收入占比（%）		92.22	91.72	90.11	93.59	95.21

从会计师事务所组织形式看，2018年，财政部、市场监管总局印发了《关于推动有限责任会计师事务所转制为合伙制会计师事务所的暂行规定》，推动了会计师事务所转制工作。

截至2021年底，特殊普通合伙会计师事务所数量占会计师事务所总数的1.15%，业务收入合计629.29亿元，较上年增加44.82亿元，同比增长7.67%，占行业总收入的59.52%，其业务收入结构基本与大型所保持一致（85∶15）；

普通合伙会计师事务所数量占会计师事务所总数的54.18%，业务收入合计134.80亿元，较上年增加10.44亿元，同比增长8.4%，占行业总收入的12.75%，业务收入结构为71∶29；有限责任会计师事务所数量占会计师事务所总数的44.51%，业务收入合计292.91亿元，较上年增加44.32亿元，占行业总收入的27.70%，业务收入结构为76∶24；个人会计师事务所14家，较上年增加2家，业务收入合计0.3亿元，同比增长173.61%，业务收入结构为73∶27（见表13）。

表13　2021年不同组织形式会计师事务所业务收入构成

收入类别	特殊普通合伙 金额（亿元）	特殊普通合伙 比重（%）	普通合伙 金额（亿元）	普通合伙 比重（%）	有限责任 金额（亿元）	有限责任 比重（%）	个人 金额（亿元）	个人 比重（%）
审计类业务收入	**534.35**	**84.91**	**96.13**	**71.31**	**223.53**	**76.31**	**0.22**	**73.25**
财务报表审计收入	369.27	58.68	43.36	32.16	96.42	32.92	0.08	26.87
专项审计收入	132.24	21.01	42.81	31.76	96.53	32.95	0.13	43.41
内部控制审计收入	7.10	1.13	0.49	0.37	2.04	0.70	0.00	0.19
验资收入	5.19	0.83	1.04	0.77	1.72	0.59	0.00	0.91
涉税鉴证收入	0.63	0.10	1.14	0.84	1.31	0.45	0.00	0.26
工程预决算审核收入	7.87	1.25	4.00	2.97	13.58	4.64	0.00	1.00
其他审计业务收入	12.05	1.91	3.29	2.44	11.94	4.07	0.00	0.61
非审计类业务收入	**94.94**	**15.09**	**38.68**	**28.69**	**69.38**	**23.69**	**0.08**	**26.75**
资产评估收入	0.10	0.02	0.17	0.13	0.36	0.12	0.00	0.00
会计服务收入	6.05	0.96	7.22	5.35	9.28	3.17	0.01	1.75
税务服务收入	1.34	0.21	1.07	0.80	1.71	0.58	0.00	0.89
咨询服务收入	54.69	8.69	24.68	18.30	46.44	15.85	0.03	8.59
其他非审计业务收入	18.31	2.91	5.06	3.75	10.44	3.56	0.04	14.21
其他收入	14.44	2.30	0.49	0.36	1.15	0.39	0.00	1.31
总收入	629.29	100.00	134.80	100.00	292.91	100.00	0.30	100.00

二、行业业务收入发展分析

（一）会计师事务所做强做大趋势更加明显

2021年，大、中型会计师事务所共计 **950** 家（总分所合计），较上年增加 80 家，占会计师事务所总数的 10.52%，创造业务收入 844.26 亿元，较上年增长 11.99%，占行业总收入的 79.85%，比重较上年上涨 1.12%。其中，业务收入大于等于 60 亿元的会计师事务所 **2** 家，分别是普华永道中天和安永华明；业务收入大于等于 20 亿元、低于 50 亿元的会计师事务所有 **10** 家（德勤华永、立信、毕马威华振、天健、大华、信永中和、天职国际、致同、容诚和中审众环）；业务收入大于等于 5 亿元、低于 20 亿元的会计师事务所有 **12** 家；业务收入大于等于 1 亿元、低于 5 亿元的会计师事务所有 **27** 家；业务收入大于等于 5 000 万元、低于 1 亿元的会计师事务所有 **43** 家；业务收入大于等于 1 000 万元、低于 5 000 万元的会计师事务所有 **856** 家（见表14）。

表14　　2021年大、中型会计师事务所业务收入规模情况　　单位：家

业务收入规模	2017年	2018年	2019年	2020年	2021年
业务收入≥60亿元	0	0	0	1	2
50亿元≤业务收入<60亿元	1	1	1	1	0
20亿元≤业务收入<50亿元	6	6	6	8	10
10亿元≤业务收入<20亿元	5	8	9	5	4
5亿元≤业务收入<10亿元	9	6	5	7	8
1亿元≤业务收入<5亿元	25	28	30	33	27
大型所数量合计	46	49	51	55	51
5 000万元≤业务收入<1亿元	21	29	33	33	43
1 000万元≤业务收入<5 000万元	544	667	729	782	856
中型所数量合计	565	696	761	815	899
大、中型所数量合计	611	745	813	870	950

对照《国际会计公报》发布的 2021 年国际会计网络收入排名情况，进入国际会计网络收入排名前 32 位的国际会计公司的业务收入平均增幅为 8%。其中，有 4 家会计公司的收入增幅达 20% 以上，有 13 家会计公司的收入增幅达 10% 以上（未达到 20%），有 3 家会计公司的收入增幅为负增长。我国本土国际会计网络品牌增速高于其他品牌（见表 15）。

表15　　　　　　　　2021年国际会计网络收入排名（摘选）

排名	国际会计网络名称	业务收入（亿美元）	增长率（%）
1	德勤	502.00	5
2	普华永道	451.42	5
3	安永	399.59	7
4	毕马威	321.30	10
5	BDO 国际	117.33	14
6	RSM 国际	72.56	16
7	致同国际	65.78	14
9	国富浩华国际	45.61	9
10	天职国际	42.08	4
12	大华国际	35.64	14
21	信永中和国际	6.53	23
23	大信国际	4.92	29
25	利安达国际	2.60	11

（二）各地区师均收入差异较大

2021 年，全国 31 个地区中，上海师均收入为 236.29 万元，北京为 199.13 万元，海南第一次进入前六名，以 145.31 万元排在第三位，青海师均收入 128.90 万元，广东师均收入 118.03 万元，浙江近五年第一次超过江苏，以 114.66 万元位列第六，江苏以 112.05 万元位列第七，黑龙江师均收入以 36.38 万元位列最后。2017—2021 年，上海、北京、青海、广东、江苏、浙江 6 个地区的师均收入始终排名靠前（见表 16 和图 3）。

表16　　　　　　　　　　2021年各地区师均收入统计情况

地区	收入（亿元）	人数（人）	师均收入（万元）
上海	176.67	7 477	236.29
北京	219.68	11 032	199.13
海南	8.76	603	145.31
青海	3.26	253	128.90
广东	123.33	10 449	118.03
浙江	74.60	6 506	114.66
江苏	73.97	6 601	112.05
贵州	8.01	884	90.60
天津	15.12	1 699	88.97
甘肃	6.95	796	87.36
云南	14.73	1 720	85.63
新疆	8.61	1 011	85.14
重庆	15.87	1 910	83.10
宁夏	2.61	319	81.87
西藏	1.92	240	79.92
陕西	18.60	2 340	79.50
湖北	28.71	3 626	79.18
湖南	24.46	3 121	78.38
内蒙古	10.70	1 406	76.07
四川	37.58	4 986	75.36
山东	44.76	6 057	73.90
安徽	19.36	2 825	68.55
广西	9.30	1 382	67.27
福建	16.57	2 706	61.24
山西	14.14	2 383	59.35
江西	7.62	1 294	58.85

续表

地区	收入（亿元）	人数（人）	师均收入（万元）
吉林	9.19	1 646	55.82
河南	23.54	4 308	54.64
河北	16.25	3 019	53.82
辽宁	16.18	3 244	49.87
黑龙江	6.26	1 720	36.38
合计	1 057.30	97 563	108.37

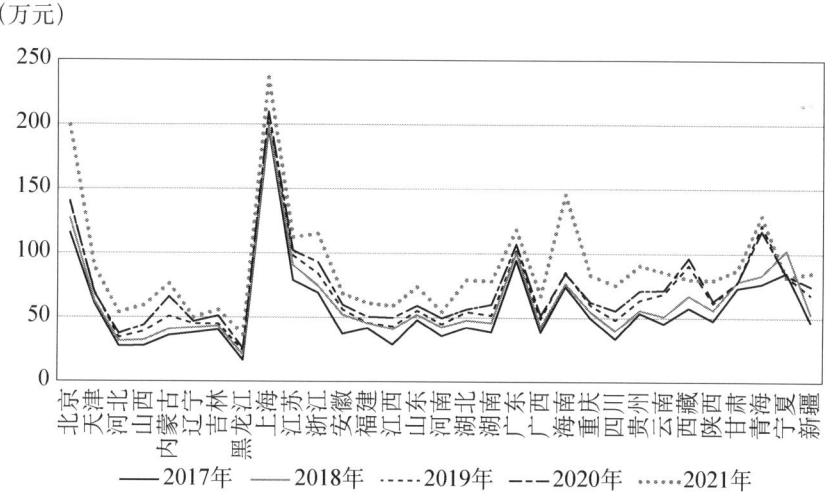

图3　2017—2021年各地区师均收入统计情况

（三）会计师事务所新业务收入规模持续增长

行业新业务服务范围主要包含专项审计、内部控制审计、涉税鉴证、其他鉴证业务、会计服务、税务服务、咨询服务、其他非鉴证业务和其他业务等。2021年，以上业务共创造收入514.77亿元，占行业总收入的48.69%，较上年增加2.73%。其中，专项审计业务收入占行业总收入的比重最多，达到25.68%；咨询服务占11.88%。数据表明，专项审计业务仍是会计师事务所重要收入来源，非审计类咨询业务服务平稳拓展（见表17）。

表17　　　　　　　　2017—2021年部分新业务收入情况

新业务收入	2017年 金额（亿元）	2017年 占比（%）	2018年 金额（亿元）	2018年 占比（%）	2019年 金额（亿元）	2019年 占比（%）	2020年 金额（亿元）	2020年 占比（%）	2021年 金额（亿元）	2021年 占比（%）
专项审计收入	—	—	174.31	21.99	198.25	22.62	222.24	23.21	271.49	25.68
内部控制审计收入	7.53	1.06	8.57	1.08	8.74	1.00	8.99	0.94	9.63	0.91
涉税鉴证收入	1.53	0.22	2.35	0.30	2.19	0.25	2.57	0.27	3.07	0.29
其他鉴证业务收入	15.93	2.24	20.30	2.56	24.49	2.79	25.53	2.67	27.25	2.58
会计服务收入	13.96	1.96	17.45	2.20	19.79	2.26	22.16	2.31	23.64	2.24
税务服务收入	8.30	1.17	6.58	0.83	4.37	0.50	4.09	0.43	4.12	0.39
咨询服务收入	62.86	8.84	84.59	10.67	102.04	11.64	110.04	11.49	125.64	11.88
其他非鉴证业务收入	41.72	5.86	27.10	3.42	26.81	3.06	31.61	3.30	33.85	3.20
其他收入	—	—	4.58	0.58	5.70	0.65	12.82	1.34	16.08	1.52
总收入	151.83	21.34	345.83	43.63	392.38	44.77	440.05	45.96	514.77	48.69

（四）会计师事务所国际业务收入随着国际经济形势变动

2021年，行业创造国际业务收入111.47亿元。其中，为内地企业提供境外上市、融资或其他审计服务取得的收入68.85亿元，占行业国际业务收入的61.77%，受新冠肺炎疫情和国际经济形势下行影响，2020年增幅明显下降，2021年增幅重回2019年水平；来源于境外客户的其他收入32.65亿元，占行业国际业务收入的29.29%；境外分支机构收入9.96亿元，占行业国际业务收入的8.94%。

2018—2021年，行业创造国际业务收入基本保持平稳增长[①]。4年来，行

[①] 2018年起，按照境外分支机构收入、为内地企业提供境外上市等服务取得的收入、来源于境外客户的其他收入口径统计。

业为内地企业提供境外上市、融资或其他审计服务取得的收入保持增长，境外分支机构收入、来源于境外客户的其他收入基本持平（见图4）。

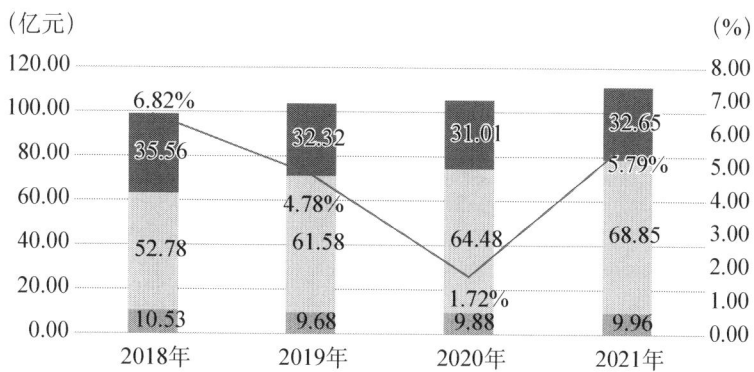

图4　2018—2021年国际业务收入情况

（五）会计师事务所盈利能力有所上升

2021年，全行业实现净利润73.70亿元，较上年增加8.28亿元，同比增长12.66%。业务收入净利润率6.97%，较上年增加0.14个百分点，行业盈利能力稳中有升（见图5）。

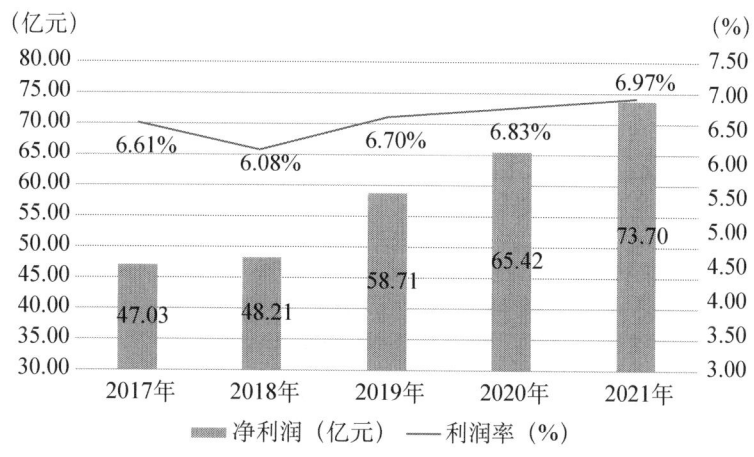

图5　2017—2021年行业净利润统计情况

三、行业纳税情况

(一) 2021年纳税特点

1. 为国家税收作出更大贡献。 2021年全行业纳税总额约88亿元,较上年增长11.86亿元,增长率为15.60%。增值税和所得税(企业所得税和个人所得税)依旧是行业主要纳税种类,两税种共计纳税82.39亿元,占全部纳税总额的93.62%。其中,增值税纳税40.69亿元,所得税纳税41.70亿元。

总体来看,行业纳税贡献总额在2019—2020年有所下滑后,在2021年与行业总收入一道创出新高,彰显出经济环境复杂严峻的背景下注册会计师行业的发展韧性,为国家税收作出贡献。

2. 大中小型会计师事务所税负差距明显,"减税降费"精准扶持见效。 从税负来看,2021年大中小型会计师事务所税负差距持续加大。其中,大型会计师事务所平均税负为10.03%,中型会计师事务所平均税负为7.59%,小型会计师事务所平均税负为3.67%,中小型会计师事务所税负水平均低于行业平均水平,且小型会计师事务所税负与上年同比呈现负增长。从大中小型会计师事务所的税负比重来看,小型会计师事务所纳税额合计7.81亿元,占全行业纳税额的比重由上年的10.06%下降到8.87%,且包括增值税、所得税和其他税种在内的各税种纳税额占比均呈下降趋势,有力地保障了行业市场主体,充分体现了减税降费政策对中小所的精准扶持(见表18)。

表18 2021年不同规模会计师事务所税负情况

项目	大型会计师事务所 (1亿元以上)	中型会计师事务所 (1 000万—1亿元)	小型会计师事务所 (1 000万元以下)
缴纳税款情况(亿元)	66.16	14.04	7.81
税负率(%)	10.03	7.59	3.67

（二）2017—2021年纳税情况

2017—2021年，行业纳税总额随着业务收入规模的不断扩大而增加，由70.66亿元增长至88.01亿元（见图6）。不同规模会计师事务所纳税情况见表19至表21。

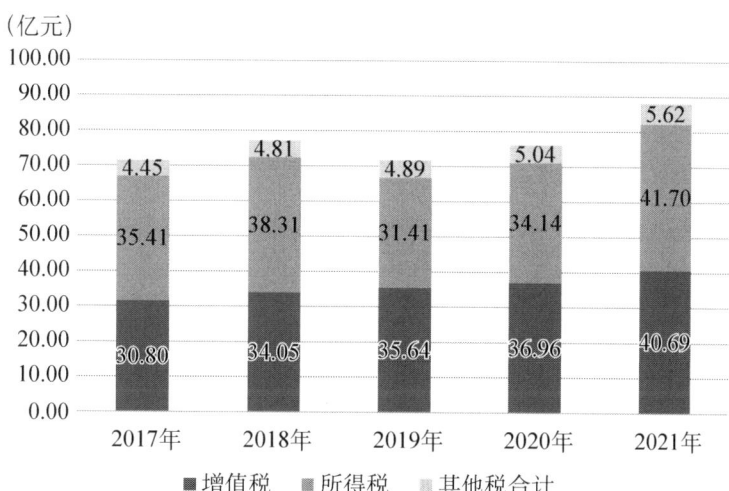

图6　2017—2021年行业纳税贡献结构

表19　2017—2021年大型会计师事务所各税种缴纳情况

税种		2017年	2018年	2019年	2020年	2021年
增值税	金额（亿元）	18.66	20.86	21.62	23.93	26.62
	增长率（%）	—	11.75	3.67	10.69	11.23
	占比（%）	26.41	27.03	30.05	31.44	30.25
所得税	金额（亿元）	30.01	32.10	26.44	29.10	35.74
	增长率（%）	—	6.94	-17.62	10.05	22.83
	占比（%）	42.47	41.59	36.75	38.22	40.61
其他税	金额（亿元）	2.84	3.01	3.13	3.36	3.80
	增长率（%）	—	6.01	3.79	7.39	13.07
	占比（%）	4.02	3.91	4.35	4.41	4.32
合计	金额（亿元）	51.52	55.97	51.19	56.39	66.16
	增长率（%）	—	8.63	-8.53	10.16	17.32
	占比（%）	72.91	72.52	71.15	74.07	75.18

表20　　2017—2021年中型会计师事务所各税种缴纳情况

税种		2017年	2018年	2019年	2020年	2021年
增值税	金额（亿元）	5.98	6.61	7.26	7.70	8.74
	增长率（%）	—	10.64	9.80	6.06	13.58
	占比（%）	8.46	8.57	10.09	10.11	9.94
所得税	金额（亿元）	3.16	4.00	3.20	3.36	4.14
	增长率（%）	—	26.54	−19.86	4.99	23.24
	占比（%）	4.47	5.18	4.45	4.42	4.71
其他税	金额（亿元）	0.73	0.86	0.94	1.01	1.15
	增长率（%）	—	18.82	9.53	7.39	13.23
	占比（%）	1.03	1.12	1.31	1.33	1.31
合计	金额（亿元）	9.86	11.47	11.41	12.08	14.04
	增长率（%）	—	16.33	−0.56	5.87	16.24
	占比（%）	13.95	14.86	15.85	15.86	15.95

表21　　2017—2021年小型会计师事务所各税种缴纳情况

税种		2017年	2018年	2019年	2020年	2021年
增值税	金额（亿元）	6.16	6.59	6.76	5.32	5.33
	增长率（%）	—	6.88	2.68	−21.29	0.05
	占比（%）	8.72	8.54	9.40	6.99	6.05
所得税	金额（亿元）	2.24	2.22	1.77	1.67	1.81
	增长率（%）	—	−1.02	−20.35	−5.23	8.40
	占比（%）	3.17	2.87	2.46	2.20	2.06
其他税	金额（亿元）	0.88	0.93	0.82	0.66	0.67
	增长率（%）	—	5.64	−11.67	−19.03	0.55
	占比（%）	1.24	1.20	1.14	0.87	0.76
合计	金额（亿元）	9.28	9.73	9.35	7.66	7.81
	增长率（%）	—	4.85	−3.94	−18.06	1.92
	占比（%）	13.14	12.61	13.00	10.06	8.87

四、行业支出情况

（一）总体情况

2021年，全行业会计师事务所（总所合计）的成本费用总支出合计964.25亿元，较上年增加96.19亿元，同比增长11.08%。成本费用占业务收入的比重为91.20%，较上年上升0.54个百分点（见表22和表23）。

表22　　2021年不同规模会计师事务所成本费用总支出情况

项目		大型会计师事务所（1亿元以上）	中型会计师事务所（1 000万—1亿元）	小型会计师事务所（1 000万元以下）
会计师事务所数量（家）		51	897	7 803
注册会计师数量*（人）		29 221	18 967	47 573
成本费用支出	合计（亿元）	577.68	176.01	210.56
	增幅（%）	12.38	13.12	6.11
所均支出	合计（亿元）	11.33	0.20	0.03
	增幅（%）	21.20	2.78	4.18
师均支出	合计（万元）	197.69	92.80	44.26
	增幅（%）	28.32	20.21	22.88
占全行业成本费用支出比重（%）		59.91	18.25	21.84

* 未包括上年业务收入零上报的会计师事务所的注册会计师，下同。

表23　　2017—2021年不同规模会计师事务所成本费用支出情况

项目		2017年	2018年	2019年	2020年	2021年
大型会计师事务所	金额（亿元）	383.81	423.01	471.13	514.03	577.68
	增幅（%）	—	10.21	11.38	9.11	12.38
中型会计师事务所	金额（亿元）	102.41	130.08	146.57	155.60	176.01
	增幅（%）	—	27.02	12.67	6.16	13.12
小型会计师事务所	金额（亿元）	161.02	171.38	183.52	198.43	210.56
	增幅（%）	—	6.43	7.09	8.13	6.11

续表

项目		2017年	2018年	2019年	2020年	2021年
合计	金额（亿元）	647.24	724.47	801.22	868.06	964.25
	增幅（%）	—	11.99	10.57	8.33	11.08

（二）工资薪酬支出情况

2021年，行业工资薪酬支出合计382.58亿元，占行业业务收入比重为36.18%，较上年增加33.01亿元，占行业成本费用总支出的39.68%，与上年占比（40.27%）基本保持一致。由于行业所处现代服务业的特点，人工成本中的工资薪酬支出成为行业最大支出。其中，大型会计师事务所和中型会计师事务所的工资薪酬支出分别为226.21亿元和62.74亿元，同比增幅均超10%，且增速超过上年水平；小型会计师事务所的工资薪酬支出为93.63亿元，增速水平相对较低；大型会计师事务所师均支出77.41万元，中型会计师事务所师均支出33.08万元（见表24和表25）。

表24　　2021年不同规模会计师事务所工资薪酬支出情况

项目		大型会计师事务所（1亿元以上）	中型会计师事务所（1 000万—1亿元）	小型会计师事务所（1 000万元以下）
会计师事务所数量（家）		51	897	7 803
注册会计师数量（人）		29 221	18 967	47 573
工资薪酬支出	合计（亿元）	226.21	62.74	93.63
	增幅（%）	10.47	13.01	4.87
所均支出	合计（亿元）	4.44	0.07	0.01
	增幅（%）	19.13	2.68	2.96
师均支出	合计（万元）	77.41	33.08	19.68
	增幅（%）	26.13	20.09	21.44
占全行业工资薪酬总支出比重（%）		59.13	16.40	24.47

表25　　　　2017—2021年不同规模会计师事务所工资薪酬支出情况

项目		2017年	2018年	2019年	2020年	2021年
大型会计师事务所	金额（亿元）	158.63	165.22	186.39	204.78	226.21
	增幅（%）	—	4.15	12.81	9.87	10.47
中型会计师事务所	金额（亿元）	35.61	43.73	51.01	55.51	62.74
	增幅（%）	—	22.79	16.66	8.83	13.01
小型会计师事务所	金额（亿元）	72.52	76.12	83.43	89.28	93.63
	增幅（%）	—	4.95	9.61	7.02	4.87
合计	金额（亿元）	266.76	285.07	320.83	349.57	382.58
	增幅（%）	—	6.96	12.54	8.92	9.45

（三）人才培养支出情况（教育培训支出）

2021年，行业人才培养支出近5亿元，占行业业务收入比重为0.05%，同比上升24.19%，较2019年上升10.42%。其中，境内培训支出4.98亿元，同比上升25.45%；境外培训支出182.06万元，同比下降66.89%，较2019年下降91.26%。究其原因，2020—2021年受新冠肺炎疫情影响，线上培训方式逐步取代线下培训方式，境外培训受到极大限制（见表26和表27）。

表26　　　　　　2021年会计师事务所教育培训支出构成

培训类型	支出金额（万元）	占人才培养总支出比重（%）	增幅（%）
境内培训	49 809.21	99.64	25.45
境外培训	182.06	0.36	-66.89
合计	49 991.27	100	24.19

表27　　　　2017—2021年会计师事务所教育培训支出构成

培训支出		2017年	2018年	2019年	2020年	2021年
境内培训	金额（万元）	34 073.52	36 732.27	43 191.92	39 704.02	49 809.21
	增幅（%）	—	7.80	17.59	-8.08	25.45
	占比（%）	93.88	94.25	95.40	98.63	99.64
境外培训	金额（万元）	2 220.80	2 242.32	2 083.64	549.81	182.06
	增幅（%）	—	0.97	-7.08	-73.61	-66.89

续表

培训支出		2017年	2018年	2019年	2020年	2021年
境外培训	占比（%）	6.12	5.75	4.60	1.37	0.36
合计	金额（万元）	36 294.32	38 974.60	45 275.56	40 253.83	49 991.27
	增幅（%）	—	7.38	16.17	−11.09	24.19

2021年，行业大型会计师事务所的人才培养支出36 128.19万元，占行业人才培养支出总额的72.27%，所均支出708.40万元，师均支出12 363.78元；中型会计师事务所的人才培养支出7 902.98万元，占行业人才培养总支出的15.81%，所均支出8.81万元，师均支出4 166.70元；小型会计师事务所的人才培养支出5 960.10万元，占行业人才培养总支出总额的11.92%，所均支出0.76万元，师均支出1 252.83元（见表28和表29）。数据表明，会计师事务所规模越大，对人才培养越重视，但就人才培养的绝对金额来看，占行业成本费用总支出的比重仍然不高。

表28　　　　2021年不同规模会计师事务所人才培养支出情况

项目		大型会计师事务所（1亿元以上）	中型会计师事务所（1 000万—1亿元）	小型会计师事务所（1 000万元以下）
会计师事务所数量（家）		51	897	7 803
人才培养支出	合计（万元）	36 128.19	7 902.98	5 960.10
	增幅（%）	30.89	21.33	−2.91
所均支出	合计（万元）	708.40	8.81	0.76
	增幅（%）	41.16	10.24	−4.71
师均支出	合计（元）	12 363.78	4 166.70	1 252.83
	增幅（%）	49.45	28.94	12.43
占全行业人才培养支出比重		72.27	15.81	11.92

表29　　　　2017—2021年不同规模会计师事务所人才培养支出情况

项目		2017年	2018年	2019年	2020年	2021年
大型会计师事务所	金额（万元）	24 231.79	25 801.48	31 848.68	27 601.60	36 128.19
	增幅（%）	—	6.48	23.44	−13.34	30.89
中型会计师事务所	金额（万元）	5 148.28	6 338.98	5 997.68	6 513.64	7 902.98
	增幅（%）	—	23.13	−5.38	8.60	21.33

续表

项目		2017年	2018年	2019年	2020年	2021年
小型会计师事务所	金额（万元）	6 914.24	6 834.14	7 429.20	6 138.60	5 960.10
	增幅（%）	—	-1.16	8.71	-17.37	-2.91
合计	金额（万元）	36 294.32	38 974.60	45 275.56	40 253.83	49 991.27
	增幅（%）	—	7.38	16.17	-11.09	24.19

（四）信息化建设投入情况

2021年，会计师事务所信息化建设投入11.32亿元，占行业业务收入比重为1.07%，较上年增加2.27亿元，同比增长25.12%，增速连续三年超过20%。其中，大型会计师事务所的信息化建设支出10.18亿元，同比增长25.26%，占行业信息化建设支出总额的89.94%，所均投入1 996.35万元；中型会计师事务所的信息化建设投入0.77亿元，同比增长28.66%，占行业信息化建设总投入的6.77%，所均投入8.54万元；小型会计师事务所用于信息化建设投入0.37亿元，所均投入不足5 000元，且增速低于行业平均水平。数据表明，大型会计师事务所相对重视信息化建设，着力提升业务管理信息化水平（见表30和表31）。

表30　　2021年不同规模会计师事务所信息化建设支出情况

项目		大型会计师事务所（1亿元以上）	中型会计师事务所（1 000万—1亿元）	小型会计师事务所（1 000万元以下）
会计师事务所数量（家）		51	897	7 803
注册会计师数量（人）		29 221	18 967	47 573
信息化建设投入	合计（万元）	101 813.61	7 660.09	3 720.46
	增幅（%）	25.26	28.66	15.11
所均投入	合计（万元）	1 996.35	8.54	0.48
	增幅（%）	35.08	16.90	12.97
师均投入	合计（元）	34 842.62	4 038.64	782.05
	增幅（%）	43.02	36.73	33.29
占行业信息化建设投入比重（%）		89.94	6.77	3.29

表31　2017—2021年不同规模会计师事务所信息化建设支出情况

项目		2017年	2018年	2019年	2020年	2021年
大型会计师事务所	金额（万元）	47 075.14	55 024.14	68 903.05	81 283.90	101 813.61
	增幅（%）	—	16.89	25.22	17.97	25.26
中型会计师事务所	金额（万元）	2 888.77	3 524.61	3 958.49	5 953.58	7 660.09
	增幅（%）	—	22.01	12.31	50.40	28.66
小型会计师事务所	金额（万元）	1 066.79	1 270.38	2 054.50	3 232.22	3 720.46
	增幅（%）	—	19.08	61.72	57.32	15.11
合计	金额（万元）	51 030.70	59 819.12	74 916.03	90 469.70	113 194.16
	增幅（%）	—	17.22	25.24	20.76	25.12

（五）职业风险基金和职业责任保险提取和支出情况

2021年，会计师事务所提取职业风险基金合计13.15亿元，占行业业务收入比重为1.24%，较上年减少0.12亿元。其中，大型会计师事务所提取25 633.76万元，同比下降20.88%，所均提取502.62万元，占行业职业风险基金提取总额的19.49%；中型会计师事务所提取39 324.35万元，同比增长8.31%，所均提取43.84万元，占行业职业风险基金提取总额的29.89%；小型会计师事务所提取66 577.88万元，同比增长3.97%，所均提取8.53万元，占行业职业风险基金提取总额的50.62%（见表32和表33）。从地区看，浙江、北京、广东地区的会计师事务所提取职业风险基金的金额占全行业提取职业风险基金总额的30%以上，且均超过1亿元。其中，浙江占11.35%（1.49亿元），北京占9.69%（1.28亿元），广东占9.58%（1.26亿元）。全国31个地区中，山西（900.04万元）、青海（896.18万元）、宁夏（709.30万元）、新疆（356.31万元）和西藏（349.19万元）5个地区的会计师事务所提取职业风险基金金额不足1 000万元。

表32　2021年不同规模会计师事务所提取职业风险基金情况

项目	大型会计师事务所（1亿元以上）	中型会计师事务所（1 000万—1亿元）	小型会计师事务所（1 000万元以下）
会计师事务所数量（家）	51	897	7 803
注册会计师数量（人）	29 221	18 967	47 573

续表

项目		大型会计师事务所 （1亿元以上）	中型会计师事务所 （1000万—1亿元）	小型会计师事务所 （1000万以下）
职业风险基金	合计（万元）	25 633.76	39 324.35	66 577.88
	增幅（%）	−20.88	8.31	3.97
所均提取	合计（万元）	502.62	43.84	8.53
	增幅（%）	−14.67	−1.59	2.04
师均提取	合计（元）	8 772.38	20 733.04	13 994.89
	增幅（%）	−9.66	15.10	20.40
占行业职业风险基金提取总额比重（%）		19.49	29.89	50.62

表33　2017—2021年不同规模事务所提取职业风险基金情况

项目		2017年	2018年	2019年	2020年	2021年
大型会计师事务所	金额（万元）	20 943.69	21 128.31	22 996.36	32 398.73	25 633.76
	增幅（%）	—	0.88	8.84	40.89	−20.88
中型会计师事务所	金额（万元）	23 749.49	31 616.68	34 387.38	36 305.83	39 324.35
	增幅（%）	—	33.13	8.76	5.58	8.31
小型会计师事务所	金额（万元）	55 584.00	58 503.53	59 981.16	64 036.54	66 577.88
	增幅（%）	—	5.25	2.53	6.76	3.97
合计	金额（万元）	100 277.18	111 248.51	117 364.91	132 741.10	131 535.99
	增幅（%）	—	10.94	5.50	13.10	−0.91

2021年，会计师事务所职业责任保险费合计支出2.15亿元，较上年增长0.22亿元。其中，大型会计师事务所支出1.85亿元，同比增长11.77%，所均支出362.89万元，占行业职业责任保险费支出总额的86.14%；中型会计师事务所支出1 592.18万元，同比增长30.27%，所均支出1.78万元，占行业职业责任保险费支出总额的7.41%；小型会计师事务所支出1 386.19万元，同比下降7.18%，所均支出0.18万元，占行业职业责任保险费支出总额的6.45%（见表34和表35）。从地区看，上海、北京地区的会计师事务所职业责任保险支出金额约占全行业职业责任保险支出总额的70%以上。其中，上海占52.10%

（1.12亿元），北京占19.75%（4 243.80万元）。全国31个地区中，青海（7.53万元）、西藏（4 853元）、宁夏（0元）3个地区的会计师事务所职业责任保险支出金额不足10万元。

表34　2021年不同规模会计师事务所职业责任保险费支出情况

项目		大型会计师事务所 （1亿元以上）	中型会计师事务所 （1 000万—1亿元）	小型会计师事务所 （1 000万元以下）
会计师事务所数量（家）		51	897	7 803
注册会计师数量（人）		29 221	18 967	47 573
职业责任保险费	合计（万元）	18 507.30	1 592.18	1 386.19
	增幅（%）	11.77	30.27	−7.18
所均支出	合计（万元）	362.89	1.78	0.18
	增幅（%）	20.54	18.36	−8.91
师均支出	合计（元）	6 333.56	839.45	291.38
	增幅（%）	27.62	38.44	7.48
占行业职业责任保险费总额比重（%）		86.14	7.41	6.45

表35　2017—2021年不同规模会计师事务所职业责任保险费支出情况

项目		2017年	2018年	2019年	2020年	2021年
大型会计师事务所	金额（万元）	16 024.46	15 143.66	15 510.22	16 558.04	18 507.30
	增幅（%）	—	−5.50	2.42	6.76	11.77
中型会计师事务所	金额（万元）	921.85	1 207.51	1 119.87	1 222.18	1 592.18
	增幅（%）	—	30.99	−7.26	9.14	30.27
小型会计师事务所	金额（万元）	1 502.71	1 973.92	1 651.81	1 493.46	1 386.19
	增幅（%）	—	31.36	−16.32	−9.59	−7.18
合计	金额（万元）	18 449.02	18 325.09	18 281.91	19 273.68	21 485.67
	增幅（%）	—	−0.67	−0.24	5.42	11.48

整体来看，2021年注册会计师行业在我国经济发展面临需求收缩、供给冲击、预期转弱三重压力的情况下，仍然保持稳定发展良好态势，以强劲的韧性服务我国经济高质量发展，主要体现出以下几个特点：

一是行业收入持续增长，且呈现向从事证券服务业务会计师事务所集中、向大型会计师事务所集中、向合伙制会计师事务所集中的特点，体现了在履行审计鉴证核心业务的同时，会计师事务所不断做强做大，行业稳步发展。

二是行业业务范围不断扩展，除传统审计业务以外，专项审计业务、非审计业务中的会计服务和咨询服务业务收入增长迅速，充分体现了行业增值增信职能进一步拓展，创新引领发展成果不断显现。

三是行业在人才培养和信息化建设方面的投入不断增加，为行业高质量发展提供强劲动能，体现了行业在一系列政策引导下，逐步关注可持续发展能力建设和全面适应资本市场的改革发展，不断向价值链高端迈进。

附录四 2021年度会计师事务所综合评价百家排名信息

(2022年9月16日)

会计师事务所名称	名次	得分	2021年度事务所本身业务收入（万元）	注册会计师数量（人）	执业超过5年且年龄在60周岁以下的注册会计师数量（人）	与事务所统一经营的其他专业机构业务收入（万元）	分所数量（家）	信息技术人员数量（人）	事务所收入分部信息	事务所所在的同一国际会计网络或国际会计联盟的成员情况	事务所专业贡献度	事务所及注册会计师最近三年内受到的处理处罚情况	为事务所提供年度报表审计服务的机构
普华永道中天会计师事务所（特殊普通合伙）	1	961.40	682 543.20	1 445	528	0	23	102	详见中国注册会计师协会官方网站www.cicpa.org.cn，下同				立信会计师事务所（特殊普通合伙）
安永华明会计师事务所（特殊普通合伙）	2	941.53	549 041.13	1 604	542	0	22	57					中兴华会计师事务所（特殊普通合伙）

附录四 2021年度会计师事务所综合评价百家排名信息

续表

会计师事务所名称	名次	得分	2021年度事务所本身业务收入（万元）	注册会计师数量（人）	执业超过5年且年龄在60周岁以下的注册会计师数量（人）	与事务所统一经营的其他专业机构业务收入（万元）	分所数量（家）	信息技术人员数量（人）	事务所收入分部信息	事务所所在的同一国际会计网络或国际会计联盟的成员情况	事务所专业贡献度	事务所及注册会计师最近三年内受到的处理处罚情况	为事务所提供年度报表审计服务的机构
毕马威华振会计师事务所（特殊普通合伙）	3	909.66	409 364.45	985	353	0	19	0					天职国际会计师事务所（特殊普通合伙）
德勤华永会计师事务所（特殊普通合伙）	4	907.27	415 920.00	1 139	456	0	15	305					立信会计师事务所（特殊普通合伙）
天健会计师事务所（特殊普通合伙）	5	898.20	350 089.75	1 909	743	105 126.80	14	31					杭州萧然会计师事务所有限公司
立信会计师事务所（特殊普通合伙）	6	896.86	452 323.40	2 187	1 131	49 339.89	31	29					上海安元会计师事务所（普通合伙）
大华会计师事务所（特殊普通合伙）	7	866.20	309 837.89	1 498	846	108 321.24	31	17					中喜会计师事务所（特殊普通合伙）

中国注册会计师行业发展报告 2021

续表

会计师事务所名称	名次	得分	2021年度事务所本身业务收入（万元）	注册会计师数量（人）	执业超过5年且年龄在60周岁以下的注册会计师数量（人）	与事务所统一经营的其他机构专业业务收入（万元）	分所数量（家）	信息技术人员数量（人）	事务所收入分部信息	事务所所在的同一国际会计网络或国际会计联盟的成员情况	事务所专业页献度	事务所及注册会计师最近三年内受到的处罚情况	为事务所提供年度报表审计服务的机构
容诚会计师事务所（特殊普通合伙）	8	851.35	233 952.72	1 134	484	30 250.59	16	32					中审亚太会计师事务所（特殊普通合伙）
天职国际会计师事务所（特殊普通合伙）	9	829.52	277 122.27	943	325	51 374.07	24	30					中准会计师事务所（特殊普通合伙）
信永中和会计师事务所（特殊普通合伙）	10	826.12	279 574.70	1 455	720	85 824.31	27	49					中兴华会计师事务所（特殊普通合伙）
致同会计师事务所（特殊普通合伙）	11	818.93	253 376.91	1 159	632	49 440.09	26	35					中审华会计师事务所（特殊普通合伙）
大信会计师事务所（特殊普通合伙）	12	796.99	186 313.49	1 035	576	87 848.16	32	13					中审亚太会计师事务所（特殊普通合伙）

附录四 2021年度会计师事务所综合评价百家排名信息

续表

会计师事务所名称	名次	得分	2021年度事务所本身业务收入（万元）	注册会计师数量（人）	执业超过5年且年龄在60周岁以下的注册会计师数量（人）	与事务所统一经营的其他专业机构业务收入（万元）	分所数量（家）	信息技术人员数量（人）	事务所收入分部信息	事务所所在的同一国际会计网络或国际会计联盟的成员情况	事务所专业员工贡献度	事务所及注册会计师最近三年内受到的处罚情况	为事务所提供年度报表审计服务的机构
中审众环会计师事务所（特殊普通合伙）	13	779.18	216 939.17	1 292	739	50 602.13	37	11					湖北德承会计师事务所有限公司
中兴华会计师事务所（特殊普通合伙）	14	772.14	168 813.90	793	452	27 830.55	34	10					立信会计师事务所（特殊普通合伙）
中汇会计师事务所（特殊普通合伙）	15	735.93	95 370.15	557	252	98 344.91	11	5					浙江恒惠会计师事务所
上会会计师事务所（特殊普通合伙）	16	709.82	62 011.06	445	260	2 562.90	22	20					立信会计师事务所（特殊普通合伙）
天衡会计师事务所（特殊普通合伙）	17	698.40	65 622.84	379	185	9 782.66	17	3					江苏兴瑞会计师事务所有限公司

续表

会计师事务所名称	名次	得分	2021年度事务所本身业务收入（万元）	注册会计师数量（人）	执业超过5年且年龄在60周岁以下的注册会计师数量（人）	与事务所统一经营的其他专业机构业务收入（万元）	分所数量（家）	信息技术人员数量（人）	事务所收入分部信息	事务所所在的同一国际会计网络或国际会计联盟的成员情况	事务所专业贡献度	事务所及注册会计师最近三年内受到的处罚情况	为事务所提供年度报表审计服务的机构
亚太（集团）会计师事务所（特殊普通合伙）	18	692.33	100 397.11	555	317	619.46	35	5					中审亚太会计师事务所（特殊普通合伙）
中兴财光华会计师事务所（特殊普通合伙）	19	690.69	131 870.03	793	483	174 015.02	35	30					中审华会计师事务所（特殊普通合伙）
中天运会计师事务所（特殊普通合伙）	20	677.64	74 707.94	490	288	10 751.55	24	4					四川华信（集团）会计师事务所（特殊普通合伙）
中审华会计师事务所（特殊普通合伙）	21	677.41	83 218.86	541	328	31 721.06	21	1					天职国际会计师事务所（特殊普通合伙）
苏亚金诚会计师事务所（特殊普通合伙）	22	671.33	40 910.87	332	177	53 734.40	9	6					南京鹏宇联合会计师事务所

附录四 2021年度会计师事务所综合评价百家排名信息

续表

会计师事务所名称	名次	得分	2021年度事务所本身业务收入（万元）	注册会计师数量（人）	执业超过5年且年龄在60周岁以下的注册会计师数量（人）	与事务所统一经营的其他机构专业业务收入（万元）	分所数量（家）	信息技术人员数量（人）	事务所收入分部信息	事务所所在的同一国际会计网络或国际会计联盟的成员情况	事务所专业贡献度	事务所及注册会计师最近三年内受到的处罚处理情况	为事务所提供年度报表审计服务的机构
北京兴华会计师事务所（特殊普通合伙）	23	665.08	83 828.46	441	262	12 692.20	30	4					北京中名国成会计师事务所（特殊普通合伙）
利安达会计师事务所（特殊普通合伙）	24	659.35	41 239.24	373	214	15 427.43	27	0					信永中和会计师事务所（特殊普通合伙）
北京大地华会计师事务所（特殊普通合伙）	25	658.99	28 910.39	100	46	9 164.19	2	4					青岛辰和会计师事务所
华兴会计师事务所（特殊普通合伙）	26	651.38	40 340.89	304	179	3 729.92	9	2					立信中联会计师事务所（特殊普通合伙）
北京中天恒会计师事务所（特殊普通合伙）	27	650.54	25 498.77	140	82	519.06	9	8					北京陆宇文会计师事务所（特殊普通合伙）

续表

会计师事务所名称	名次	得分	2021年度事务所本身业务收入（万元）	注册会计师数量（人）	执业超过5年且年龄在60周岁以下的注册会计师数量（人）	与事务所统一经营的其他专业机构业务收入（万元）	分所数量（家）	信息技术人员数量（人）	事务所收入分部信息	事务所所在的同一国际会计网络或联盟的情况	事务所所在的国际会计网络或联盟的成员情况	事务所专业贡献度	事务所及注册会计师最近三年内受到的处理处罚情况	为事务所提供年度报表审计服务的机构
中审亚太会计师事务所（特殊普通合伙）	28	650.07	58 951.01	404	230	2 118.91	26	1						天圆全会计师事务所（特殊普通工合伙）
立信中联会计师事务所（特殊普通合伙）	29	648.07	32 425.91	255	156	0	14	0						中兴财光华会计师事务所（特殊普通合伙）
众华会计师事务所（特殊普通合伙）	30	647.72	52 141.29	338	178	1 497.13	10	6						大信会计师事务所（特殊普通合伙）
希格玛会计师事务所（特殊普通合伙）	31	646.89	45 394.69	244	121	21 270.13	11	2						中审众环会计师事务所（特殊普通合伙）
公证天业会计师事务所（特殊普通合伙）	32	646.21	34 957.32	324	180	7 209.64	15	2						无锡市东华会计师事务所有限公司

附录四　2021年度会计师事务所综合评价百家排名信息

会计师事务所名称	名次	得分	2021年度事务所本身业务收入（万元）	注册会计师数量（人）	执业超过5年且年龄在60周岁以下的注册会计师数量（人）	与事务所统一经营的其他专业机构业务收入（万元）	分所数量（家）	信息技术人员数量（人）	事务所收入分部信息	事务所所在的同一国际会计网络或国际会计联盟的成员情况	事务所专业贡献度	事务所及注册会计师最近三年内受到的处罚情况	为事务所提供年度报表审计服务的机构
中勤万信会计师事务所（特殊普通合伙）	33	640.75	40 743.97	358	185	1 094.35	16	0					中证天通会计师事务所（特殊普通合伙）
新联谊会计师事务所（特殊普通合伙）	34	637.14	27 570.67	148	94	14 293.68	9	0					山东健诚会计师事务所（特殊普通合伙）
中喜会计师事务所（特殊普通合伙）	35	635.53	31 413.56	355	211	4 004.88	26	5					亚太（集团）会计师事务所（特殊普通合伙）河北分所
中瑞诚会计师事务所（特殊普通合伙）	36	634.33	26 551.52	201	103	133 166.00	25	11					中兴华会计师事务所（特殊普通合伙）
中证天通会计师事务所（特殊普通合伙）	37	633.21	34 376.31	239	138	17 605.96	17	0					中天运会计师事务所（特殊普通合伙）

续表

会计师事务所名称	名次	得分	2021年度事务所本身业务收入（万元）	注册会计师数量（人）	执业超过5年且年龄在60周岁以下的注册会计师数量（人）	与事务所统一经营的其他机构专业业务收入（万元）	分所数量（家）	信息技术人员数量（人）	事务所收入分部信息	事务所所在的同一国际会计网络或国际会计联盟的成员情况	事务所专业贡献度	事务所及注册会计师最近三年内受到的处罚情况	为事务所提供年度报表审计服务的机构
和信会计师事务所（特殊普通合伙）	38	632.13	29 642.08	263	147	0	11	0					山东长恒信会计师事务所有限公司
永拓会计师事务所（特殊普通合伙）	39	630.63	37 568.03	366	217	49 936.58	27	34					广东中职信会计师事务所（特殊普通合伙）
四川华信（集团）会计师事务所（特殊普通合伙）	40	628.35	19 399.63	131	56	20 703.59	4	0					中证天通会计师事务所（特殊普通合伙）
北京国富会计师事务所（特殊普通合伙）	41	619.18	22 878.85	210	132	136.68	18	0					北京万物之始会计师事务所（普通合伙）
鹏盛会计师事务所（特殊普通合伙）	42	616.00	21 106.98	342	183	53 060.48	36	6					深圳亚国邦会计师事务所（普通合伙）

附录四 2021年度会计师事务所综合评价百家排名信息

续表

会计师事务所名称	名次	得分	2021年度事务所本身业务收入（万元）	注册会计师数量（人）	执业超过5年且年龄在60周岁以下的注册会计师数量（人）	与事务所统一经营的其他机构专业业务收入（万元）	分所数量（家）	信息技术人员数量（人）	事务所收入分部信息	事务所所在的同一国际会计网络或国际会计联盟的成员情况	事务所专业贡献度	事务所及注册会计师最近三年内受到的处理处罚情况	为事务所提供年度报表审计服务的机构
湘能卓信会计师事务所（特殊普通合伙）	43	614.73	22 164.33	131	49	12 562.28	6	10					湖南天源会计师事务所有限责任公司
广东诚安信会计师事务所（特殊普通合伙）	44	612.28	14 815.95	119	74	4 590.21	5	5					广东岭南智华会计师事务所（特殊普通合伙）
广东中天粤会计师事务所（特殊普通合伙）	45	600.49	12 977.86	118	53	6 375.01	3	28					广东金永会计师事务所（普通合伙）
上海玛泽会计师事务所（普通合伙）	46	597.15	10 684.47	17	6	0	0	3					华实会计师事务所
中准会计师事务所（特殊普通合伙）	47	593.70	20 047.69	268	156	3 978.82	16	2					中审华会计师事务所（特殊普通合伙）

续表

会计师事务所名称	名次	得分	2021年度事务所本身业务收入（万元）	注册会计师数量（人）	执业超过5年且年龄在60周岁以下的注册会计师数量（人）	与事务所统一经营的其他专业机构业务收入（万元）	分所数量（家）	信息技术人员数量（人）	事务所收入分部信息	事务所所在的同一国际会计网络或国际会计联盟的成员情况	事务所专业贡献度	事务所及注册会计师最近三年内受到的处罚处理情况	为事务所提供年度报表审计服务的机构
广东中职信会计师事务所（特殊普通合伙）	48	593.57	14 666.15	93	35	4 194.16	4	3					永拓会计师事务所（特殊普通合伙）广州分所
重庆康华会计师事务所（特殊普通合伙）	49	585.90	8 004.77	88	44	12 135.51	5	0					重庆潘硕会计师事务所（普通合伙）
天圆全会计师事务所（特殊普通合伙）	50	578.59	16 217.80	194	103	7 566.07	9	0					大信会计师事务所（特殊普通合伙）
天华（宁夏）会计师事务所（特殊普通合伙）	51	577.84	7 045.59	34	19	0	3	6					宁夏瑞衡联合会计师事务所
北京中路华会计师事务所有限责任公司	52	576.29	9 656.44	166	98	2 075.93	10	0					北京中会仁会计师事务所有限公司

附录四 2021年度会计师事务所综合评价百家排名信息

续表

会计师事务所名称	名次	得分	2021年度事务所本身业务收入（万元）	注册会计师数量（人）	执业超过5年且年龄在60周岁以下的注册会计师数量（人）	与事务所统一经营的其他专业机构业务收入（万元）	分所数量（家）	信息技术人员数量（人）	事务所收入分部信息	事务所所在的同一国际网络或国际会计联盟的成员情况	事务所专业贡献度	事务所及注册会计师最近三年内受到的处罚处理情况	为事务所提供年度报表审计服务的机构
北京和兴会计师事务所有限责任公司	53	575.36	11 899.06	41	26	0	0	10					北京华明会计师事务所有限公司
浙江至诚会计师事务所（特殊普通合伙）	54	575.11	6 982.13	79	47	0	2	5					东阳明鉴会计师事务所有限公司
上海公信会计师事务所有限公司	55	573.82	8 617.59	83	43	5 377.39	0	0					上海华诚会计师事务所有限公司
祥浩（广西）会计师事务所（特殊普通合伙）	56	571.75	5 679.30	63	36	2 985.25	12	2					广西金算子会计师事务所有限责任公司
上海沪港金茂会计师事务所有限公司	57	570.86	9 475.84	59	27	37 711.32	0	1					上海国金嘉德会计师事务所
浙江天平会计师事务所（特殊普通合伙）	58	565.32	9 127.58	102	60	0	6	0					浙江新中天会计师事务所有限公司

347

续表

会计师事务所名称	名次	得分	2021年度事务所本身业务收入（万元）	注册会计师数量（人）	执业超过5年且年龄在60周岁以下的注册会计师数量（人）	与事务所统一经营的其他专业机构业务收入（万元）	分所数量（家）	信息技术人员数量（人）	事务所收入分部信息	事务所所在的同一国际会计网络或国际会计联盟的成员情况	事务所专业贡献度	事务所及注册会计师最近三年内受到的处罚处理情况	为事务所提供年度报表审计服务的机构
山东天元同泰会计师事务所有限公司	59	564.50	8 535.13	83	52	12 200.64	3	3					山东德泉会计师事务所（普通合伙企业）
宁波世明会计师事务所有限公司	60	563.89	4 781.54	35	16	11 964.88	0	0					天台天信会计师事务所有限公司
江苏华星会计师事务所有限公司	61	562.42	8 534.41	60	23	616.13	2	0					吴江华正会计师事务所有限公司
北京中光华会计师事务所有限责任公司	62	561.60	6 681.77	10	9	0	0	0					黑龙江恒天会计师事务所有限公司
天津中审联合会计师事务所有限责任公司	63	561.31	8 542.50	90	42	3 596.06	7	0					天津津水会计师事务所（普通合伙）
山东舜诚会计师事务所（特殊普通合伙）	64	557.41	4 640.66	114	43	0	17	0					山东中宇会计师事务所有限公司

附录四 2021年度会计师事务所综合评价百家排名信息

续表

会计师事务所名称	名次	得分	2021年度事务所本身业务收入（万元）	注册会计师数量（人）	执业超过5年且年龄在60周岁以下的注册会计师数量（人）	与事务所统一经营的其他专业机构业务收入（万元）	分所数量（家）	信息技术人员数量（人）	事务所收入分部信息	事务所所在的同一国际会计网络或国际会计联盟的成员情况	事务所所专业员贡献度	事务所及注册会计师最近三年内受到的处理处罚情况	为事务所提供年度报表审计服务的机构
上海上咨会计师事务所有限公司	65	556.10	6 851.00	77	37	4 377.28	0	2					上海申北会计师事务所有限公司
恒信弘正会计师事务所有限责任公司	66	555.86	8 858.19	77	40	5 555.37	6	1					湖南宏丰益联合会计师事务所（普通合伙）
四川中衡安信会计师事务所有限公司	67	553.04	8 799.01	100	58	6 247.91	9	0					四川金额玺会计师事务所有限公司
上海财瑞会计师事务所有限公司	68	552.77	7 938.56	46	21	0	0	0					上海锦瑞会计师事务所有限公司
四川中天浩会计师事务所有限公司	69	550.80	7 933.86	24	8	0	0	4					四川亚通会计师事务所有限责任公司
浙江同方会计师事务所有限公司	70	550.55	6 751.06	31	13	9 700.57	0	11					上会计师事务所（特殊普通合伙）浙江分所

续表

会计师事务所名称	名次	得分	2021年度事务所本身业务收入（万元）	注册会计师数量（人）	执业超过5年且年龄在60周岁以下的注册会计师数量（人）	与事务所统一经营的其他机构专业业务收入（万元）	分所数量（家）	信息技术人员数量（人）	事务所收入分部信息	事务所所在的同一国际会计网络或国际会计联盟的成员情况	事务所专业贡献度	事务所及注册会计师最近三年内受到的处理处罚情况	为事务所提供年度报表审计服务的机构
湖南建业会计师事务所（特殊普通合伙）	71	548.99	5 428.12	68	38	0	3	0					湖南中和有限责任会计师事务所
新疆驰远天合有限责任会计师事务所	72	547.35	8 735.54	77	57	8 300.61	4	1					乌鲁木齐金丝玉会计师事务所
北京中名国成会计师事务所（特殊普通合伙）	73	547.25	5 880.20	103	64	37 620.16	8	13					中兴财光华会计师事务所（特殊普通合伙）
陕西西秦金周会计师事务所有限责任公司	74	545.22	4 279.79	21	10	0	0	0					陕西新元会计师事务所有限公司
中一会计师事务所有限责任公司	75	544.70	7 728.62	147	63	3 387.12	15	0					北京中泽永诚会计师事务所有限公司

附录四 2021年度会计师事务所综合评价百家排名信息

续表

会计师事务所名称	名次	得分	2021年度事务所本身业务收入（万元）	注册会计师数量（人）	执业超过5年且年龄在60周岁以下的注册会计师数量（人）	与事务所统一经营的其他专业机构业务收入（万元）	分所数量（家）	信息技术人员数量（人）	事务所收入分部信息	事务所所在的同一国际会计网络或国际会计联盟的成员情况	事务所所专业贡献度	事务所及注册会计师最近三年内受到的处理处罚情况	为事务所提供年度报表审计服务的机构
宁波科信会计师事务所有限公司	76	542.21	4 546.40	41	20	25 071.15	0	0					宁波安全三江会计师事务所有限公司
中天银会计师事务所有限责任公司	77	541.89	4 885.92	111	54	361.13	5	2					海峡会计师事务所有限责任公司
北京恒诚信会计师事务所有限公司	78	541.56	5 400.10	28	12	0	0	0					北京中喜华任会计师事务所（普通合伙）
上海文汇会计师事务所有限公司	79	540.68	4 610.48	59	30	0	1	2					上海高仁会计师事务所（普通合伙）
广东中恒信会计师事务所（特殊普通合伙）	80	539.10	5 725.98	61	39	0	0	0					天津中审联有限责任会计师事务所
江苏天港会计师事务所（特殊普通合伙）	81	538.47	7 381.60	90	40	370.78	8	0					江苏天元会计师事务所有限公司

续表

会计师事务所名称	名次	得分	2021年度事务所本身业务收入（万元）	注册会计师数量（人）	执业超过5年且年龄在60周岁以下的注册会计师数量（人）	与事务所统一经营的其他专业机构业务收入（万元）	分所数量（家）	信息技术人员数量（人）	事务所收入分部信息	事务所所在的同一国际会计网络或国际联盟的成员计情况	事务所专业贡献度	事务所及注册会计师最近三年内受到的处罚情况	为事务所提供年度报表审计服务的机构
湖南天平正大会计师事务所（特殊普通合伙）	82	537.05	4 860.20	86	51	3 501.40	5	0					湖南求臻会计师事务所有限公司
北京东审鼎立国际会计师事务所有限责任公司	83	535.11	9 092.20	16	8	0	0	0					上海荣审会计师事务所有限责任公司
南京益诚会计师事务所（普通合伙）	84	532.78	4 664.93	32	13	0	0	2					江苏正中会计师事务所有限公司
上海琳方会计师事务所有限公司	85	532.61	5 351.30	67	26	2 033.57	0	0					上海建信达会计师事务所有限公司
江苏天宏华信会计师事务所有限公司	86	532.07	4 460.22	43	26	0	1	3					南京天正会计师事务所有限公司
浙江中兴华会计师事务所有限公司	87	531.26	6 250.88	37	27	789.14	0	1					绍兴天阳会计师事务所有限公司

附录四　2021年度会计师事务所综合评价百家排名信息

续表

会计师事务所名称	名次	得分	2021年度事务所本身业务收入（万元）	注册会计师数量（人）	执业超过5年且年龄在60周岁以下的注册会计师数量（人）	与事务所统一经营的其他专业机构业务收入（万元）	分所数量（家）	信息技术人员数量（人）	事务所收入分部信息	事务所所在的同一国际会计网络或国际会计联盟的成员情况	事务所专业员贡献度	事务所及注册会计师最近三年内受到的处理处罚情况	为事务所提供年度报表审计服务的机构
广东岭南华会计师事务所（特殊普通合伙）	88	531.19	7 305.57	80	53	1 166.32	0	0					广州业勤会计师事务所有限公司
天津尚天会计师事务所有限公司	89	530.03	5 417.77	83	49	5 689.22	8	1					中审亚太会计师事务所（特殊普通合伙）天津分所
新疆宏昌天圆有限责任会计师事务所	90	528.74	5 652.38	77	41	6 422.69	6	3					天津广信有限责任会计师事务所新疆分所
上海立信诚东审计师事务所有限公司	91	527.49	6 347.16	52	28	0	0	0					上海锦瑞会计师事务所有限公司
上海华皓会计师事务所（普通合伙）	92	527.16	4 829.15	50	23	0	0	0					上海德义致远会计师事务所（普通合伙）

续表

会计师事务所名称	名次	得分	2021年度事务所本身业务收入（万元）	注册会计师数量（人）	执业超过5年且年龄在60周岁以下的注册会计师数量（人）	与事务所统一经营的其他专业机构业务收入（万元）	分所数量（家）	信息技术人员数量（人）	事务所收入分部信息	事务所所在的同一国际会计网络或国际会计联盟的成员情况	事务所专业贡献度	事务所及注册会计师最近三年内受到的处罚处理情况	为事务所提供年度报表审计服务的机构
浙江德威会计师事务所有限公司	93	526.98	4 226.45	46	23	20 948.92	1	0					宁波恒联会计师事务所有限公司
浙江普华会计师事务所有限公司	94	522.44	4 277.03	21	13	2 687.81	0	0					金华君安会计师事务所（普通合伙）
陕西鸿英会计师事务所有限责任公司	95	521.37	4 021.59	20	12	0	0	0					中喜会计师事务所（特殊普通合伙）
遵义中审会计师事务所	96	520.92	5 417.53	14	6	0	0	0					贵州恒信源会计师事务所有限公司
深圳永信瑞和会计师事务所（特殊普通合伙）	97	519.68	3 820.32	133	73	1 516.21	9	2					深圳市深业会计师事务所（普通合伙）
北京中平建华会计师事务所有限公司	98	515.58	7 397.11	66	37	0	1	0					华建会计师事务所有限责任公司

附录四 2021年度会计师事务所综合评价百家排名信息

续表

会计师事务所名称	名次	得分	2021年度事务所本身业务收入（万元）	注册会计师数量（人）	执业超过5年且年龄在60周岁以下的注册会计师数量（人）	与事务所统一经营的其他专业机构业务收入（万元）	分所数量（家）	信息技术人员数量（人）	事务所收入分部信息	事务所所在的同一国际会计网络或国际会计联盟成员的情况	事务所专业员贡献度	事务所及注册会计师最近三年内受到的处罚处理情况	为事务所提供年度报表审计服务的机构
贵州黔元会计师事务所有限公司	99	515.44	5 199.74	19	8	0	0	0					贵州汇隆会计师事务所有限公司
河北金诚会计师事务所有限公司	100	514.65	4 214.94	53	28	1 392.87	2	3					文安志诚会计师事务所有限责任公司

附录五　2021年注册会计师行业大事记

一月

14日，全国人大代表、中国注册会计师协会第一届监事会监事长余瑞玉同志荣获中央统战部"新的社会阶层人士服务团优秀团员"称号。

二月

2日，中国注册会计师协会发布《中国注册会计师审计准则问题解答第16号——审计报告中的非无保留意见》。

财政部印发《银行审计函证数据标准（试行版）》。

3日，中国注册会计师协会第六届理事会第五次会议（视频）在京召开。会议审议通过了中国注册会计师协会2020年工作报告；审议同意舒惠好兼任中国注册会计师协会常务副会长，以及部分理事、常务理事、专门（专业）委员会组成人员调整事项。

23日，财政部注册会计师考试委员会发布《2021年注册会计师全国统一考试报名简章》和《2021年注册会计师全国统一考试大纲》。

中国注册会计师协会印发《关于开展2021年注册会计师任职资格检查工作的通知》。

25日，财政部党组听取中国注册会计师行业党建工作的汇报。

三月

4日，中国注册会计师协会获评"2018—2020年度首都文明单位"。

5日，财政部办公厅印发《关于做好会计师事务所2020年度报备工作的通知》。

8日，全国政协常委、中国注册会计师协会资深会员张连起荣获"2020年度全国政协委员优秀履职奖"。

13日，中国注册会计师协会召开审计准则委员会会议，专题研讨"打击资本市场财务造假 提升审计质量"。

15日，中国注册会计师协会发布《注册会计师行业高端人才使用管理暂行办法》。

19日，中国注册会计师协会印发《中国注册会计师协会团体标准管理暂行办法》。

24日，财政部召开全国注册会计师资产评估师行业党校成立大会。财政部党组成员、副部长、中国注册会计师行业党委书记、全国行业党校校长程丽华，财政部党组成员、副部长、中国资产评估行业党委书记、全国行业党校副校长许宏才出席会议，共同为全国行业党校揭牌。

财政部召开注册会计师资产评估行业党史学习教育动员部署会。财政部党组成员、副部长、中国注册会计师行业党委书记程丽华出席并作动员部署，财政部党组成员、副部长、中国资产评估行业党委书记许宏才主持会议。

26日，中国注册会计师协会秘书长舒惠好出席亚太会计师联合会（CAPA）理事会线上会议。

31日，中国注册会计师协会召开教育培训委员会会议，专题研讨"夯实人才培养基础 助力行业诚信建设"。

四月

8日，中国注册会计师协会发布《注册会计师行业发展规划（2021—2025年）》和《注册会计师行业信息化建设规划（2021—2025年）》。

13日，中国注册会计师协会印发《全国注册会计师行业2021年继续教育工作要点》。

26日，中国注册会计师协会印发《中国注册会计师协会会员培养（高端班）项目学员考核管理暂行办法》。

29日，中国注册会计师行业党委和中国注册会计师协会联合印发《注册会计师行业"品牌建设年"主题活动实施方案》。

财政部印发《第三方机构预算绩效评价业务监督管理暂行办法》。

全国首张"会计师事务所执业许可证书"电子证照在广州开出。

五月

20日，中国注册会计师协会发布新修订的《会计师事务所综合评价排名办法》。

六月

26日，新华社刊发《以党建领方向增动力 为行业发展提供坚强组织保证——党的十八大以来律师、注册会计师、税务师和资产评估行业党建工作综述》。

28日，财政部召开"两优一先"表彰大会，中国注册会计师协会党委被评为"财政部先进基层党组织"。

七月

1日，中国注册会计师协会印发《关于开展2021年全国会计师事务所执业质量检查工作的通知》。

14日，中国注册会计师协会发布《2020年度会计师事务所综合评价百家排名信息》。

15—16日，中国注册会计师行业代表人士服务团暨青年专家服务团在浙江省嘉兴市开展"弘扬红船精神 走在时代前列"主题活动。

19日，中国注册会计师协会召开"以人才培养全生命周期为目标完善注册会计师行业管理服务工作体系和制度体系建设"研讨会。

22日，财政部召开行业党史学习教育领导小组会、行业"两先一优"表彰暨党史学习教育推进会，财政部党组成员、副部长、中国注册会计师行业党委书记朱忠明出席并讲话。全国行业党委对10个全国先进行业党组织、100个全国先进会计师事务所党组织予以表彰。

30日，国务院办公厅印发《关于进一步规范财务审计秩序 促进注册会计师行业健康发展的意见》（国办发〔2021〕30号），明确提出了规范财务审计秩序，促进注册会计师行业健康发展的总体要求、工作原则、具体措施。这是改革开放以来经国务院同意、由国务院办公厅直接印发的指导我国注册会计师行业改革与发展的第一个文件，充分体现了党中央、国务院对新阶段注册会计师行业健康发展的关心和重视。

八月

26日，财政部召开贯彻落实国办发30号文工作视频会议，财政部党组书记、部长刘昆和党组成员、副部长朱忠明出席会议并讲话。

27日,财政部党组成员、副部长,财政部注册会计师考试委员会主任朱忠明线上巡考并指导注册会计师考试工作。

27—29日,举办2021年注册会计师全国统一考试。

九月

1日,中国注册会计师协会召开行业贯彻落实国办发30号文宣传工作座谈会。

19—21日,中国注册会计师协会为受疫情影响延期考试的地区另行组织一次注册会计师全国统一考试,为符合条件但无法参加本次考试的考生办理退费并将其已取得的合格成绩有效期延长1年。

23日,财政部财会监督检查人才素质提升工程暨财会监督人才库(监督检查方向)首批学员第一次集训开班。

26日,中国注册会计师协会举办行业助力大学生就业战略合作签约仪式,注册会计师专业方向院校代表和会计师事务所代表现场签约。

29日,党史学习教育中央第十九指导组组长郭庆平一行调研指导注册会计师资产评估行业和中国注册会计师协会党史学习教育,财政部党组成员、副部长、中国注册会计师行业党委书记朱忠明出席调研座谈会。

30日,中国注册会计师协会印发《注册会计师行业学习宣传〈关于进一步规范财务审计秩序 促进注册会计师行业健康发展的意见〉方案》,动员部署行业开展"学研践提"四个方面十大专项行动。

共青团中央联合23家全国创建"青年文明号"活动组委会成员单位印发《关于命名第20届全国青年文明号的决定》(中青联发〔2021〕6号),大信会计师事务所江西分所审计部、致同会计师事务所武汉分所、立信会计师事务所青岛分所、天津倚天会计师事务所、天健会计师事务所杭州总所审计二总一部、中天运会计师事务所审计四部等6家注册会计师行业青年集体荣获第20届"全国青年文明号"。

十月

15日，财政部办公厅印发《关于〈中华人民共和国注册会计师法修订草案（征求意见稿）〉向社会公开征求意见的通知》。

18日，中国注册会计师协会举办行业学习宣传国办发30号文动员宣讲暨"一竿子到底"培训班（线上），中国注册会计师协会全体干部职工在主会场，31个省、自治区、直辖市注册会计师协会干部职工和8 700余家会计师事务所合伙人18 000余人分别在1 100余个分会场参加了培训。

十一月

1日，中国注册会计师协会发布《〈会计师事务所质量管理准则第5101号——业务质量管理〉应用指南》、《〈会计师事务所质量管理准则第5102号——项目质量复核〉应用指南》、《〈中国注册会计师审计准则第1121号——对财务报表审计实施的质量管理〉应用指南》等三项应用指南。

8—12日，中国注册会计师协会第六届理事会第六次会议以通讯方式召开。会议审议同意万文翔同志担任中国注册会计师协会理事、常务理事和副秘书长；审议同意部分理事、常务理事及专门（专业）委员会组成人员调整事项；审议通过了新修订的《中国注册会计师继续教育制度》等5项行业制度。

11月15日—12月14日，中国注册会计师协会举办"规范财务审计秩序 促进行业健康发展"知识竞赛。其间，参加竞赛答题共427 632人次。

18日，中国注册会计师协会联合财政部会计司、北京国家会计学院和中国会计学会举办2021年度会计诚信与高质量发展论坛。

24日，财政部印发《会计改革与发展"十四五"规划纲要》。

十二月

1日，全国人大常委会预算工委法案室王闻越主任一行到中国注册会计师协会专题调研注册会计师法修订。

8日，中国注册会计师协会印发修订后的《中国注册会计师继续教育制度》和《中国注册会计师协会非执业会员继续教育制度》。

9日，财政部印发修订后的《中国注册会计师审计准则第1601号——审计特殊目的财务报表的特殊考虑》、《中国注册会计师审计准则第1603号——审计单一财务报表和财务报表特定要素的特殊考虑》、《中国注册会计师审计准则第1604号——对简要财务报表出具报告的业务》3项审计准则；12月17日，中国注册会计师协会针对上述3项审计准则发布修订后的配套应用指南。

16日，财政部党组成员、副部长、中国注册会计师行业党委书记朱忠明到基层党建联系点——天健会计师事务所北京分所宣讲党的十九届六中全会精神，围绕更加有效发挥基层党组织政治功能调研注册会计师行业党建工作。

中国注册会计师协会发布《2020年度会计师事务所综合评价分析报告》。

22日，中国注册会计师协会公布第四批资深会员名单，490人获评中国注册会计师协会第四批资深会员。

23日，财政部印发《会计行业人才发展规划（2021—2025年）》。

24日，中国注册会计师协会在民政部组织开展的全国性社会组织评估中，被评为最高等级5A级全国性社会团体。

30日，财政部印发《会计信息化发展规划（2021—2025年）》。

中国注册会计师协会印发修订后的《中国注册会计师协会会员执业违规行为惩戒办法》、《中国注册会计师协会惩戒委员会工作规则》、《中国注册会计师协会申诉委员会工作规则》、《中国注册会计师协会执业质量检查人员管理办法》和《上市公司年报审计监管工作规程》5项行业监管工作制度。

31 日,中国注册会计师协会印发《关于做好上市公司 2021 年年报审计工作的通知》。

中国注册会计师协会与中国银行业协会合作建设的银行函证区块链服务平台正式投入应用。

民政部印发《关于表彰全国先进社会组织的决定》,授予中国注册会计师协会"全国先进社会组织"称号。

阅读须知

本书由注册会计师行业发展报告编写组编写。本书中的信息、见解、观点和结论不代表财政部官方立场,不构成对投资的建议。编写组不对因使用书中信息而引发或可能引发的损失承担责任。

如引用本书,需注明资料来源,且不得对本书进行有悖原意的引用、删节和修改。如翻译本书,需在注明资料来源的同时,增加下述免责声明:"本译本不是注册会计师行业发展报告编写组成果,不视为官方译本。注册会计师行业发展报告编写组对译文的内容或错误不承担责任。"

由于水平有限,书中难免有疏漏和错误之处,敬请广大读者对本书提出宝贵意见。